JN085663

NICE RACISM

Robin DiAngelo

ロビン・ディアンジェロ

甘糟智子＝訳　出口真紀子＝解説

ナイス・レイシズム

なぜリベラルなあなたが差別するのか？

明石書店

ナイス・レイシズム　なぜリベラルなあなたが差別するのか？　目次

＊本文中の［ ］は訳註

本書を反レイシズム運動家、教育者、詩人、パフォーマンス・アーティスト、文筆家であり、恩師であるアニカ・ナイラに捧ぐ。友よ、ありがとう。彼らがこの本を読んだのだと、あなたが思えますように。

はじめに

　会場に足を踏み入れたキャロリンは、内心あきれてため息をついた。「ああ、ここも一緒だ」。会場には正真正銘、善意にあふれた白人が詰めかけていた。彼女は社会正義を掲げるある組織について詳しく知りたくて、このオリエンテーションに参加していた。メンバーは圧倒的に白人が多いが、さまざまな形態の抑圧について学ぼうと努力している組織だった。部屋の中にいる黒人が自分だけという経験は初めてではないし、少なくともここにいる白人は熱心な社会運動家なんだと前向きに考えるようにした。週に一度、分科会に参加するようになった。そこでも非白人のメンバーは自分一人だった。

　六週目の終わりにファシリテーターの白人男性から、次週はレイシズムについて学ぶセッションで、講師役を引き受けてほしいと打診された。彼女は考えさせてほしいと答えてから、悩んで私に電話してきた。

　キャロリンと私は二〇年来の友人で、共に働く仲間だ。ある政府機関の公平性に関する義務研修に、お互いファシリテーターとして雇われたときに出会った。以来、私たちは数え切れないほど多くの反レイシズム学習会を一緒に受け持ち、私たち自身の個人的な課題をいくつも乗り越えながら、人種を超えた長年の友情を育んできた。制度的（システミック）レイシズムに対する私の理解は、彼女の助言に深く影響を受けている。

その日、電話をくれたキャロリンは迷っていた。グループの参加者が切に必要としている情報を伝えたいという思いはあった。だが、そのグループに参加している黒人が自分だけであること、その上で世間一般、さらにはそのグループ内でレイシズムがどのような形をとっているかを説明しなければならないことに身がすくむ思いがしていた。白人の心の脆さ（ホワイト・フラジリティ）、つまり白人がレイシズムを指摘されたときに示す一連の反応パターン——問題の矮小化や自己防衛、怒り、打ち消し、傷つき、罪悪感など——にさらされるかもしれない。白人の聴衆が自分たちは被害者だという態度をとって、彼女が加害者とみなされてしまわないだろうか？　大事な人間関係が失われてしまわないだろうか？　このグループで学ぶのはこれで最後になってしまわないだろうか？

そこで、もしも私が一緒に行って、白人としての立場から白人のレイシズムのパターンについて話すのならば、彼女も黒人としての経験を語ろうということになった。白人はレイシズムについて同じ白人が語る方が受け入れやすいことを、彼女は熟知していた。また私が行けば、信頼する仲間のサポートが控えているので安心もできる。私は参加することに同意した。

それからプレゼンテーションまでの準備期間、彼女は何度も私に電話をかけてきて不安や恐れを打ち明けた。白人ばかりのグループでレイシズムについて教えてほしいという依頼は、キャロリンに大きな負担を強いた。感情的な作業に加えて、言わんとすることが否認されないように、議論の余地のない内容にしようと準備に何時間もかけた。また白人ばかりのグループの前に立って話すということは、これまでの人生で白人の教師や学校、社会全体から受けてきたレイシズムの痛みを思い出す引き金にもなった。黒人女性は知性がなく、物事の本質的な価値が分からないという執拗なレッテル貼りに、彼女は立ち向かっていた。

セッションの晩がやって来た。参加者は私たち二人の話をじっくり聞いた後、質問やコメントをした。そろそろ終わろうという頃、メンバーの一人がこの組織に対し、やや皮肉めいたことを言った。「この組織がようやくレイシズムについて教えてくれるようになって大変喜ばしいです。こういうことをしてほしいと、ずっと期待していました」。唐突な発言だなと少々面食らった瞬間、私の目にはそれまで見えていなかった人種間の力学が露わになった。私はキャロリンがこの発表のために、感情的にも知的にも多大な努力を払わなければならなかった過程を見ていた。それなのに今、目の前で悠然と椅子に座り、キャロリンの努力の成果を易々と受け取っているメンバーたちの姿は、植民地主義の象徴のように見えた。このグループの姿勢を突き詰めればこうだ。「われわれはあなたを観察し、理解しようと努めています。そのために、あなたが働いている間は眺めています。われわれはあなたの仕事の成果を受け取り、検討します。何を残し、何を却下するか、検討に値するかしないかを決めるのはわれわれです。われわれはあなたの知識を欲していました。だから、あなたを連れてきたこの組織に感謝しています。しかし、もしもあなたが連れて来られなければ、自分たちからこうした機会を求める努力はしなかったでしょう（これまでもそうしたことがなかったように）」。批判的人種理論の研究者シェリーン・ラザックは、白人性（ホワイトネス）、そして白人とは「異なる」とみなされる人々に関する研究の方法について論じる中で、このメンタリティを「帝国主義の礎」と呼んでいる。つまり「被植民者が持つ一連の特性は、植民者たちの共謀は隠蔽されたまま、彼らの研究や関心、それに応じた管理の対象とされ得る」[1]。さらにこの発言をしたメンバーは、それまで自分が無知だったことを自分ではなく組織の欠点として挙げることで、彼自身の道徳的立場を高めてもいる。しかも、その上でキャロリンではなく組織を称賛したのだ。どれも意図的なことではないと思うが、それが彼のコメントの効果だった。

さて、ここで私はどのような役割を果たしただろうか？ グループの態度には人種間の力学がはっきり見てとれたが、そのどの部分に自分が加担しているのか、そのときは自問しなかった。振り返ると、私はそのセッションがキャロリンを消耗させるものであることを分かっていながら、自分は黒人である友人の味方（アライ）として参加した「善良な」白人として「興味深い」学びの経験だと捉えていた。キャロリンをサポートした自分を誇りに思い、自分以外の白人によるレイシズムの機序について新たな洞察を得たと思っていた。

キャロリンが私に特別な方法でのサポートを求めたことを理解し、それを断る選択肢は考えなかった。しかし、だからといって彼女が覚悟していたレイシズムから私が除外されるわけではない。今はこれを書きながら、あの状況下で私自身のことや、自分が持つ白人としての傲慢さをまったく顧みなかったことに気づいている。もしそうしていたら、何が違っていただろう？　キャロリンとのやりとりを見て感じたグループの姿勢に、異議を唱えることができたかもしれない。レイシズムへの理解を深めようとする、まさにそのためのグループの中に私が見た植民地主義的な力学について指摘し、参加者と共有できたかもしれない。私のサポートが十分なものだったかどうか、キャロリンに直接尋ねることもできたはずだ。しかし、私はそのどれもしなかった。キャロリンは私のサポートに満足しているはずだと勝手に思い込み、帰りの車中では彼女に尋ねるどころか、グループ内の白人の言動について自分が気づいたことを片っ端から挙げ連ねた。これは、キャロリンに浴びせられたレイシズムをいっそう補強する上（もしも私が気づいたグループ内の微妙な態度をキャロリンが見逃していたのであれば、それをわざわざ持ち出したことになる）、私自身を「あの部屋の中で最も賢い白人」「よく分かっている白人」と位置づける効果を持っていた。そして私自身のレイシズムへの加担について、彼女が感じたかもしれない痛みや失望を語る余地を残さなかった。

　私たちのアイデンティティは、生まれ育った白人至上主義社会と切り離せないし、異なる人種との関わり方のパターンは、単に私たち一人一人の人間性によるものではない。善意やいわゆる寛容で開かれた態度（オープンマインドネス）、人種間の平等への信念、人種をめぐる自分の考えは進歩的だという意識だけでは足りないのだ。レイシズムを見抜き、それと闘う取り組みに終わりはない。私は反レイシズム活動に長年取り組む白人の進歩主義者として、社会の主流（メインストリーム）によって自分の前に敷かれた道をたどるだけでは決して得られなかっただろう自己認識、スキル、人間関係を築いてきた。それと同時に、自分の中に深く内面化された頑迷なレイシズムのパターンと闘い続けてもいる。私の仕事は自分の学びや失敗を他の白人に語り共有することで、私たち白人によるレイシズムの危害を減らしていくことを目指している。だから本書で「私たちは」「私たちの」「私たちに」というときは、白人のことを指している。人種とは社会的構成概念の一つであり、その線引きは時代と共に変化するものと理解している。「白人」という分類は、それだけで成り立つものではない。しかし、まさにそのことを分析するために私は「白人」という言葉を、その人たち自身が属する社会一般のほとんどの文脈で白人であると規定され、そう認識される人々を指すために使用している。第I章では、その中でもどのような白人を指して、私が「進歩的（プログレッシブ）」と呼んでいるのかということについて説明する。

人種について、特に自分と同じ白人に向けて書いている私は、白人に黒人について教えようとしているのではない。私が白人に伝えたいのは、黒人や他の非白人との関係における私たち白人自身についてだ。黒人・先住民・非白人の読者にとっては、白人による社会的・制度的支配の中で生きていく中で、そして白人に向かってレイシズムについて話そうとするときにしばしば遭遇する認識操作（ガスライティング）による心理的虐待［嘘や情報操作によって相手を追い詰める心理的虐待］に抗う際に、こうした白人側のインサイダー分析が役立つかもしれない。

レイシズムについてなぜ、白人が白人の話を聞かなければならないのかという質問をよく受ける。私が白人に対する反レイシズム教育に注力するようになったのは、白人至上主義の重大な不当さと、その中における自分の役割を自覚したときだった。そして個人的にも職業的にも教育的側面から反レイシズムの実践に関わるようになり、今では長年の経験から得た教育者としての専門性をこの実践に生かしている。私の著書や記事はもっぱら白人として、白人へ向けて書いたものだ。私たち白人が自分たちのレイシズムを否認するところから脱却し、黒人を含む非白人を傷つけなくするための支援を目標としている。それが可能だと思わなければ、続けられなかっただろうし、私たちには改善する力がある。

私はＢＩＰＯＣ［Black, Indigenous, and People of Color＝黒人、先住民、有色人種］の人々の取り組みから教えを受け、大いに学んできた。白人は白人の意見にだけ耳を傾けるべきだとか、白人だけで取り組むべきだとは主張していないし、するつもりもない。黒人や非白人との関係がなければ、また黒人や非白人の声に耳を傾けなければ、白人がレイシズムについて、またその中における自分たちの役割について批判的に考えたり、それにどう立ち向かえるか考えたりすることはできないと思っている。そうした道しるべがなければ、私は白人の心の脆さの力学について明確化できなかっただろう。特に影響を受けたのは、Ｗ・Ｅ・Ｂ・デュボイス、オードリー・ロード、ジェームズ・ボールドウィン、デリック・ベルだ。現代のＢＩＰＯＣの人々、例えば社会学者のパトリシア・ヒル・コリンズやエドゥアルド・ボニラ＝シルバ、哲学者のチャールズ・Ｗ・ミルズ、作家・文筆家のトニ・モリスンやベル・フックス、心理学者のビバリー・ダニエル・テイタム、民族学者のリンダ・トゥヒワイ・スミス、トレイシー・ライ、レティシア・ニエト、ステイシー・Ｊ・リー、シェリーン・ラザック、タンデカなど多数の人々の仕事にも関わってきた。個人的には特に黒人の女性たち、デボラ・テリー、ダーリーン・フリン、アニカ・ナイラ、ヴィクトリア・サントス、シェリル・ハリス、エリン・トレント・ジョンソンらが私にとってかけがえのない助言者だ。

一方で私は白人性の内側にいるインサイダーとしてＢＩＰＯＣの人々が持たない重要な視点を手にしており、それは黒人の教育家たちの視点とは異なると同時に、彼らの視点を補完できるものだ。ＢＩＰＯＣの人々の話を聞くだけでは、白人がレイシズムとその中で自分たちが果たしている役割を完全に理解することはできないと思っている。私たち白人には個人レベルでも集団レベルでも取り組むべきことが山ほどあるが、私たちが行動するかどうかを非白人の責任にしてはならないし、非白人の責任であろうはずがない。まさに個人の変革なくして構造的な変化は起こらないだろう。この意味で、自己変革は反レイシズム行為だ。白人は自覚があるかどうか、故意かどうかにかかわらず、人種というものがいかに自分たちの人生を形作っているか、自分たちがいかにレイシズムへの加担を条件づけられているかを理解しなければならない。白人に必要なのは、共感したり模範としたりできるインサイダー視点——そうした場に「いたことがあり」、似たことを考え、感じ、行動し、指摘に悩み、洞察を得た人の視点である。共通体験はまた否定するのが困難でもある。白人のインサイダーたちは、私たちが成長するために非常に有益な方法で問題点を指摘してくれる。私もまた白人の運動家や研究者の助言を必要としてきた。特にルース・フランケンバーグの研究には大きな影響を受けたし、ミシェル・ファイン、デビッド・レディガー、ティム・ワイズ、リリアン・スミス、ペギー・マッキントッシュ、テーン・Ａ・ファン・ダイク、ジョー・フィーギンらの研究にも大いに学んだ。

そして自分が学んだことを生かすためには、現在進行形の個人的な省察や研究、調査、葛藤、失敗、人種を超えた人間関係の構築、リスクテイク、フィードバック、まとめ、そしてレイシズムについて多くの人々に話すこと、それらを私の考えを形作ってきたさまざまな仕事と統合する必要があった。現時点での私の理解は簡単に得られたものではない。何か一つの出来事をきっかけに一瞬にして得たものでも、異人種間での個人的な努力や作業を抜きにして得たものでもない。私は一九九五年以来、白人性について研究し、発言し、共同で指導に当たり、執筆してきた。二〇〇四年には「人種間の対話における白人性――言説（ディスコース）・談話分析」（*Whiteness In Racial Dialogue: A Discourse Analysis*）と題した論文で、異なる人種間の対話の中で、白人の学生たちがレイシズムに関する指摘をどのようにかわしているかを追跡した。博士号を取得して教壇に立ってからは、今から一〇年前の二〇一一年に「ホワイト・フラジリティ」と題した論文を書いた。この論文は報酬も印税も得ていないし、オープンアクセスジャーナルで無料で読むことができる（オープンアクセスでない学術誌では、研究者以外が論文にアクセスする場合、高い料金がかかる）。二〇一四年頃にソーシャルメディアでこの論文が引用されて広まると、世界中のＢＩＰＯＣと白人の両方から、感謝のメッセージや論文に対する評価が届くようになった。そして非常に多くの人にこの論文が役立つことが分かったので、内容をさらに充実させて書籍にし、言葉遣いや料金の面でより読みやすいものにするために学術系ではない出版社から発表することにした。社会正義を掲げる非営利出版社「ビーコン・プレス」だ（私の財務的な責任については、自分のウェブサイトに詳しく記載してある）。

レイシズムとの闘いに加わるためには多くの入り口を必要とするが、私の場合は白人の反レイシズム研究者・教育者として数十年にわたって学んだことを、人種差別のない公正な社会づくり、白人が黒人や非白人に与える苦痛が少ない社会づくりに生かすことだ。これこそが私が反レイシズムの取り組みにおいて特に貢献できることだ。白人が公にそうした活動をすべきだとは考えない人々がいることは承知している。だが、私はこれまでに述べた理由から、多様な人種による連合体を構築する上で、私たち白人が不可欠な部分を担っていると信じている。

これは選べる本が一冊だけで、それが白人によって書かれた本ならば、黒人作家の本を読む機会を失ってしまうというようなゼロサムゲームではない。私の仕事は、多くの人に対して閉ざされてきたＢＩＰＯＣの反レイシズム思想が持つ、より広い世界の門戸を読者と共に開くことを意図している。もしも、白人がすでにＢＩＰＯＣの人々の視点を受け入れていたならば、私たちが今いる地点はもっと違っていただろう。レイシズムにどう立ち向かうべきかということについて、確固たる意見を持っている人は多い（異なる人種との交流がなく、レイシズムという概念を知ったばかりの白人であっても）。しかし、白人の学生や従業員、コミュニティのメンバーを数週間、数カ月、数年かけて教育しようと試みた経験がなければ、制度的レイシズムの現実を認めさせるために何が必要かは知り得ない。レイシズムについて白人を教育し、態度や行動を変えさせることはとにかく容易ではないが、暗黙の偏見の性質上、白人が自分の人種の位置づけやレイシズムをはらんだ見解や態度に対して初めて指摘を受ける場合、同じ白人からの指摘の方が受け入れやすいことは確かだ。私の著書はこのテーマについて無数にある本の中のごく一部にすぎず、レイシズムに関する多くの本、特に黒人や非白人によって書かれた多くの本を白人は読むことができるし、読むべきなのだが、レイシズムは「自分たちの問題ではない」と捉える傾向が白人にはあり、それがゆえにあまりにも長い間、反レイシズムの取り組みをＢＩＰＯＣの人々に押しつけ、その議論から自分たちを除外してきた。そうしてレイシズムにおける無実を装いつつ、白人至上主義を守り支えてきたのだ。私が提案しているのはこの問題に対する多くのアプローチの中の一つだが、中でも重要かつ、その議論からあまりにも抜け落ちているアプローチでもあると考える。

私自身、自分が挑戦しようとしているシステムの内側にいること、そして自分の仕事がこのシステムを支えるものでも、（願わくば）断ち切るものでもあり得ることはよく承知している。作家であり人権活動家でもあったオードリー・ロードは「主人の家は、主人の道具では決して壊れない」と言った[2]。彼女が批判したのは、すべての女性を代表すると言いながら中流階級の白人女性にばかり関心を向けていた一九七〇〜八〇年代のフェミニストたちだが、この言葉はシステムに内側から抗うことのジレンマを物語っている。これは白人として人種について書いている私が直面している大きな壁の一つでもある。私が目指すのは、白人であるという自分の立場性を用いて白人同士のかばい合いを打ち破り、そのメカニズムを暴いて白人性を中心から押しのけること、白人にレイシズムの否認をやめさせ、人種間がもっと平等な社会の実現に向けて行動する気を起こさせることだ。白人性はもっぱら名前を与えられないがゆえに中心にとどまり、「他者性」を測る暗黙の基準であり続ける。そこで白人性を中心から押しのけるためには、それに名前を与えて顕在化させる必要があるが、白人がそれを実行できる非常に具体的な方法がある。唯一の方法というわけでは決してないが、重要であるにもかかわらず見過ごされている方法だ。

加えて「主人の道具ジレンマ」は、白人の声が中心となり「聞こえやすく」なるほど、白人性が強化される点を言い当てている。私は白人に焦点を当てて仕事をしている白人として、この「相関的な補強状態（both/and）」がもたらす緊張に悩まされているが、私たちは誰しもがシステムの内側にいて、そこから外れることはできないので、これをそのまま引き受けざるを得ない。この緊張と折り合いをつけるために私がとっている方法の一つが「白人性を薄める」ことだ。これは自分の民族的ルーツをさかのぼって、もっとイタリア系らしくなろうというような意味ではない。私にとって「白人性を薄める」とは、白人として社会化されることに抵抗することだ。つまり白人であることに基づいた抑圧的な態度や無知、また無知ゆえの傲慢さをなくし、レイシズムの指摘に対して自己防衛的に振る舞ったり、レイシズムに沈黙したり、加担したりしないことだ。レイシズムは現実を曲解し歪めるため、白人は中立性を欠いているにもかかわらず、レイシズムについて語るときに概してより客観的で正当であるとみなされやすい。白人性を薄めるということは、白人であることを入り口として他の白人と協力し、レイシズムに介入することだ。白人であることで与えられる信頼と手段をレイシズムに抗するために活用しないでいることなど私には受け入れられない。

長年にわたって多くの同僚や助言者、ワークショップの参加者、反レイシズム教育の関係者から受けたフィードバックを私は取り入れてきた。今、レイシズムについて率直に発信する白人として目立つようになったことで、さらにあらゆる方面から山のようにフィードバックが寄せられているが、それらはしばしば伝えたかった内容と食い違っていたりする。すべての人に正しく理解してもらうことはできないし、そのつもりもなく、また白人という立場からの私の理解にもどうしても限界がある。それでも私は黒人や非白人、それから長年にわたって助言してくれている人種問題への意識が高い白人に対して自分は誠実であり、密接に責任を引き受け合う関係にあると信じている。同様に、すべての白人が生涯を通じて学ぶために、異なる人種間での支援と責任のネットワークを広く深く築き、反レイシズムの取り組みにおいて有力なパートナーとして名乗りを上げ、積極的に参加することを願うし、そうすべきであると提言したい。

言葉に関するメモ

言葉は中立ではない。私たちが使う用語やフレーズは、目にしたものを単に描写するだけではなく、もっぱら私たちがそれをどう認識し、どう意味づけるかを表している。だからこそ、社会の主流からはじかれた集団を指す用語は常に異議と協議の対象となる。例えば「不法移民」といった場合と「不法に入国した人」といった場合の違い、あるいは新型コロナウイルスを「中国ウイルス」と呼んだ場合と「COVID‐19」と呼んだ場合の違いを考えてみよう。あるいは私が生まれてからこれまでに変遷をたどった言葉もある。例えば「ルンペン」に始まり「浮浪者」「飲んだくれ」「流れ者」「放浪者」「ホームレス」「路上生活者」という単語リストの最初と最後では、イメージや連想に大きな違いがある。こうした違いは私たちの認識に影響する上、そう呼ばれる人々がどのように扱われ、どのような援助を受けられるかという実質的な面に影響する。言葉には政治性があり、それゆえ誰を尊重し、誰が援助を受けるに値するかをめぐる絶え間ない闘争の場となる。使われる用語は、支配や統制の形態を暗黙のうちに承認し、常態化させることもあれば、それに介入することもできる。特に人種にまつわる用語は、歴史的な力関係が社会の主流に対して可視化され、構造的な不平等に対する認識が深まる中、変化し続けている。

この原稿を書いている時点でも、制度的レイシズムという端的な用語が広まり、かつてなかったような批判を巻き起こしているが、その理解度は人によってさまざまだろう。言葉が持つ政治的・文脈的性質、さらに可変性を考えると、私が用いる言葉のどれもが、常にすべての読者に受け入れられるものではないだろう。どんな用語も完璧ではなく、非白人についていえば、多様な文化を一括りにしてしまうものだ。例えばアジア人は地球上で多数派であり、四八の異なる国とさまざまな文化を構成している。だが、アメリカのほとんどの白人は、これらの文化の区別がついていない。そこで本書では限られた分析に用いることとして、マクロレベルでの人種間の力学を一般的な用語で語ることにする。

また非白人について人種ごとに語る際には、そのグループを指す現時点で最も認知度の高い用語を使用する。例えば「アジア系」「ラテン系」「先住民」「黒人」などだ。「アフリカ系アメリカ人」を使うこともある。ここでの私の用語選択は、私が語っている文脈で使用されているもの、私が書いている内容に沿うもの、あるいは私が引用する人物が使っているものを基準としている。もっと広く語る際には「ＰＯＣ」〔People of Color＝有色人種。侮蔑的な「カラード」に代わる表現〕を使うこともあるし、私たちは全員、何らかの人種をあてがわれているにもかかわらず、主流の文化では常に白人以外の人種だけが特筆されるという点を明確にするために「人種化された（レイシャライズド）」という用語を使うこともある。この用語はこれが名詞ではなく動詞、つまり働き掛けによるプロセスの結果であることを示しており、生来的あるいは生物学的な状態ではないことを表している〔ＰＯＣ、レイシャライズドの二つは、用語説明以外の箇所では「非白人」と訳出〕。また、それぞれのグループを「黒人」「先住民」「有色人種」と分けて書くこともあるが、多くの場合、その頭文字をつなげた「ＢＩＰＯＣ」という略語を使った。この略語の中で有色人種のうち「黒人（ブラック）」と「先住民（インディジニアス）」だけが個別になっているのは、この二つのグループと白人至上主義の確立との関係が歴史的に特異であり、過去においても現在も、最も過酷なレイシズムに直面していることを示すためだ。この略語は私が知っている最新の用語だが、社会の主流では必ずしも完全に認知されていない。さらに有色人種の間でもこの用語に関する見解は一致しておらず、より包摂的（インクルーシブ）な用語だと評価する人もいれば、一律的だと批判する人もいる。ジャーナリストのサンドラ・ガルシアはニューヨーク・タイムズ紙の記事で「この用語は混乱を引き起こしており、何を意味するか、あるいは誰を含めるかという点についての共通認識がないが、有色人種の部分にラテン系とアジア系が含まれるという点では大方一致をみている」[3]と述べている。「ＰＯＣ」という言葉にしても、その中に含まれる多様な人種グループを一括りにしてしまっていると思う。そのため私は「ＰＯＣ」の後に「の人々」と付け加えている。「有色人種の人々（ピープル・オブ・カラー・ピープルズ）」となり、文法的にはスマートでないが、その方が人間らしく感じられるからだ。

ところで黒人と白人を表す際に頭文字を「Black」「White」と大文字にすべきかどうかという点も、決着のついていない政治的議論だ。黒人には大文字を使って「Black」と表記し、白人には大文字を使わずに「white」とすれば、白人が黒人の上に位置づけられてきた歴史的上下関係を無視することになる。また大文字を使わない「white」という表記では、人種分類における白人の力が矮小化されてしまう一方で、白人を標準とする点は強化されてしまう。ＡＰ通信は独自の表記ルールで「黒人（Black）」は大文字にし「白人（white）」は大文字にしない方針を採用しているが、ジョン・ダニシェフスキー副社長はそれについて次のように説明している。「白人の肌の色が制度的な不平等や不公正に関与しているという点にわれわれは同意するし、われわれの報道がこれらの問題をしっかりと追及することを望んでいる。しかし『白人』という言葉の頭文字を大文字にすれば、まさに白人至上主義者たちがやっているように、そうした信念に正当性があるという含みを持たせる恐れがある」[4]。コロンビア大学ジャーナリズム大学院が発行するコロンビア・ジャーナル・レビュー誌、ウォール・ストリート・ジャーナル紙、ニューヨーク・タイムズ紙、ＵＳＡトゥデイ紙、ロサンゼルス・タイムズ紙、ＮＢＣニュース、シカゴ・トリビューン紙なども「黒人（Black）」は大文字にし「白人（white）」は大文字にしない方針を最近表明している。ニューヨーク・タイムズは「白人を『White』と大文字にする表記は、黒人を『Black』と大文字で表記した場合に示唆されるような共有された文化や歴史を表さない[5]」と説明している。私は人種化された言葉だという点で、白人を「white」と小文字で表記した場合も共有された文化や歴史を表すと考えるが、本書ではこれらの基準に従い、黒人は「Black」と大文字で、白人は「white」と小文字で表記した。

また本書では「白人至上主義」という用語も使用するが、これは多くの白人が強く反発する言葉である。大衆文化的には「白人至上主義」といえば、頭からフードをかぶって顔を隠し、白人こそが優れているというイデオロギーをあからさまに信奉する人々を思い浮かべるだろう。だが、この用法は極めて狭義かつ単純で、幾層にもなっているニュアンスや複雑さが抜け落ちている。私の場合、「白人至上主義」という用語はもっと広く社会学的な理解で使用しており、私たちの社会が人間としての理想像や人間らしさの規範として白人を持ち上げ、それ以外のすべての人々を特殊な種類の人間としてその下に置き、白人という理想から外れた劣った存在として扱うさまざまな方法を含めて使用している。こうした見下しは、私たち白人が自分たちのことは白人と呼ばない一方で、白人以外の人々についてはその人種にいちいち言及することで強化される。また本書では「レイシズム」と「白人至上主義」という用語を一定、置き換え可能なものとして使用するが、レイシズムは白人至上主義というイデオロギーの制度的所産であると捉えることができる。

さらに本書ではレイシズムを「白人と非白人」「白人と人種化された人々」「白人とＢＩＰＯ

Cの人々」など二項対立的に論じている。個人主義やカラーブラインド［人種の違いを意識しない姿勢］といったレイシズムの問題ある力学の数々に挑むためには、白人である私たちが自分たちを特別な存在だと考えたり、自分たちは人種の枠に当てはまらないと考えたりすることをやめ、白人として共有する集合的体験に焦点を当てることが重要だ。白人を一般化して語ることは、通常のレイシズムの力学を無視する行為だとみなされるかもしれない。しかし、人種を介在させずに一個人として他者から見られることは、非白人にとっては当たり前の特権ではない。人種やレイシズムについて語るときの一般化は、白人にとってはポジティブに働くかもしれないが、多様な人種グループを一つの大きなカテゴリーに集約してしまうため、異なる人種グループがそれぞれ体験しているレイシズムの違いが曖昧になってしまう。人種としての歴史や文化、生き抜くためにどうレイシズムに対処してきたか、社会全体の中でその人種がどのようにみなされているか、白人性との関係においてどんな役割が設定されてきたか、その人種は白人にどの程度受け入られているか、どの程度、白人に近いとみなされているかといったことは、それぞれの人種グループごとに異なる。例えば何世代にもわたってアメリカに住んでいる人の経験は、移民の一世や二世とは異なる。非白人の中には白人の家族の養子として育った人もいるが、こうした家族は「カラーブラインド」のスタンスで、人種の異なる子どもを育てることが多い。すると子どもたちは、自分と同じ人種の家庭に育った子どもたちとは異なる経験や自己意識を持つようになるだろう。反レイシズムの実践には、こうした複雑さに関する継続的な教育のみならず、人種構造のさまざまな側面や細かな差異に対処する柔軟さやスキルが関わってくる。残念ながらそうした歴史や差異は本書の範疇を超えるものだが、読者には本書の読後もそうした違いについて継続的に学んでほしい。ここでは先に、幅広い経験の数々を最小限にまとめてしまっていることをお詫びしておく。

白人至上主義を支えている人種構造を思い描くとき、私にはそれをしっかりと固定している二つの錨（いかり）が見える。一方の錨は白人であり、もう一方の錨は黒人である。『ホワイト・フラジリティ』で述べたように、私は反黒人意識（アンチ・ブラックネス）が白人至上主義の根源だと考えている。白人という概念は黒人がいなければ成り立たないし、優越性もまた劣性なくして成り立たない。思想史家のミシェル・フーコーが示したように権力とは、所有され得るものではなく関係性である。[6] 人種に基づくトラウマを専門とするセラピストのレスマー・メナケムは、力強く次のように記している。「白人の体は、すべての体の人間らしさを測る最高基準とされている。白人の体が人間らしさの標準だとすれば、黒人の体は非人間的で、人間らしさとは真反対のものということになる。基準から遠い色ほど人間らしさが劣るとみなされる」[7]。白人の頭の中では、黒人は人種として究極の「他者」、つまり白人に対するアンチテーゼとなる。繰り返しになるが、これは黒人以外の非白人にはレイシズム体験がないということでも、ここで私が説明している力学が当てはまらないということでもない。しかし私が論じている力学は、黒人と白人の関係を通して見たときに最も可視化される。したがって本書では、この両者のやりとりに基づく例を多く取り上げている。

人種と同様、ジェンダーもまた社会の構成要素であり、男性や女性に関する本質主義的な概念もまたここへ来て深く問われている。私はシスジェンダーの女性である。つまり生まれたときの身体的性と自分が認識する性（性自認）、そしてその性自認の表現が一致しているということだ。私に当てはまるジェンダー代名詞は「she」と「her」だが、私が「男性」「女性」という言葉を使うときは、その人が自認する第一のアイデンティティを指している。誰かが自分は女性である、あるいは男性であると認識していれば、それぞれ相当する代名詞を使っている。また性自認が男性にも女性にも当てはまらない、あるいは一貫していないノンバイナリーの読者がいることも認識している。ジェンダー代名詞を必要としない場合は「they」や「theirs」を使用している。簡潔さと話の流れを考慮して、第三の用語は追加していない。この省略による影響を受ける人々にお詫びする。

本書は『ホワイト・フラジリティ』の続編だが、前書のように制度的レイシズムや白人至上主義の存在の立証は試みていない。また私たちが暮らす社会全体に絶えず流通している人種差別的なメッセージを、すべての白人が受け取り、吸収し、それに影響されていることを立証することも試みていない。むしろそれらを前提とし、読者も前提としていると仮定した上で、その先へ進めている。『ホワイト・フラジリティ』では、黒人、先住民、その他の非白人を最も日常的に差別しているのは進歩的な白人だと主張した。本書ではその一部を具体的に説明する。そうした差別の多くはおそらくより目に付きにくく、それゆえいっそう陰湿である。

I　善良なレイシストとは？

私は生涯向き合うことを定められた葛藤、つまり人種を意識するという葛藤をめぐって、自分自身を理解するためのアウトラインを引こうとしている――人種を意識することの葛藤とは、自らの歴史によって、常にではないとしてもレイシストたることを運命づけられている感覚、そしてレイシズムを受け継いでいるがゆえに人間として常に限界を定められているという感覚、レイシストであってはいけないと常に意識しなければならない感覚、自分が話す言語と同じくらい深く私の精神に埋め込まれているレイシズムの鏡像と、常に意識して向き合うことを余儀なくされている感覚である。

――ウェンデル・ベリー[1]（一九六八年）

だいぶ昔のことになるが、まだ学生だったある晩、当時のパートナーと別のカップルと一緒に食事に出かけることになった。パートナーは私と同じく白人。もう一組のカップルは彼女の友人で、私はまだ会ったことがなかった。待ち合わせのレストランに行くと、すでにテーブルに着いていた友人カップルは二人とも黒人だった。その頃の私には黒人の友人がいなかった。黒人と一緒に過ごしたこともほとんどなかった。舞い上がった私はすぐさま、自分がレイシストではないことを伝えなければと思ったのだが、そのためにしたことは、私の家族がいかにレイシストであるかをひたすら語ることだった。家族の会話であがった人種差別的な話やジョーク、コメントを片っ端から披露したのだ。言い換えもせず、言葉をそのまま引用して「こんなことを言うなんて、信じられる？」といった具合に。自分の家族がどれほどレイシストか分かっているから私だけは違う、自分はそんな無知で馬鹿げたことは絶対に言わないと証明したかったのだ。

友人カップルは気まずそうだったが、私はそんな二人のシグナルにはおかまいなしで、パーティーにうってつけの面白おかしい話とばかりに嬉々として語っていた——そして、進歩主義者としての自分の信念には一分の隙もないと思っていた。自分自身、同性パートナーを持つ女性としてマイノリティだったし、胸を張ってフェミニストを自認し、家父長制や同性愛者に対する偏見について語り慣れていた。私は無知なレイシストなんかじゃない、クールな白人の進歩主義者だ——だが実際には、自分が全く何も気づいていないことを歴然とさらけ出していたのだ。私は自分のことを善良な人間だとみなし、仮に誰かにそれを疑われたら猛然と反論しただろう。しかし、私は善良どころか、友人カップルを一晩中、レイシズムにさらす振る舞いをしていた。

本書の中で私は「進歩的な白人」という言葉を、特定の傾向がある白人を指して使っている。

これは民主党や共和党、労働党や保守党といった支持政党とは関係なく、自分のことを人種をめぐる意識が進歩的で善良な人間だと思っている白人を指している。「意識が高い」とか「人種を超越している」と自負している人々ともいえるかもしれない。進歩的な白人は概して政治的には左派寄りだが、穏健派、中道派、「ソフトな」保守派にもいるだろう。近頃ではNPOやIT企業に勤務し、ザ・ルート誌やニューヨーク・タイムズ紙を読み、米公共ラジオ（NPR）や英BBC放送を聴いているかもしれない。年齢はさまざまだ。もしかしたら人種以外で社会から疎外されがちなアイデンティティの持ち主だったり、平和部隊（ピースコー）やティーチ・フォー・アメリカといった組織に所属したことがあったりするかもしれない。もしかしたら旅好きで、複数の言語を話し、大都市か、あるいはノースカロライナ州のアッシュビル、マサチューセッツ州のノーサンプトン、オレゴン州のユージーンのような進歩的な街に住んでいるかもしれない。ところがレイシズムに関しては、進歩的だという自負ゆえに、自分自身が反レイシズムの対象であるとは思っていない。「すべて分かっている」つもりでいて、自分たちが問題の一部だという自覚がない。だから反レイシズムの取り組みに関わらなかったり、関わる場合も他の参加者のレイシズムばかり指摘して独善的な態度を取ったりする。社会経済的にはどんな階層にも進歩的な白人はいるだろうが、中流・上流階級の進歩的な白人は、レイシズムを白人の貧困層や労働者階級のせいにする傾向がある（階級の交差については第XI章で詳述する）。

マーティン・ルーサー・キング牧師は今から五〇年以上前に「白人穏健派」という言葉を使い、白人至上主義団体クー・クラックス・クラン（KKK）の対極に位置づけた上で、その穏健派を批判したが、これは今日の白人進歩主義者について、白人ナショナリストとの対比で語ることに相当するといえるかもしれない。私たち白人の進歩主義者は人種の平等を求める取り組みを支持しているが、その目標達成に伴う緊張には蓋をしたがる。一九六三年、人種隔離政策に抗議して投獄されたキングは「バーミングハム刑務所からの手紙」の中で、白人穏健派が人種の平等を阻むのに根本的なところで（直接的にではないが）一役買っていると指摘した。

自由に向かって前進する黒人を大きくつまずかせているのは「白人市民会議」やクー・クラックス・クランではなく、正義よりも「秩序」を重んじる白人穏健派であるという悲痛な結論に私は達しつつある。彼らは正義が存在するポジティブな平和よりも、緊張が存在しないネガティブな平和を望み、「あなた方の目標には賛同するが、直接行動という手法には同意できない」と言い続け、他者が自由を勝ち取る工程を決められるのは自分たちだと温情主義的に信じている……善意の人々による底の浅い理解は、悪意ある人々の絶対的な誤解よりも苛立たしい。生暖かい受容には、真っ向からの拒絶よりもはるかに困惑させられる。[2]

キング牧師は、人種間の平等を求める取り組みの中で、白人穏健派には闘争しないことを指針とする傾向があることを語っている。だが、衝突なくして人種をめぐる進歩はないと指摘しているのだ。抑圧されている側に対して、追及の手を緩めてさらに我慢し、抑圧者に変化するための時間を与えようという主張は、抑圧者の立場を擁護するようにしか働かない。人種の不平等によって恩恵を受ける人々は、その不平等に動員される。そのことが分かっているかどうかによって程度は異なるだろうが、私たち白人に利するシステムへの何らかの加担は避けられない。

抑圧されている側に「忍耐」を諭すことについて法学者のミシェル・アレクサンダーは、奴隷制の廃止から一五五年が経過した現在の方が「南北戦争以前の一八五〇年の奴隷よりも多くのアフリカ系アメリカ人男性が刑務所や拘置所に収監されている、あるいは保護観察下や仮釈放中の状態にある」と指摘している。[3] 作家のジェームズ・ボールドウィンは進歩的な白人に直接語り掛けている。「あなた方は私に、私が見たこともない何らかの理想がアメリカには存在すると確信させ、そのために私の信念……私の人生……を危険にさらすようなことをさせたがっている」[4]。追及の手を緩めて衝突を避けようという呼び掛けは、白人が快適でいられる現状にとって都合がいいだけだ。

公民権運動の時代に法に刻み込まれたレイシズムは、現在の実際のレイシズムとはやや異なるが、人種をめぐる正義（レイシャル・ジャスティス）を求める昨今の運動でも同様に、人種間の衝突を避けたがる傾向がみられる。例えば、白人中心の多くの組織が人種をめぐる議論を行う際によく使用する「善意で接し、違いを尊重し、自分の意見を述べよう」といったガイドラインは、誰に利するものだろうか？ こうしたガイドラインは、人種をめぐる議論を行う際に嫌な思いをしたくないという白人の期待に応えている。つまり、口当たりの良さを確保し、白人がダイレクトに非難されないように作用している。そうすることで常に存在する権力の力学を解消することなく、普遍的な経験（白人の）を前提とし、BIPOC（黒人、先住民、有色人種）の人々が正当性を問わないよう管理し、白人の心の脆さ（ホワイト・フラジリティ）が持つ懲罰的な力に向き合わずに済むようにしているのだ。

衝突を回避し、白人にとって口当たりのいい内容にしておきたいという思いは、白人中心のグループを相手に私が基調講演やワークショップを行う際、そのグループにどんな「準備」をさせておけばいいかとか、何か「前もって注意」しておくべきことはあるかといった質問をよく受けることにも表れている。自分たちのグループは「心構え」ができていないかもしれないという主催者はとにかく多い。そうした懸念が生じるのは、私が参加者に対決的な姿勢で臨んだり、恥をさらさせたりするからではなく、人種間が不平等で分断された社会において白人であることの意味をダイレクトに、率直に話すからだ。

あるいは自分は人種を超越しているから議論は必要ないと考える人々もいる。会話を避けるのは、その会話よりも先に進んでいるからだと考える皮肉を文化評論家のジェイ・スムースはこう指摘している。「ほとんどのアメリカ人は、人種に関する会話を疫病のように避けている。そして人種に関する会話を回避する能力をしばしば進歩や気づきの尺度にしているが、そのこと自体が一つの教示だろう[5]」。他の社会問題で、その問題自体について話さないことが最も効果的な解決策だとされているものなどあるだろうか。ドメスティック・バイオレンス（DV）、自殺、抑うつ、性的暴行、児童虐待などを問題にしているときに、それについて話すなと言われた場合を想像してほしい。

進歩的な白人の中にはレイシズムについて話したいと思い、レイシズムに関するワークショップや講演会に自発的に参加する人もいるが、そうした人々ほど、メッセージを受け取るべきは他の白人だと考え、自分が耳を傾ける必要があるとは思わない傾向がある。そうした人々が最初に発する質問はたいてい「レイシズムについて、家族や友人にどう教えたらいいでしょう？」といったものだ。私はそういうときに「では、あなたのレイシズムについて、話してみましょうか？」と尋ねることを始めた。私が指摘したいのは、支援が必要なのは自分ではなく、他の誰かだと質問者自身が思い込んでいる点だ。そうした人々はセッションに参加して、帰ったら他の誰かを啓発する気で満々だ。レイシズムや白人の優位性の存在を進んで認める傾向が強い白人の進歩主義者でも、たいていは自分以外の白人に非があると考えている。「社会」や「行政」、特定の政党など、すぐには対処できず、その場にいる参加者の責任を免除できる曖昧なカテゴリーにも非難の矛先が向きやすい。

白人にありがちなパターンについてワークショップで話すと、多くの参加者が同僚や友人の例を挙げたがる。そしてしまいには「誰々がここにいてくれたら良かったのに――彼らにこそ聞かせたいことです！」という。しかし、非白人を最も日常的に傷つける可能性が高いのは、進歩的な白人なのだ。あからさまなレイシストよりも、進歩的な白人の方が有害であり得るというのは私が言い出したわけではなく、一九五〇年代の時点ですでにキングやボールドウィンのような公民権運動家が指摘していたことで、私は日々それを観察してきたし、自分の著述の中でもこの主張を支持している。これについてはインタビューの際、白人のコメンテーターからよく聞かれるので（黒人のコメンテーターにはたいてい説明不要だ）ここで説明しておこう。

私は今、白人による白人のための「人種国家（エスノステート）」を求める白人（ホワイト）ナショナリズムが、米国のみならず世界的にも台頭している時期に本書を執筆している。白人ナショナリズムのさまざまな側面は何十年も前から存在してきたが、二〇一六年の米国の大統領選挙にドナルド・トランプが立候補したことで、この運動は息を吹き返した。二〇一六年から一八年にかけての米国では極右団体の動員人数が大幅に増加し、街頭行動が過去数十年で最も活発な時期の一つとなった。二〇一九年、南部貧困法律センター（ＳＰＬＣ）が確認した白人ナショナリスト団体の数は二年連続で増加し、二〇一七年比で五五％増となった。[6] 同じくＳＰＬＣの記録によると、全米で極右過激派が組織・参加した集会・デモ・抗議行動は過去三年間で一二五件あった。こうした集会にはたいてい白人ナショナリスト、ネオナチ、ＫＫＫ、右派保守主義者、オルト・ライト（オルタナ右翼）などのグループが混在しており、中でもより過激な勢力は、暴力による人種間戦争を加速させたがっている。米国の反ユダヤ主義監視団体・名誉毀損防止同盟（ＡＤＬ）によると、二〇一七年にバージニア州シャーロッツビルで行われた白人至上主義者と反ユダヤ主義者による右派集会「ユナイト・ザ・ライト」には、六〇〇人の極右過激派が参加し、白人至上主義者による過去一〇年超で最大の集会となった。[7] このことは極右運動の暴力的な復活を意味している。ＡＤＬはまた二〇一九年に二七〇四件だった「極右プロパガンダ」が、翌二〇二〇年には三五六六件に増えたと記録しているが、その約八割は白人ナショナリズムのイデオロギーに関するものだった。[8] こうしたグループはインターネットが強力な勧誘ツールであることを分かった上で、特に一〇代の白人の少年たちをターゲットにしている。ネオナチのウェブサイト「デイリー・ストーマー」の創設者かつ編集者であるアンドリュー・アングリンは「私のサイトは主に子どもをターゲットにしている」[9]と述べ、下は一一歳からの少年が狙いだと公言している。またカナダでは前回の総選挙以降、オルト・ライト団体が三倍に増え、ヨーロッパ、オーストラリア、南アフリカ、ニュージーランドでも同じく増加傾向にある。これらは私が意識している緊急の問題だが、それではなぜ悪意ある白人が増え、勢いづいているときに、私は善良な白人に焦点を当てようとしているのだろうか？

例えば、白人至上主義を公然と信奉する人物と関わりをもつことが、黒人にとってどれほど不安なことか、私には想像しかできない。しかし、白人至上主義を扇動して回るような人物と黒人が日常的に接触することはあまりないだろう。それよりも職場や学校、礼拝所、ジェントリフィケーション［再開発による地区の高級化］が進んでいる地域、コミュニティグループなどで黒人が日常的に接するのは進歩主義者の白人だ。私たち白人の進歩主義者こそが、微笑みを浮かべながら、把握されにくく、否定しやすい方法で日々黒人を貶めているのだ。そして白人の進歩主義者は、自分のことを「レイシストではない」と思っている分、あらゆる指摘に対して非常に自己防衛的になる。しかも自分たちは問題の外側にいると思っているので、さらなる行動の必要性を見いださない。この自己満足は、拡大する白人ナショナリズム運動に対抗する組織化や行動を確実に妨げている。

進歩的な白人は、精神分析学者ジョエル・コベルの造語である「回避的レイシズム」を表出しやすい。回避的レイシズムとは、意識的に抱いている人種間の平等という信念と相反するために、意識下で抑圧されているレイシズムのことだ。これはポジティブな自己イメージ（「私には非白人の友人がたくさんいる」）を維持しながら差別を行うことを可能にする、捉えにくく陰湿な形態のレイシズムである。作家のテス・マーティンは、私たち白人の進歩主義者が自分たちのレイシズムを指摘された際に示す独特な反応について率直に語っている。

> 私はおおかた進歩的な空間で働く黒人女性として、自分の仲間内で絶え間なく起きるマイクロアグレッションや何気ないレイシズムにも慣れている……それらはいわゆる進歩的な空間で……私を含め非白人の誰かが人種差別的な言動をあえて指摘したときに自動的に返って来る反応だ。自己防衛の嵐が吹き荒れ……凶暴なレベルにまで増幅するのは、概して進歩的な人々が、自分は完全に「意識が高い（ウォーク）」と信じ込んでいるからだ。だからその自意識を危うくするものに対して猛烈に防衛に出るのだ。
>
> そしてそこには常に、自分の行動や発言に全く問題はないと釈明する必死の言い訳が伴う。そうした言い訳は非常にありふれたもので、決まって苛立ちとないまぜになって現れる……そして、それを振りかざすのは常に自称、味方（アライ）である。[10]

「私には黒人や非白人の友人がいる」「あなたには私の本心が分かっていない」「私がレイシストでないことは、みんな知っている」といった釈明をマーティンは分析し、それらがどうして理不尽で説得力に欠けるのか説明している。彼女の素晴らしいブログも含め、進歩的な白人には、テス・マーティンの著述をすべて読むことを強く勧めたい。

自分にレイシズムはないと確信していると、それ以上の成長や発展が妨げられる。例えば、私のワークショップでは参加者に三人一組になってもらい、いくつかの質問に対する考えを話し合ってもらっている。質問一つに対する持ち時間は一分。最後に「あなた自身の人種は、どのようにあなたの人生を形作ってきましたか？」という質問がある。

この白人であることが人生形成に与えた影響に関する質問への答えには、一貫して三つのパターンが表れる。一番目は多くの白人にとって、この質問がいかに居心地の悪いものかということ。二番目は多くの白人にとって、この質問を深く、あるいは重く受け止めて答えることがいかに難しいかということ。一分間をフルに使って語ることができず、残り時間を気まずそうにやり過ごす白人を私は数え切れないほど見てきた。こうした気まずさや批判的意識の欠如は、無邪気でも無害でもない。私たち白人の自覚の欠如は、集合的（コレクティブ）インパクトとなって、その周りで暮らし働いている非白人に極めて実質的な不利益をもたらす。白人であることの意味を説明できない白人は、その対となる経験、つまり白人でないことの意味にも向き合えない。他者の現実を理解できないだけでなく、それによって白人たる自分の現実が映し出され、露わになるがゆえに、その他者の現実を否定しなければならなくなる。

ジェームズ・ボールドウィンは「リベラル」という言葉を用いて、白人の進歩主義者が自分たちの白人性（ホワイトネス）を理解できない点を指摘した。ボールドウィンは、マルコムXがナンバー2だった組織、ネーション・オブ・イスラム［アフリカ系アメリカ人によるイスラム運動組織］のリーダー、イライジャ・ムハンマドの自宅へ招かれた際、次のように述べた。「私がこの招待を受けることができたのはある意味、リベラルな白人の信じがたいほどとてつもない、実に卑劣な鈍感さのおかげだ。個人的な討論であれ、公の議論の場であれ、私のあらゆる説明の試みは……無表情で迎えられた。その無表情さは、リベラルな白人の態度が、彼らの認識や生き方、あるいは知識さえともほとんど関係ないということをさらけ出していた」[11]

白人の進歩主義者の鈍感さと黒人が抱くフラストレーションの間にあるギャップ、その一線ゆえに制度変革のための戦略をいっそう過激化させる必要に至った(「必要なあらゆる手段を用いて」というマルコムXの言葉通り)ことを、ボールドウィンは端的に言い当てている。

私たち白人は、自分が白人であることの立場性や、それが自分の経験をどのように形成しているかを批判的に考えなければ、センシティブな会話を進めていくスキルも、そうした会話の中で覚える不快感に耐える感情的な強さも身につかない。このことは特に自分自身の世界観や思い込み、言動が問われている場合に当てはまる。その結果が、白人の心の脆さだ。黒人たちは、私たち白人のほとんどが自らの白人性に関する質問に答えられないこと、それができないまま議論の場に臨んでいることを分かっている。結果として、黒人が人種問題を提起した場合、苦痛が軽減されるどころか、よりいっそう増すことになる。これが白人の進歩主義者の大きな矛盾点の一つだ。一方では、非白人を傷つけるような言動は絶対にしたくないと言いつつ、他方では、非白人を傷つける言動があったと指摘されると反発するのだ。

白人に対して、白人であることが人生形成に与えた影響を尋ねた際に見られる三番目のパターンは、非白人、特に黒人のエピソードを持ち出して答えるケースが多いことだ。子どもの頃の友達の話、誰かが黒人について言ったこと、黒人の近所に住んでいたこと、自分の両親が黒人をどう見ていたかなどを、人種をめぐる経験の基礎となった出来事として語る。注意したいのは、今ここに挙げたどれも質問の答えになっていないことだ。このことは私たち白人にとって、人種に基づく視点から自分の人生を見るのがいかに難しいかということを極めて重要な切り口で示している。つまり私たち白人は、非白人に関連づけないと人種について考えることができないのだ。非白人が関わっていなければ、あたかも人種はなくなってしまうかのようだ。だがむろん、白人しかいない空間もまた人種化された空間であり、私が白人だけの空間で過ごす一分一秒によって、私の中の特有の（そして限定された）世界観と経験は強化される。しかもそこでいっそう深まるのは、生活上、人種別に隔離されていても、私たち白人が失うものは何もないというメッセージだ。実際、白人ばかりの空間であればあるほど、白人の心の中では「良い」場所だとか「安全」な場所だと認識されやすい。このメッセージは異人種間の交流（あるいはその欠如）のあらゆる局面を形成しており、私たち白人が立ち向かわなければならない重大なメッセージである。

話は生まれたときから始まっている。生きながらえる確率を人種別に一定程度、予測できるのはなぜか考えてみよう。産声を上げてから最後に息を引き取るまで、人種がいかに私たちを方向づけるか考えてみよう。確かに白人だからといって全員が無事に生まれ、長生きするとは限らない。しかしそこにははっきりと数字で見て取れるパターンが存在し、それは私たち全員の人生にとって重要な意味を持つ。人種間の不公平なパターンや制度方針は阻止することができるし、阻止すべきだが、私たち白人がそうしたパターン自体を認めない限りそれは起こり得ない。欧米社会のほぼすべての制度を支配しているのは白人であり、そうした制度に白人が持ち込んでいる無自覚さは社会のあらゆる面に浸透しており、そこにほとんど席のない非白人にも大きく影響する。自分たちが無自覚な制度を、私たち白人が自ら変革しようとすることはないだろう。

では、非白人ならば誰しもが白人性や制度的（システミック）レイシズムを認識しているかといえば、それも違う（例えば、クラレンス・トーマス［黒人の米最高裁判事］やテッド・クルーズ［キューバ系の米上院議員］、ユーコン・ザオ［中国系の米実業家］、キャンディス・オーウェンズ［黒人の米政治評論家］を思い浮かべてほしい）。それでも彼らの方が私よりもずっと、白人としての私の現実を認識しているだろう。つまり、たとえ私が彼らの現実を全く理解していなくても、あるいは全く関心がなくても、白人である私の方がほとんどすべての場合において何かを実行したり率いたりするのに適格だとみなされる現実、これを非白人は幼い頃から知らざるを得ず、またその中を歩んでいく必要があるからだ。

よく「若い世代の白人では人種差別がなくなってきていると思うか」という質問を受けるが、この質問の根底には、人間は進歩するものだという歴史観がある。つまり世代が進むほど社会的に進歩し、レイシズムがなくなるという考えだ。だが、レイシズムのシステムは非常に順応性が高い。白人ナショナリストの勧誘が増加し、米最高裁が特定の政党・候補者に利する党派的選挙区割り（ゲリマンダリング）を認め、一九六五年投票権法［投票における人種差別を禁止］が無効化され、米連邦議会議事堂に南部連合旗（南軍旗）が掲げられた（ましてやレイシズムをめぐる新たな対話がなされている最中に）という今の政治状況を見れば、自分たちで思っているほど私たちが進歩していないことは明らかだ。二〇一八年、米議会は人種においても性別においても過去最も多様になったが、それでも依然、議員の八八％は白人で、上院では七五％、下院では七七％が男性だ。

仕事でＩＴ系の大企業に呼ばれると、三〇歳に満たない白人でも、こうした人種をめぐる批判的意識が欠如しているのをよく目にする。数少ない黒人の同僚が職場でどのような経験をしているのか分からないのだ。さらに若い世代でも、人種について批判的に考える意識と非白人への思いやり、その両方が著しく欠けている場合がある。ある高校生の例を挙げよう。高校生のダンス行事では、男子が女子を誘うのが伝統的な習慣となっているが、「トロ」と呼ばれる行事では、女子が（たいていは男子に）デートを申し込む（このような伝統における性差別（セクシズム）については別途議論が必要だ）。このトロにまつわる出来事が、ある地域でニュースになった。相手探しをしていたある女子が掲げたポスターに「もしも私が黒人だったら、綿花を摘んで（ピック）いるでしょう。代わりに、私はあなたを選びます（ピック）」と書いてあったからだ。人種差別的なポスターだと批判された彼女は、ショックを受けて無実を主張した。

> トロのための私のポスターが人を傷つけ、混乱や怒りを招いたことを心からお詫びします。残念なことに、あのポスターに書いた言葉によって、私の間違ったイメージが広まってしまいました。私の本心を知っている人たちは、私がレイシストでないことを分かって

いるし、そういう悪意ある考えが私は大嫌いです。あのポスターを作ったことで、私がレイシストのように見えてしまったとは思います。ですが、本当の私の心の中にレイシズムはありません。自分の書いたことで、誰かの気分を害するつもりはありませんでした。あれは本当の私ではなく、私の育てられ方とも、私の家族の信念とも違うと心の底から誓います。[12]

この高校生の謝罪文――誰かを傷つける意図はなかったし、自分の「本心」はレイシストではないという主張――は、人種差別的な言動を指摘されたときに白人が行う主張の典型だ（自分の中に、自分の行動とは独立した「本当の」あるいは「真の」自分が確固としているという主張は、それ自体検討に値する）。彼女は人種差別的な行動をしているにもかかわらず、自分はレイシストにならない育てられ方をしたといい、その一方で自分を被害者のように見せようとしている。この高校生の行動を批判的意識の欠如と呼ぶのは、寛大すぎるかもしれない。このジョークは黒人との立場や社会的地位の違いを意識していなければ、成立しないからだ。公然とレイシズム行為をしているところをカメラに捉えられた白人のほぼ全員が口にする「私はレイシストではない」という主張が全く意味をなさないのと同じである。

ほとんどの白人は異なる人種との持続的な人間関係を持っていない。例えば最近の白人の若者は多様性に慣れているという主張は、黒人のミュージシャンや非白人のスポーツ選手のファンだとか、大都市には黒人がたくさんいるからとか、同僚に非白人がいるといった極めて表面的な共有体験に基づいたものだ。ニューヨークやオークランドのような都市で私が関わる若者たちは、たとえ周囲にさまざまな人種がいる環境でも、実際の生活は異なる人種と統合されていないし、また多くの場合、そうした多様性はジェントリフィケーションの過程における一時的な結果でしかない。一方、異なる人種との友人関係を持っている場合でも、条件つきの関係になりがちだ。友人たる非白人は絶えず人種差別的な冷やかしに耐えねばならず、さもなくば怒りっぽいとか「つまらない奴だ」と切り捨てられてしまう。こうした力学が働くため、若い白人はそんな友人関係でも自分がレイシストでないことの証だと主張し、非白人の友人はからかわれてもまったく気にしていない（「自分は皮肉を言っただけだ」）と言い張ることができてしまう。

だから私は、昔に比べて今の若い世代の方がレイシストではないとは思わない。ほとんどの白人は異なる人種と隔離された状態で暮らし、同時にその周りには人種差別的なイデオロギーが蔓延している。バラク・オバマが勝利した大統領選では人種をめぐる進歩を目にしたが、ドナルド・トランプが勝利した大統領選ではその反動を見た。昨今の米最高裁判事の人種構成や、最高裁の支配をめぐる対立を見ると依然、法的権限と制度的支配を圧倒的に握っているのは白人男性であることが分かる。

進歩的な白人に聞いてみれば、ほぼ全員が自分はレイシストでないと主張するだろうが、以下の質問について自問してみてほしい。

- あなたは異なる人種が統合されている地域で育ちましたか？　もしもその場合、今もそうした地域に住んでいますか？　あるいは異なる人種が統合された地域で育ってはいないが、今はそうした地域に住んでいるという場合、それはジェントリフィケーションによる結果ですか？
- 異なる人種が統合された地域で育っていない場合、それはなぜですか？
- 誰もが平等だとすれば、人種ごとに住む地域が分かれていることをあなたはどのように理解しましたか？
- あなたの両親は、あなたに黒人が住んでいるところを訪れ、黒人と知り合いになり、あなたの環境に欠けていた関係を築くよう勧めましたか？
- あなたの両親には黒人の友人がたくさんいましたか？
- あなたの通っていた学校では、異なる人種が統合されていましたか？　もしもその場合、あなたの学校は「良い学校」だとみなされていましたか？
- 幼稚園から高校までの教育の中で制度的レイシズムについて学びましたか？　あなたが大学を卒業している場合、大学で制度的レイシズムについて学びましたか？
- あなたが受けた教育の中で、黒人教師の有無を含め、教師は異なる人種で構成されていましたか？　それとも圧倒的に白人の教師が多かったですか？　その白人教師たちは教え始める前に、授業やクラス活動の中でレイシズムの問題に取り組む能力があることを証明する必要があったでしょうか？

- あなたは学校を卒業するまでに、あるいはあなたが教師であれば教え始める前、あるいは管理職や医師や法律家であればその職に就く前に、レイシズムに関する基本的な理解があることを証明する必要がありましたか？
- もしもレイシズムに関する教育を受けたことがない場合、自分でその教育を受けるあらゆる機会を（あるいは何らかの機会を）求めたことがありますか？
- あなたが働く組織では、幹部を含むすべてのレベルで黒人が活躍していますか？
- あなたの職場はＰＲ資料や経営理念などで「多様性の重視」を掲げていますか？　もしも掲げている場合、経営陣はその方針や実践において、どの人種にも公平な結果を出す責任を負っていますか？
- もしもあなたが結婚している場合、私に結婚式のアルバムを見せてあなたの交友関係がどれだけ異なる人種と統合されているか、示すことはできますか？

これらの質問に対し、進歩的な白人の大多数がどう答えるかを考えれば、自分たちが受けた教育は完璧で、自分たちの意見は正当で、自分たちは問題の一部ではないといった自信について反省してしかるべきだ。

要約すると、白人ナショナリズムの台頭や非白人に対する明白な危害にはもちろん対処しなければならないが、私がここで注目しているのは、私自身を含め、自分のことを白人ナショナリストとは思っていない白人が実行しているもっと捉えにくい形態のレイシズムだ。そうした微妙な行為にも同じように有害な蓄積効果がある。世論調査会社ギャラップが二〇二〇年に行ったマイクロアグレッション（非白人が悪意のない白人との日常的なやりとりの中で浴びる軽視、侮辱、疑念などを表すために心理学者のデラルド・ウィン・スーが使った言葉）に関する調査では、非白人の中でもアメリカの黒人は飛び抜けてマイクロアグレッションを経験していることが明らかになった。ギャラップはこう結論づけている。「レイシズムに関する国民的議論は暴力事件が発端となることが多いが、多くのアフリカ系アメリカ人にとって、自分たちが経験している不当な扱いや差別ははるかに微妙で、普段の日常生活の中に織り込まれているものだ[13]」。こうしたマイクロアグレッションを浴びせている人々の中で、アメリカの黒人や非白人が日常生活で接する機会が最も多いのは誰だろうか？　それは白人ナショナリストではなく、むしろ私のような善意の白人だ。つまり私たち善意の白人には「よりソフトな」形態のレイシズムに向き合う重要な役割と責任がある。

制度的レイシズムがようやく社会の主流（メインストリーム）で認識されるようになった今の社会・政治状況においても、個人間の関係は些細な問題で重要度が低く、制度改革とは無関係だとみなす人は多い。確かに個人と制度は違う。だが司法、政治、教育、経済などの制度はもちろん個人で構成されている。そして制度の大部分を支配し、それぞれの政策を実行しているのは白人だ。ほぼすべての白人が、言葉では人種間の平等を信念として掲げるにもかかわらず、なぜ制度的な不公平がこれほど尽きないのか？　反レイシズムに基づく制度改革に対する抵抗は主に、相も変わらない白人の人種問題への無関心、非白人に対して感じている反感や脅威に根ざしている。キャロル・アンダーソン［アフリカ系アメリカ人学の専門家］が著書『白い怒り』[14]（*White Rage*）で詳述したように、黒人のあらゆる進歩には白人の反発がついてまわり、それは少なくとも制度、文化、対人関係、個人という四つの主要なレベルで現れる。

私が関心を持っているのは、これら四つのレベル同士の関係、つまり個人から生じる対人関係の力学がいかに文化的・制度的影響を及ぼすかという点だ。メディア学者のメリッサ・プルクサシャートは「白人の感情は、アロスタティック負荷やマイノリティストレスといった身体的負荷を生じさせるような方法で、ＢＩＰＯＣの人々の日々の現実を構築している」と指摘している。[15]「アロスタティック負荷」とは、慢性的なストレスにさらされた個人の身体に蓄積される疲弊のことだ。この負荷が人種差別による慢性的なストレスで起きている場合、公衆衛生学者のアーリーン・ジェロニムスはその影響を「人種差別による風化作用（レイシャル・ウェザリング）」と呼んでいる。これは制度的な不公正――単に政策によるものだけでなく、進歩主義者を含む無自覚な白人によって日々刻まれる無数の傷――の結果である。ひるがえって新型コロナウイルスの流行で黒人が受けた打撃が圧倒的に大きかったといった制度的な影響にも、人種差別による風化作用は関係している。

白人の大半にとって黒人と持続的な交流関係を持つことはまれだが、黒人の方は自分たちの生活の多くの面を支配する白人たちと毎日のように接しなければならない。レイシズムをなくすのなんて簡単だ、互いに相手をよく知りさえすれば解決すると主張する人々がいるが、私はそうは思わない。相手のことをよく知る人々もまた、人種差別をし、人を傷つけているのだ。レイシズムをなくす基本は、ラディカルな関係性——すべての生き物は相互につながっており、独立しては存在していないという認識に基づく解放運動——だというのが私の主張だ。ラディカルな関係性は、白人至上主義やそれに由来する家父長制の対極にあり、人種差別による風化作用の影響を緩和し得ると共に、制度変革に必要な連携を築くことができる。それゆえラディカルな関係性は、解放運動の数ある実践形態の中でも、アボリショニスト［元は奴隷制廃止論者を指す言葉だったが、今では人種差別の根絶を目指す人々全体を指しても使われる］の組織化の要となっている。プルクサシャートが問い掛けているように「関係性をめぐる議論を排除した場合に、得をするのは誰か？　関係性を議論の中心に据えると、誰の立場が向上し、癒やされるのか？」。制度変革のための組織化は、人間関係を通じて始まる。有能な政治家は、自分の構想を前進させるためには人間関係の構築が必要なことをよく理解している。

善意に紛れ込んだレイシズムは、レイシズムの実質的な影響を支えてしまうと同時に、反レイシズムの取り組みを個人的な自己満足に終わらせてしまう。どちらにせよ自分が役割を担っていることを認識しなければ、ましてや自覚さえなければ、私たちは制度変革に取り組もうとしない。私たちの役割とは、制度的レイシズムを前にして暗に支持するか、明確に抗うかのどちらかだ。政策は自ら策定したり実行したりしない。二つの簡単な例で、個人的・対人的な関係がどのように制度的レイシズムに結びつくかを見てみよう。歴史的な例とエピソード的な例だ。

一九五四年、米最高裁は「ブラウン対トピカ教育委員会裁判」の判決（ブラウン判決）で人種別の学校教育は違憲であると宣言し、制度的レイシズムの重要な一面に終止符を打った。そして学校には「慎重にゆっくりと」隔離教育を撤廃するよう命じた。これに対する白人の抵抗は素早かった一方で、学校の統合は遅々として進まなかった。それから二五年たってもほとんど進展はなく、この判決をめぐって再びいくつか訴訟が起きた。こうして「トピカ統一学区」が実際に統一学区としてようやく認められたのは一九九八年だった。立法は非常に重要だが、立法だけでレイシズムをなくすことはできない。ヘザー・マクギー［政治評論家］はその著書『私たちの総和――レイシズムが皆に強いる犠牲、そして私たちはいかに共栄できるか』（*The Sum of Us: What Racism Costs Everyone and How We Can Prosper Together*）でこう述べている。

法律は、社会における支配的な信念を表現したものにすぎない。結果が変わるためには、まずその信念が変わらねばならない。根底にある信念が変化していない状態で政策が変わった場合、問題が解消されず、驚かされることも多い。アメリカでは二世代前に制度上の人種隔離学校が廃止されたが、人種隔離教育を正当化する新たな主張が登場し、また白人の多くの親が黒人や非白人の子どもたちに対して抱く考えはたいして変わっておらず、今日も私たちの学校はブラウン判決以前とほぼ同じように隔離されている。信念が変わっていないからである。[16]

二〇二一年になっても学校における人種隔離は極めて根深く、経済的余裕のある白人の親は公教育を避け、黒人の子どもとの接触を最小限にするために、自分の子どもを私立学校に通わせている。法律は変わっても、恐怖や偏見、反感は変わっていないのだ。

もう一つ、エピソード的な例の方は白人の同僚が話してくれたものだ。その同僚は、社会正義を掲げた活動をしている全国的に有名な法律団体に、異人種で構成される平等推進チームの一員として呼ばれた。この団体の理事会のメンバーは二一人で、非白人が一〇人、白人が一一人、白人のうち六人は男性だった。理事会とは組織の制度改革を実行する基盤となるものだが、この理事会は例外的に多様な人種構成だった。そしてその多様性を保つために制度改革の方針が提案された。任期制限だ。単純かつ簡単で、決して珍しい方針ではない。実際、ＮＰＯの理事会の七二％が任期制限を設けている。[17] しかし、この団体の理事会では白人メンバーの多数がこの方針変更に激しく抵抗し、ミーティングと議論が繰り返された。白人男性はほぼ全員が変更に反対し、白人女性は誰も発言しなかった（女性は変更に前向きだったのかもしれないが、白人男性の敵意に怯えて沈黙し、その沈黙によって実質的に白人同士の結託が生じた）。議論に行き詰まった理事会は、仲介役としてファシリテーターを招くことになった。ファシリテーターは、白人メンバーによる抵抗について、非白人のメンバーが思っていることを皆の前で話す機会を設けた。非白人のメンバーは、白人の心の脆さに深く失望し、また反レイシズムのスキルも理解もないことに傷つき驚いていると表明した。それでも過半数の白人はさらに抵抗を続け、おまけに非白人メンバーの感想を非常に個人的なものとして捉えた。ファシリテーターは自分たちの努力が「白人による防護壁」に阻まれたと苦言を呈した。

数カ月たっても依然、方針変更は承認されず、この進歩的な運動団体の人種間関係はずたずたになっていた。平等推進チームは何度もミーティングを開き、何時間もかけて、理事たちをどうやって前へ進ませるか、あるいは誘導するか、戦略を練ったがそれでも進展はなかった。私の同僚はこの経験から、いわゆる進歩的な組織で人種をめぐる正義という課題を前進させようとしている非白人が「日々疲弊していることを、ほんの少しだけ垣間見た」と語った。

方針の変更は、個人の変革、対人関係の変革と同時に取り組まれなければならない。そこでは人種間の連携が非常に重要だが、非白人が対人関係の力学によって疲弊したり、変革を個人的な脅威として受け取る白人の進歩主義者によってことごとく努力が妨害されたりすると、変革の取り組みを継続するのは困難だ。

マクギーは、自らの政治傾向を財政的には保守的だが社会的にはリベラルだと定義する白人について論じる中で、二〇一七年の米共和党の税制改革による減税分よりも一二%多く支出するだけで、米国のすべての貧困を解消できると指摘している。そうした支出に対する抵抗の一因は、メディアが貧困を黒人の問題として描いているために、白人全体が他人事だと考え、距離を置いてしまうことだ。したがって白人の社会自由主義（ソーシャルリベラリズム）は、欠陥があるとみなされる文化を「助ける」という形をとることが多い。進歩主義者の白人はそうした問題の原因を生物学的に説明するのではなく、制度的な抑圧に由来するものだと認める傾向はあるものの、結局は黒人文化を劣ったものとみなしていることに変わりない。したがって、子どもがまだ「無邪気」なうちに「堕落」しないようにと色々努力する。そうして黒人差別を再生産しているにもかかわらず、私たちが果たしている役割は不問に付され、自分たちは良いことをしている、社会的に進歩しているなどと感じていられるのだ。

　マクギーは、白人の感情的な脆さと構造的な結果を結びつけてこう述べている。

> 　レイシズムの道徳的コストに責任があるのは無数の白人であり、レイシズムによる他のあらゆるコストを負ってきた私たち黒人ではない。それは矛盾、正当化、罪悪感、羞恥心、投影、反感、否認を引き起こすかもしれない。だが究極的には私たちは全員、白人アメリカ人の道徳的葛藤の代償を払っているのだ。それなのに確立された贖罪のルートはない。傷を負った他の国々にあるような真実と和解のプロセスがアメリカには存在したことがない。アメリカでは、白人至上主義社会の中で善良な人間であるためには何をすべきかという判断が個人に委ねられているが、それは容易なことではない。[18]

白人至上主義を擁護し、再生産する政策を私たちは変えることができるし、変えなければならないが、同時にまた善意に紛れ込んだレイシズムに発する認識操作（ガスライティング）による心理的虐待のような、白人性のさりげない敵意にも対処しなければならない。そうした行為は非白人をいっそう疲弊させ、また組織の包摂（インクルージョン）においては、スタッフの採用と定着のギャップにもつながる。個人間の人間関係というテーマを議論から排除してしまうと、反レイシズム運動に加わりたいと思っている白人を置き去りにすることにもなる。彼らは何のサポートもなしに、現状維持から得られる見返りの誘惑に抗いながら、白人同士の結託から離脱すれば直面する社会的制裁に対処しなければならなくなるからだ。私の狙いはそうした敵意のより巧妙で「人当たりのいい」側面に光を当てることだ。全体の中ではたった一つのピースにすぎないが、根本的かつ他につながる側面だからである。

イブラム・X・ケンディ［歴史家、ボストン大学反人種主義研究・政策センター所長］は、レイシストの反対は「レイシストでないこと」ではなく「反レイシスト」だと言った。[19] つまり、レイシズムが規定値（デフォルト）となっている社会においては、レイシズムの打破に積極的に取り組まない限り、少なくともレイシズムの現状に加担することになるという意味だと私は理解している。『民衆のアメリカ史』を著した歴史家のハワード・ジンも同様のことを指摘し、「走っている列車の中で、中立でいることはできない」と言った。方針を転換させるために私たちは批判的意識を持ち、絶えず学び続け、異なる人種間で人間関係を築くスキルを身につけ、建設的に対応する能力を高め、レイシズムによる傷を修復する必要がある。それらもまた反レイシズムのあり方である。

II　白人を一般化して語ることはなぜ良しとしていいのか？

Eメール：gofuckyourself@racistdumbass.com

題名：レイシズム

本文：人は肌の色ではなく、その人の中身で判断すべきです。ある賢者の言葉です。あなたはこの国にとって問題であり、白人について一般化するのをやめるべきです。情けない。ご両親はあなたに失望しているに違いありません。

（筆者に送られてきたEメール）

『ホワイト・フラジリティ』を出版した際に最も寄せられた苦情の一つは、私が白人について一般化しているというものだった。冒頭に引用したメールはそうした苦情の中でも露骨なものだ（そしておそらく進歩的な人物が書いたものではないと思われる）。言い方は色々あるにせよ、それら苦情の趣旨は共通している。つまり「白人だというだけで、どうして私について何か知っていると言えるのか？」という異議だ。これは個人主義のイデオロギーから来ている。個人主義のイデオロギーは、私たちは一人一人違う個性を持つ個人であり、さまざまな機会を手にする上で集団への属性（人種や階級、性別など）は重要ではない、あるいは関係ないという考えを生み出し、広め、再生し、強化する思考、言葉、シンボル、メタファーなどのまとまり、つまりは「ナラティブ」として概念化できる。心理学者のウェンディ・ホルウェイはナラティブについて「共通の意味や価値観を中心にまとまっている」相互に関連した「陳述のシステム」であり、それは「一個人の思考のセットというよりも、社会的要因や権力、慣習の産物である」と述べている。[1] こうしたナラティブは、過去の発言やストーリー、意味づけなどによる基盤（マトリックス）に埋め込まれており——その文化の中ですでに流通しているナラティブとつながり、それを拡大、拡張、参照する。もしも既存のナラティブとの接続がなければ、私たちはそれを理解できないだろう。個人主義は西洋文化に深く組み込まれたナラティブであり、しかも白人至上主義の維持において特に重要な役割を果たしている。したがって白人について、白人ならではの共通体験を持つ一つの集団と捉えて話すことは、多くのレベルで白人の心の脆さ（ホワイト・フラジリティ）を噴出させる直接的な誘因となる。

白人を一般化して語ることに異議を唱える人々は、人間について集団レベルで語ることとステレオタイプ化を混同しているのかもしれない。ステレオタイプ化とは、ある社会集団の一人または一部の人々が示す特徴を、その集団の全員に当てはめることだ。それがポジティブなものであれネガティブなものであれ、ステレオタイプ化は人を傷つける可能性があり、アンフェアな行為だと一般的には理解されている。だが、例えば「われわれの制度は白人に有利なように作られている」とか「白人のアイデンティティは、文化全般のいたるところに流通している白人の優位性を示すメッセージによって形づくられている」といった十分立証されている社会的パターンや結果を述べることは、ステレオタイプ化とは違う。制度的（システミック）レイシズムは社会全体で、また歴史全体を通じて十分に証明されている。例えば、黒人が白人に向かってレイシズムについて語ろうとするとき、白人に共通した自己防衛反応（その自己防衛は有意義な変化を阻む）が見られるというのは、観察結果を述べているのであってステレオタイプ化ではない。その自己防衛は正当だと考える人もいるかもしれないが、いずれにせよそれは白人に共通する予測可能なパターンであり、検討に値する結果を伴う。

　ステレオタイプ化と、客観的で十分裏づけがあるパターンを指摘することの違いについて、身近な歴史上の事例としてアメリカの女性参政権について見てみよう。一九二〇年に女性の参政権が認められるまで、男性は女性に対して自動的に、当然のごとく優位に立っていた。男性は男女両方を代表する政治家を選ぶことができ、男女両方の暮らしに影響する法律や政策をめぐって投票することができたが、女性はそれができなかった。これは否定しようのない重篤な不平等であり、しかもこの優位性は一部の男性だけではなく、すべての（白人）男性が手にしていた。このことを指摘することはステレオタイプ化ではなく、事実を述べているにすぎない。女性がそれほど長い間、参政権を否定されていたのは、社会が女性を男性よりも劣っているとみなしていたからであり、すべての男性が（そしてもちろん女性も）女性劣位というメッセージを受け取っていたこともまた事実である。これは一部の男性のパターンを男性全員に当てはめるのとは違う。女性劣位は法に書かれ、文化やあまねく制度に広められた。例えば女性は夫や父親の許可なしには銀行口座を開くことができなかったし、米連邦政府は一九〇〇年まで女性の財産権を認めていなかったし、女性はほとんどの宗教宗派で聖職者になることも説教壇に立つこともできなかったし、大学への進学は厳しく制限されていた。女性は男性よりも劣っているという考えに対し、個人がとった反応はさまざまだったかもしれないが、そういうメッセージ自体を避けることは不可能だったろう。このメッセージに対抗するロールモデルを持つことも、助けにはなっただろうが、それだけでは文化の中に多種多様な方法で浸透したこのメッセージから完全に免れることは不可能だったろう。

最終的には女性参政権運動家（サフラジスト）とそれを支持する男性たちのたゆまぬ努力によって、変化を起こすに足るだけの人々の考えが変わり、何十年もの闘いを経て、女性は男性によって投票権を与えられた（女性は投票できなかったのだから、自分たちで自分たちにその権利を与えることは不可能だった）。もしも女性参政権よりも前に男性たちが、男性は集団として有利に扱われているという主張は不当な一般化だと異議を唱えていたら（「すべての男性が同じではない！」「私はあなたのことを女性だからどうこうとは思わないのに！」「私たち全員、単に人間であるというのではいけないのか？」といった具合に）、女性参政権の否定に対し、果たして立ち向かえただろうか？　不公平な政策の受益者を名指しせずにおいて得をするのは誰だろうか？

むろん、女性は男性よりも劣るというメッセージが合衆国憲法修正第一九条［女性参政権条項］によってこの世からなくなったわけではない。このことを取り上げて、女性劣位のメッセージが現在も事実上、存続していることを示すことは、ステレオタイプ化ではなく、単に社会分析の提供である。例えば、男女平等憲法修正条項（ＥＲＡ）は「法の下での権利の平等は、合衆国またはいかなる州によっても性別を理由に否定または制限されてはならない」とうたっているが、二〇二一年の時点でＥＲＡはいまだアメリカの全州では批准されていない。またアメリカにおけるキリスト教の二大宗派であるローマカトリック教会と南部バプテスト連盟は、女性が聖職者になることをいまだ認めていない。もっと信者の少ないモルモン教、エホバの証人、正統派ユダヤ教などもそうだ。

同様に奴隷制やジム・クロウ法［公民権運動以前のアメリカ南部における黒人差別の法体系］のような法形態がなくなっても、人種間の不平等は事実上、存続しており、反レイシズム運動家たちはそのことを示そうとしている。これには人類を「人種」で分類する意味に注目すること、つまり集団レベルの話をすることが不可欠だ。残念なことに白人の多くは自国の歴史を知らず、文化や社会化（ソーシャライゼーション）［個人が属する社会にそぐう規範や習慣などを身につけるプロセス］を理解しておらず、歴史的遺産や社会的条件づけ（ソーシャル・コンディショニング）［個人が所属する社会一般および仲間集団内で概して承認される方法で行動・反応するように学習していく社会学的プロセス］から自分は免除され得ると信じている。それは社会とは関係のない「本当の自分」が私たちの内には存在するという白人共通の考え方に現れている――その考え方自体がその社会によって意味づけられているにもかかわらずだ。このような理解の欠如は、制度的レイシズムの理解度に深刻に影響する。女性参政権の例とそこにレイシズムがどう関与したかという話に戻ると、一九二〇年に白人男性によって完全な選挙権を与えられたのは白人女性だけだった。集団レベルの現実を指摘することができていなければ、一九六五年の投票権法［投票時の人種差別を禁止］は生まれていなかっただろう。こうした成果を当然のように受け止めてはならない。二〇二一年現在、投票権法はほぼ完全に解体されているからだ。社会の中の集団間に存在するアクセスの不平等に立ち向かうためには、集団レベルに着目する必要がある。集団レベルの枠組みを個々の具体的なケースに当てはめるかどうかは読者次第だ。

さて、進歩的な白人は、例えば他の人種に対する優位性のように白人間で共有されている力学については認める傾向が強いが、それでも自分は例外として扱われたいとか、個人として見られたいと思っているかもしれない。そうするために有効なのは、自分の中のマイノリティ性だ。「私もマイノリティなので、何も有利ではありません。××という抑圧（私が苦しんでいる）について話しましょう」と持ち出す。また「分かっていない」他の白人よりも道徳的に優れた存在として自分を位置づけたい場合には、個人主義も使える。反レイシズムのワークショップや講義が盛り上がっても、いざ質疑応答になると決まって最初に上がるのは「誰それのレイシズムをどう指摘したらいいでしょうか？」という質問だ。私たち白人は自分自身のレイシズムについてはめったに深く考えない。

政治学者のジェーン・フラックスは、アメリカ社会には解消不可能な緊張があると指摘している[2]。アメリカの制度の正統性は、すべての市民は平等であるという概念に基づいている。だが同時に人種に基づく私たちの立場（あるいはジェンダー的、階級的、その他諸々の立場）は異なり、それが私たちの人生の可能性を自発的でも偶然でもない方法で大きく決定づけている。この緊張に対処するために、私たちは個人主義のナラティブを用いる。個人が成功を目指すときに生まれつきの障壁などというものはなく、失敗は制度構造のせいではなく本人の気質のせいだとするのが個人主義だ。また成功は身分に関係なく個人の努力のみによって得られるものであり、競争上優位な恵まれたスタートポジションなどないとするのが個人主義だ。個人主義は、私たちは皆、独立して行動しており、何かを達成する可能性は皆同じだ、スタートポジションなんて関係ないし、いや、関係あると強調すれば、自立する力を制限してしまうという——この自立こそが、個人主義にとっての前提でありゴールであり、そこでは制度的不平等は無視される。

個人主義は支配的な社会にあまりにも深く根付いているため、持続的な取り組みなしにはほぼ不動だといえる。私が共同ファシリテーターを務めた職場研修を例に、個人主義の頑強さについて見てみよう。この研修は主に二つの要素で構成されていた。一つは私の（白人としての）プレゼンテーションで、白人のアイデンティティ、権力、優位性の力学に関するもの。もう一つは共同ファシリテーターの（黒人としての）プレゼンテーションで、個人的にも、また非白人の集団間でも内面化されている人種をめぐる抑圧の力学に関するものだった。私の発表には、白人がレイシズムに気づくのを妨げる共通のバリアに関する議論が含まれていた。そのバリアの一つは、自分自身を社会集団の外にいる個人として見ることへの固執だ。プレゼンでは「個人主義のどこが問題か？」と題した八項目のリストを提示した。そして前置きとして、私たちは皆、個人であるという一般論を否定するつもりはない点を強調した。むしろ、とりわけレイシズムをめぐる議論において、白人が個人主義にこだわることが異人種間の理解を妨げ、人生において人種が持つ意味の重要性を打ち消している点を明らかにするのが私の狙いだった。

このリストを見せた後に休憩していると、隣り合わせに座っていた白人の男性「ボブ」と白人の女性「スー」が近づいてきた。そしてスーは「私たちは皆、互いを単なる個人として見るべきだと、ボブも私も思っています」と言い放った。[3]

私の仕事ではよくあることだが、いつも当惑させられるのは三つの点で、それらは相互に関連している。第一に私は四五分間のプレゼンテーションを通じ、「レイシズムをなくす」上で個人主義の何が問題なのかを掘り下げて説明したばかりなのに、二人はいかにしてそれを聞き逃したのだろう？　反レイシズム講座に参加する多くの白人に言えることだが、目の前で発表している内容が聞こえないということは、認知的に何が起きているのだろうか？　第二に、仮にスー（とボブ）がどういうわけか肝心な部分を聞き逃していたとしても、「互いを単なる個人として見れば、レイシズムはなくなる」などという短絡的で、ありふれた提案に私が接したことがないと彼女は本気で思ったのだろうか？　そして第三に、私たち白人の多くがそうであるように、非白人と隔離された環境でおそらく生活し働く白人である彼女は、社会生活における極めて複雑な積年のジレンマに対する「解決策」を宣言する（しかも一言で）自信をどこから得たのだろうか？　私は発表で述べたことを全力で繰り返し説明したが、効果はなかった。休憩後の午後のセッションでは、スーとボブの姿はすでになかった。

反レイシズム教育の場でたまにしか起きないことならば、見逃してもいいと思えるかもしれない。しかし残念ながら、これはあまりにもよくある反応なのだ。では、スーとボブは何を言いたかったのだろうか？　過去二五年間、アメリカ、カナダ、オーストラリア、南アフリカ、ヨーロッパ、英国のさまざまな学校、企業、コミュニティ、政府機関などで私が経験したことからいうと、レイシズムをめぐる議論の中で白人が個人主義にこだわる場合に言わんとするのは次のようなことだ。「私の人生は、自分の人種が何であるかに左右されていないのに、なぜ人種についてあたかも重要なことのように話さねばならないのか。重要であるかのように話すから、問題になるのだ。私自身が自分を人種でくくって見ていない以上、あなたも私をそんな風に見るべきではない。私の人種を問題にすることで、あなたは私を一般化している。しかし私は一個人であり、あなたは私を一般化できないし、私のことを知らない以上、私の人生について何か知っているなどということは不可能だ。自分の属する社会の中で私がいかに例外であるかも、あなたは知らない。それに私は個人として客観的であり、他人のことも人種にかかわらず個人として見ている。例えば私が採用担当者ならば、人種に関係なくその仕事に最適な人物を採用する」。要するにスーとボブは、私たち全員が人種を問題にしなければ、レイシズムはなくなると主張しているのだ。実際、スーとボブは人種が重要でないかのように振る舞っていて、それゆえ二人にとってもはや人種は存在しない。二人から見れば、私のような見当違いの人間が、人を個として見ることを拒み、結果、問題のないところに問題を作り出していると映るのだろう。実際には私たちは客観的ではないし、採用の際の選考基準は適性だといった単純な問題ではないのだが、それを示す膨大な経験的証拠など気にするなというのだ。米スタンフォード大学の社会心理学者ジェニファー・エバーハートが著書『無意識のバイアス――人はなぜ人種差別をするのか』（*Biased: Uncovering the Hidden Prejudice That Shapes What We See, Think, and Do*）で示そうとした研究結果をまとめると次のようになる。「私たちは皆、人種に関する見解を持っている。どんなに寛容な人物でもだ。人種に関する見解には、私たちの認識、関心、記憶、行動を偏らせる力がある――自覚していても、あるいは意識してそうしまいとしてもだ。人種に関する見解は、私たちが日常的に触れているステレオタイプによって成り立っている」[4]。そうしたステレオタイプには一貫性があり、私たちは誰もがそれを受け取っている。トップに立つ人々に圧倒的に白人が多いのは、個人主義がいう「能力のある人物が出世する」以上に多くの理由がある。

自分たちが用いているナラティブについて批判的に考えることは重要だ。なぜならば、私たちが社会問題をどのように捉え、その結果、どう行動するかを決定づけるのがナラティブだからだ。あるナラティブとそれに基づく行動がレイシズムに抗うものか、それともレイシズムを擁護するものかを私が見極める際、必ず頼りにしている基準がある。それは特定のナラティブや行動が正しいか、間違っているかを問うのではなく、「これはどのように機能するだろうか？」と問うことだ。私たちは全員、一個人として見なされるべきだという主張は（特にレイシズムをめぐる議論の文脈で）どう機能するだろうか？　個人主義というイデオロギーは、どのような力学を擁護し、覆い隠すだろうか？

個人主義は、人種の重要性や白人であることの優位性を否定する

あなたが生きているのはほんのわずかな時間であり、それはあなたのものだが、その時間の一片はあなた自身の人生であるだけではなく、あなたの人生と同時進行している他の人々すべての人生の総和でもある。言い換えればそれは「歴史」であり、あなたのあり方は「歴史」の形相である。

——ロバート・ペン・ウォーレン[5]

必ずしも意識的に非白人を差別する考えや意図がなくても、私は白人であることの恩恵を受けている。それは必ずしも意識的に身障者を差別する考えがなくても、私が「健常者」、言い換えれば「普通」とみなされ、私の動き方、見え方、コミュニケーションの取り方に合わせて設計された社会から恩恵を受けているのと同様だ。しかもそれは単に恩恵を受け、そのことを当然のように思えるというだけにとどまらない。私はそこで自分が正常であるというメッセージ、つまり白人であることの方が良い、あるいは「身障者」よりも「健常者」であることの方が良いというメッセージもまた内面化してきた。こうしたメッセージはちまたにあふれており、吸収せずにいることは不可能だ。

誰しも自分にとって不利な動向というのはすぐ目につくものだが、自分にとって有利だったり、自分の努力の追い風となったりする動向についてはとりたてて気にならない。それは実は、自分にとって有利な動向は見えないよう包囲されているからだ。例えばある大都市の職員のた

めのセッションを共同進行していたときのことだ。この職員たちは「フィールド」とあだ名されていた。これに対し、都心の超高層ビルにあるオフィスで働いている職員たちは「タワー」と呼ばれていた。この二つの言葉のヒエラルキーは明白だった。「フィールド」と呼ばれる職員はブルーカラーであり、「タワー」と呼ばれる職員はホワイトカラーだった。私がセッションを担当した職員は配管工であり、労働者階級であり、ほとんどが白人の男性だった。彼らが自分のことを進歩的と考えるかどうかは分からないが、階級的抑圧の存在については明確に認識していた。私の相方の共同ファシリテーターは、その部屋の中で数少ない非白人だった。私たちは白人に利益をもたらし、今日に至る人種間の不平等をもたらした復員兵援護法［通称GIビル。一九四四年制定、一九五六年失効。第二次世界大戦から帰還した米軍兵士に対する手当を定めた法律。今も米退役軍人の支援プログラムが「GIビル」と呼ばれている］のような政策や「赤線引き（レッドライニング）」［金融機関が、黒人居住区を融資リスクが高い地域として地図上で赤線で囲み、融資対象から除外すること］のような慣行の歴史を解説したビデオを上映した。上映が終わるやいなや、ある白人男性が聞き慣れた二つの反論を行った。

- それは過去のことで、今の時代には関係ない
- 自分の置かれた状況が気に入らないならば、自分たちでそれを変えればいい

忘れてはならない。このグループはついさっきまで「タワー」職員のエリート主義や、正規雇用と非正規雇用の不平等さ（「タワー」職員は月給制なのに対し、配管工たちは時給制だった）を糾弾していた人々だ。賃金格差だけではない。「タワー」職員は昼休みも長く取れるとか、

所用のために仕事を抜け出せるとか、一日中「クッションの効いた椅子に座っていられる」などと言っていたのだ。

反論した配管工の男性は、社会階級については難なく認識していたが、自分が白人であることの優位性については認めようとしなかった。私は思わず、この男性との架空の会話を想像した。

「そんなに『タワー』の方が良ければ、どうして異動しないんですか?」

「大学の学位が要るんですよ!」

「なぜあなたは大学の学位を持っていないのですか?」

「うちの両親にはそんな余裕がなかったからです。家計を支えるために働かなければならなかったんです」

「では今、学位を取得してはどうですか?」

「子どもを養わないといけないし、色々金がかかるんです!」

この参加者にとって階級差別ははっきりと見えるものだったが、自分も含めた白人には誰にでも人種に基づく特権があるという指摘は不快なものだった。自分も職場の同僚も圧倒的に白人ばかりなのにだ。彼は階層移動の可能性は万人に開かれているという「個人」の自助努力神話に囚われ、白人であることは優位性をもたらす一つの共通体験であると考えることを拒否した。

確かに生まれたときの経済的階級から「出世」する人もいるが、それは例外で、大半の人は元の階級にとどまるものだ。スタンフォード大学の研究者、パブロ・ミトニックとデビッド・グルスキーによる二〇一五年の報告書「米国における経済的流動性」は、親の所得による優位性のおよそ半分が子どもに引き継がれることを明らかにしている。[6] つまりアメリカ人の大半は、生まれたときと同じ社会階級にとどまる可能性が高い。さらに、経済的な優位性は所得水準が高くなるほど大きくなる。統計の対象者を一〇〇人とした場合に最小値から数えて五〇〜九〇番目に位置する人々では、親が持つ優位性の約三分の二が子どもに引き継がれている。富裕層の親の下で育った子どもは、低所得層の親の下で育った子どもの三倍の給料を期待できる。だが階級的優位性よりもさらに著しいのは、個人の階級的地位に関係なく白人全体が他の人種に対して持つ優位性だ。

アメリカという国はアフリカ人の奴隷化と、先住民の虐殺と彼らの土地の収奪によって生み出された富の上に築かれた。アメリカの奴隷制開始から四〇〇年目に、調査報道ジャーナリストのニコール・ハナ＝ジョーンズが論稿や著述、オーラルヒストリー、教育資料などを編纂した「一六一九年プロジェクト」［米ニューヨーク・タイムズ紙の企画］は、黒人の奴隷化を私たちが生きる現代とは関係のない遠い過去の出来事とする支配的なナラティブの捉え直しを目指している。そうしたナラティブのせいで、白人はアフリカ系に対し、とうの昔に撤廃された制度など「乗り越えろ」と言えてしまう。この「乗り越えろ」という物言いは「アメリカのすべての黒人が、いつかどこかで耳にしている」とハナ＝ジョーンズは指摘している。[7] だが彼女が述べているように「誰よりも奴隷制を克服したいと思っているのは黒人だろう」。しかし奴隷制はアメリカとその制度の根幹をなしており、現在と切り離すことは不可能だ。

「一六一九年プロジェクト」は、スポーツから医療までさまざまな業界で人種がもたらす影響を取り上げた数々の論稿の他、学習プランや講演者リストといったリソースを提供し、奴隷制の影響を現在までたどることで、アメリカは一七七六年に誕生したという見解に異議を唱え、奴隷制が今日のアメリカ社会のあらゆる側面を支えていることを示している。現在のアメリカに最初の奴隷船が到着した年〔一六一九年。当時は英領アメリカ植民地〕を意図的に軸としたのは、アメリカが国家となる以前から、奴隷制がその制度構築の基礎であったことを明確に示すためだ。

法社会学者のジャクリーン・バッタローラ教授は、アメリカ合衆国は建国当初から法律上、白人性（ホワイトネス）（白人とみなされること）が権利や機会の獲得につながるよう定められていたと説明している[8]。例えば一七九〇年に制定された帰化法では、市民権を申請できる移民を白人に限定していたが、これにより白人とみなされる移民は一五〇年以上にわたって有利だった。この一七九〇年帰化法は、白人を優遇する支配的文化を構築した無数の法律の中の一つにすぎず、こうした文化の中から、性別、階級、民族、宗教、地域といった他のステータスによって多次元的に白人性が形成されていった。白人性による特権へのアクセスの大小にはこれら他のステータスが介在したが、白人がラテン系、アフリカ系、先住民、アジア系、太平洋諸島系の人々よりも上位に位置するという前提は、すべてのステータスに共通する。白人であることが法律上の基本であり、すべてがそこから派生する以上、人種について語る際に個人主義は意味を持たない。

ハナ＝ジョーンズが「一六一九年プロジェクト」を通じて訴えている重要な点は、「すべての人間は生まれながらにして平等につくられている」というトーマス・ジェファソンの宣言の上に築かれた国の理想と実践が一致していないということ、そしてこれまでにある程度の一致が達成されたとすれば、それはアフリカ系アメリカ人の努力によるものだということだ。ジェファソンはこの力強い言葉を記したときに、実際には一三〇人の奴隷を所有していた。彼は自分の言葉が人口の五分の一には適用されず、将来的にもおそらく適用されないであろうことを承知していた（女性にも適用されなかった）。しかしアフリカ系アメリカ人たちは、この言葉を聞いてそれを実現しようと決意した。スペイン、ポルトガル、フランス、英国など植民地をもっていたすべての旧宗主国はアメリカ同様、奴隷制による負の遺産を認める必要があるにもかかわらず、いまだそれを成し得ていないが、中でもアメリカは、人間は平等であるという主張の上に建国された唯一の植民地大国だった。

黒人に対してはリンチなど違法なテロ行為に加え、合法的な排除が一九六〇年代まで続いた。例えば一九五〇年代、白人が住宅所有を通じて中流階級のステータスを獲得することを可能にした米連邦住宅局（ＦＨＡ）の住宅ローンは、黒人を受けつけなかった。米国で平均的な人々が富を築き、次の世代へ受け継がせて出発点とさせるためには、住宅所有が大きな鍵となる。アフリカ系アメリカ人研究の専門家、キーアンガ＝ヤマッタ・テイラー教授は高い評価を受けた著書『たかられる人種（*Race for Profit*）』の中で、一九六八年に制定された住宅都市開発法によって、一九六〇年代から七〇年代にかけてＦＨＡが排除（エクスクルージョナリー）政策から包摂（インクルージョナリー）政策へと移行したことで、住宅都市開発省（ＨＵＤ）とＦＨＡが不動産ブローカー、抵当銀行、住宅建設業者と結びついたと指摘し、すでにこのプログラムの初期段階で、悪質な抵当銀行がいかに市場を支配していたかを説明している。連邦政府が融資を保証する形で、こうした銀行は貧しい地域に住むアフリカ系アメリカ人に可能な限り多くの住宅を販売した。仮に借り手が返済できなくなっても銀行は支払いを受けることができたので「買い手のリスクが高いほど都合がよかった」のだ。[9]

抵当銀行はほとんど規制を受けることなく住宅販売を奨励されたため、不良住宅と判定されるべき住宅がアフリカ系アメリカ人の購入者に押しつけられた。つまり第二次世界大戦後に白人の中流階級を誕生させた住宅所有から、赤線引きや人種選別（レイシャル・プロファイリング）によって黒人を排除していた住宅市場が、今度は黒人を取り込み、搾取の標的とするようになったのだ。テイラーはこうした慣行を「搾取的包摂」と呼び、いかにコミュニティ全体を破壊したかを記している。黒人にとって手ごろな価格の住宅による住宅危機など存在しない、住宅市場は常に設計された通りに機能していると彼女は主張する。「黒人はより高い利子や手数料を払わされ、孤立したいい加減な住宅に追いやられた。黒人の住宅は資産ですらなく、負債の塊だった。白人と同じ利息で扱われることは決してなかった」[10]

個人主義というイデオロギーは、過去と現在の連関の否定に依拠しており、それゆえ私たちに何世紀にもわたる制度的レイシズムの結果を無視させる。主流（メインストリーム）のアメリカ史にアフリカ系アメリカ人の苦難や差別の物語が盛り込まれることはあるが、それはその苦しみの加害者や受益者が不可視化されていたり、一部の「腐ったリンゴ」のせいとして矮小化されたりしている限りにおいてである。不平等の大部分を遠い過去に追いやり、その過去の結果を現在まで追跡しないことで、その否定はいっそう強固なものとなる。

分析をミクロなレベル、あるいは個人的なレベルに限定してしまうと、マクロ的あるいは「大局的な」評価ができなくなる。個人主義はルールの中の例外に私たちの目を向けさせ、ルール自体の意味や、誰がそのルールを作っているのか、誰のためにそのルールがあるのかを考えさせない。例えば学校の財源が地元の固定資産税でどのように賄われているかを考えてみよう。制度的・歴史的なレイシズムの結果、非白人の子どもたちは貧しい地域に住んでいることが圧倒的に多く、家は持ち家よりも借家が多い。この現実を考慮すると、貧困地域ほど学校の質が下がるであろうこの政策によって、非白人の子どもたちはペナルティを科されている。ひるがえってこの制度は、白人が多い中流・上流階級の生徒がより質の高い教育を受け、将来、職場であまり競争せずに済むよう保証するものだ。これは制度的レイシズムとその結果である白人一人一人の優位性の両方を明確に示す例だ。

ハナ＝ジョーンズは、教育の不平等や事実上の人種別学校について語る中でこう指摘する。「この国の歴史の中で、白人から隔離された黒人が同等のリソースを獲得したことなど一瞬たりともない。黒人は同じ水準の教育も、優れた校長も、同じテクノロジーも手にできない」[11]。つまり住宅市場はアフリカ系アメリカ人を排除する設計になっているとテイラーが主張したように、教育制度は不平等な結果を生む設計になっているとハナ＝ジョーンズは主張している。個々のアクター、つまり親、教師、学校管理者などは全員個人としては、教育の不平等には反対だと主張するだろうが、この制度に加わっていることに変わりはない。だが個人主義的に考えれば、白人として受けている恩恵から自分を除外し得る。言い換えれば、私個人が白人としての恩恵など受けたくないと思う場合、個人主義を持ち出せば、実際には恩恵を受けている事実を否定できてしまう。しかしいくら私がそう願ったとしても、社会から自動的に付与される恩恵をかわすことはできない。

個人主義は普遍主義につながる

私たち白人は、自分たちの視点は客観的で、社会で共有されている現実を代表するものだと考えるよう教育されている。客観性があるという確信と、白人を人種から外して位置づけること（つまり人間の規範と位置づけること）が相まって、私たち白人は自分たちのことを人類の経験すべてを代表し得る、普遍的な人間だとみなしてしまっている。このイデオロギーは普遍主義と呼ばれ、その作用は個人主義と似ているが、個人主義が互いを個人として見るべきだ（「みんな違う」）と謳うのに対し、普遍主義は互いを人間として見るべきだ（「みんな同じ」）と謳う。この章の冒頭に引用したメールは、たった数行の文章でこの二つの物言いを同時に想起させる。メールの送り主は私が白人を一般化しているといって抗議しているのだが、そこで引用しているのは、マーティン・ルーサー・キング・ジュニアの考えだと誤って伝わっているカラーブラインドというイデオロギーだ。もちろん私たちは皆、人間であり、同時にそれぞれに個性があるが（私はどちらについても一般的な物言いを批判しているわけではない）、普遍主義はレイシズムに適用された場合、個人主義と同様の効果をもたらす。つまり、人種の重要性や白人の優位性がやはり打ち消されてしまうのだ。さらに普遍主義は、白人と非白人が同じ現実を共有し、同じ文脈の中で同じ経験をし、他者から同じ反応を受けるものと仮定し（「白人が多いこの会は、私にとって居心地がいいので、あなたにも居心地がいいはずだ」とか「ここの人たちは皆、私にとても親切なので、あなたにもきっと親切だ」といった具合に）、よって個人主義と同様、すべての人に同じドアが開かれていることになってしまう。

例えばホワイト・フェミニズムは、個人主義がどのように普遍主義に陥る可能性があるかを示す重要な例だ。ホワイト・フェミニズムとは、実際には中流階級の白人のシスジェンダー女性である自分たちのことしか代表していない一部の白人女性が、すべての女性を代表しているという思い込みを指す。したがってホワイト・フェミニズムが取り上げる問題は非白人女性を排除しており、非白人女性たちの異なる現実や関心事を認識もしていなければ、受け入れることも取り組むこともしない。ホワイト・フェミニズムを実践する白人女性たちは、性別による不平等が認知され、対処されることを目指し、それによって自分たちの経験を男性たちの経験と区別している。同時にホワイト・フェミニストたちは、あたかも女性であることで共有される一つの集合体験があるかのように「女性」というカテゴリーを使用しているが、その基準としているのはあくまで自分たち白人女性の体験である。

白人女性のアフィニティ・グループ［共通の目的・目標をもって共に行動する少人数の集団。affinityは「密接な関係」の意］のためにセッションを行ったとき、女性であることを普遍化する顕著な出来事が起きた。白人の優位性について意見を出し合ってもらったところ、あるグループのリストには「メディアでの露出度が高い」「店の中で跡を付けられない」「ローンを組みやすい」といったことが挙げられていた。そしてさらに何かポジティブなひねりが欲しいと思ったのか、「しかし母性は人種を問わず、すべての女性に普遍的なものです」と付け加えてあった。私は愕然とし、しばらくかかってやっとの思いでこう答えた。「母親であることこそ、白人女性と黒人女性の違いがおそらく最も顕著に表れる例の一つではないでしょうか——乳幼児や妊産婦の死亡率にはじまり、医療や教育におけるレイシズムの経験的データ、自分の子どもを非白人だからと怖がる教師と非白人の存在を無視する教科書ばかりの学校に通わせなければならないこと、子どもが警官と出くわすたびに命の心配をしなければならないことなど……いくらでも挙げられます」。集まっていた女性たちは、公平性のための会議に出席し、白人女性のアフィニティ・グループに参加している進歩的なフェミニストだ。しかし休憩になると彼女たちは立ち去り、私の答えに気分を害したから帰るとメッセンジャーで知らせてきたのだった。

なぜ、スーとボブに私の話は聞こえなかったのか？

多くの白人は、スーとボブのように、人種に基づくヒエラルキー的な社会関係の外側に自分を位置づけて心の平静を保つために、個人主義のナラティブを拠りどころとしている。それは、暮らしに具体的に影響する極めて実質的なリソースが懸かっているからである。また自分たちのアイデンティティ——自分は公平で寛容で勤勉だという自意識そのものが危うくなるからである。よって反レイシズムを掲げる進歩的な白人は、これまたスーとボブのように、自分たちに恩恵をもたらしている制度の存在を否定する必要がある。その否定の手段として、個人主義は非常に効果的だ。何かしらの集団の一員であることに意味はないと主張すれば、社会的不公正やそれがもたらす結果とは、個人的に無関係になる。同じく不公正を正せという要求も、個人的に無関係になる。白人といっても一人一人違う（「わざわざ『白人』という必要があるのか？」）と主張すれば、自分以外の白人の行動から距離を置くことができる。他の白人の行動は私の責任ではないから、彼らのレイシズムに立ち向かう責任も私にはない、となる。つまり人種差別をされている側の非白人に、レイシズムという問題を放り投げることになる。ところが非白人が声を上げても、「すぐに人種を武器にする」とか「けんか腰だ」とか「何にでも人種を持ち出す」とか、過敏だとか怒りやすいと非難されるなど、さまざまな形で一蹴されがちだ。一方で白人が白人同士の結託を打ち破り、レイシズムに抗して声を上げることは、私たち自身にとっても容易ではなく社会的なリスクをはらんではいるが、それでもより信頼性や客観性があるとみなされやすく、さらに自分の人種ゆえに否定されるようなことはないため、抵抗に遭ったとしても非白人ほど深い痛手を負わずに済む。私たち白人には、同じ白人に立ち向かう私たちならではの入り口が与えられているのだから、それを生かすべきだ。

もう一つ指摘しておきたいのは、スーとボブとのやり取りで明らかになった白人性の決定的な力学、つまり私にレイシズムの「解決策」を示したような謙虚さの欠如である。ほとんどの白人はレイシズムについて深く考える教育を受けておらず、またそうしない方が自分にとって得策なため、レイシズムについての理解が非常に限られている。私たち白人が非白人の主張に目を向けたり、それを理解したり、その正当性の証明に注力したり、その重要性に対して誠実に向き合うことはほとんどない。一方で白人は、白人優位文化の中で社会的、経済的、政治的な力を持っており、それによって非白人の主張の正当性を判断する立場にある集団だ（例えば教師、弁護士、裁判官、政策立案者、組織の幹部、ＣＥＯ、映画やその他のメディアを通じた文化的な「作り手」の大半は白人だ）。このような立場は異なる人種に対する一種の傲慢さを生み出し、その傲慢さゆえに、生の体験や深い批判的内省、研究や教育を通じ（時にリスクを冒しながらも）人種について深く考えてきた人々の見識に異論を挟むことを何とも思わない。そして専門的な見解をしばしば矮小化したり、「人は互いを単に『個人として』見ればいい」とか「『人間として』見るべきだ」とか「自己責任だ」といった安易な決まり文句で反論したりする。

白人という人種はその謙虚さのなさゆえ、自分たちが理解していないことこそが問題であるときに、しばしば不服を唱える。その上、問題をよく知らないことを謙虚に認め、考えを深め、もっと情報を探し、あるいは対話を続けるといったことをせず、与えられた視点を却下するのは自分の自由だと考える。言い換えれば、批判的な視点に（頭ごなしに否定しないで）真っ向から取り組むことができない。スーとボブが参加したワークショップで共同ファシリテーターと私は、自分たちがレイシズムに関する唯一の権威だなどとは言っていないし、参加者に絶対的な忠誠など求めていない。ただ参加者には、すでに持っている自分の視点にしがみつこうとせず、私たちが示すコンセプトに積極的に取り組んでほしいと呼び掛けた。そして人種の力学に関する長年の教育と経験を提示した。だが、スーとボブは取り組まなかった。

　レイシズムに関する自分の意見は十分な根拠に基づいたもので、必要を満たしていると確信しているスーやボブ、その他の白人に、私は尚、問い掛ける。「あなたが違うという根拠は何ですか？」。意見があることと、根拠があることは違う。私たちファシリテーターの分析に反論する資格のある人々は確かにいるが、スーやボブはそこに含まれない。ニール・ドグラース・タイソン［天文学者兼テレビ司会者］はこうツイートした。「人生の大きな壁、それは自分が正しいことはよく分かっても、自分が間違っていることはよく分からないことだ」[12]。スーとボブには最終的に私たちファシリテーターの分析を受け入れたり、私たちの信念や価値観を共有したりすることを求めたのではなく、オープンに思慮深くそれらを検討することを期待したのだ。レイシズムとその中における自分の役割に向き合う白人として、私たちが身につけられる最も変革的な資質の一つは、自分の理解に限界があることを認める謙虚さだ。

例外は法則に照らす

　私たちは皆、一個人であり、人種や階級、性別といった社会的カテゴリーに意味はなく、それらは私たちをステレオタイプ化し、制限するラベルにすぎないという論法（それらを「アイデンティティ・ポリティクス」と呼んで軽蔑し、一蹴する論法）を用いるならば、私たちは皆、それぞれの「相応な」場所に行き着くことになる。社会の上層にいる人間は単に個人の実力で出世した人々の集まりで、下層にいる人間は個人の能力不足ゆえそこにいることになる。社会的カテゴリーの属性は無効化され、人種間の格差は常時存在する構造的バリアの結果ではなく、本質的な個性の違いによるものとみなされてしまう。個人主義においては、上層にいる人々が非常に均質な個人の集まりであることは「たまたま」であるか、白人の中・上流階級のシスジェンダー男性、時にはシスジェンダー女性がすべてにおいて優れているかのどちらかとされる。肌の色は無視して一人一人をユニークな個人とみなし、そのように扱うので、白人の優位性は要因とされない。このように個人主義は、実力主義という神話（成功は能力と努力の結果）ばかりか、社会的適者生存（ダーウィニズム）や、トップに立つ者が概して優れているという思い込みを支えている。

イブラム・X・ケンディは、個人主義というイデオロギーが認められるのは白人のみであり、したがって白人が悪事を働いた場合はその本人個人に問題があるとされるのに対し、黒人が悪事を働いた場合は黒人全体に問題があることの証左だとみなされると指摘している。[13] レイシズムと闘う上で、白人を一般化することが、黒人を一般化することと異なる理由はこれだ。黒人については、個人として認めるようにすれば、黒人の個人性を否定してきた文化の内側にあるレイシズムの力学に介入できる。逆に白人については、白人という集団としての優位性を白人自身に否認させないために、個人性を留保する必要があるのだ。

誤解のないようにいっておくと、人はそれぞれが唯一無二の個人であり、そこには語られなければ知り得ないストーリーがあることは承知している。それぞれが何を考え、何を感じ、何がその人の「核心にある」のか、私は知り得ない。だが私たちは同時に、人生の軌跡を大きく方向づける人種集団というものに属している。私たち白人は皆、同じ文化の中を泳ぎ、同じ文化的メッセージを受け取り、同じ制度や法律に接し、同じ広告やメディア表現を目にしている。私たちはその集合的体験と進んで向き合わなければならない。むろん、その集合的プロセスに対する反応の仕方はさまざまだ。自分にとって人種は全く意味を持たないと言い張る人もいるだろうが、私たちが暮らす社会において、人種は確実に意味を持っている。非白人であれば人種は何かと探られ、それに基づいた応対を受け、あるいは人種が明確でないとみなされれば常に説明を求められるだろう。

人種に基づく社会的な力関係の外側に存在する人がいて、その人が暮らす社会に満ちあふれるレイシズムの条件づけや慣行、所産に全く影響を受けずにいると確信できた試しは、私のこれまでのキャリアの中で一度たりとてない。レイシズムの条件づけに私たちがどう反応するかはさまざまな要因によって異なるが、どんな要因も免罪符にはならない。私は自分と同じ白人に対し、単純かつ根拠のない考えに基づいてレイシズムを否認するのではなく、その現実に立ち向かうことを求めている。白人としての条件づけとは無縁だと主張する白人が証拠として示すあらゆる例外に対しては、あるシンプルな質問を返すことができよう。「あなたが白人であることは、その例外的な経験にどう影響しましたか?」

これまで私が見てきた限り、白人は制度的レイシズムへの加担が不可避な状態から脱け出す方法があれば、そうするだろう。だから例外があるだろうことは承知しつつ、白人の読者には「白人であることの共通体験」という法則に向き合ってもらいたい。白人ならば誰にでも当てはまる、観察可能な一貫したパターンは存在するし、私たちはそのパターンに目を向ける必要がある。私たち白人は、自分は特別な存在だという思いが極めて強化されている。そして話題が人種に及ぶと幾度となく自分は例外だと言ってきたことだろう。だが、新しい方向に考えを広げてみよう。いつか、すべての人を唯一無二の個人として考えるだけでよい日は来るかもしれないが、その日がまだ来ていないからこそ、個人主義へのこだわりは非常に有害なのだ。

III　聖歌隊はいない

進歩的な白人と一緒にいるということは、自動車学校の教官になって、運転の仕方を知らないのに自分は運転できると思っている生徒の横に乗っているようなものだ。ハンドルを握っている彼らは、思い込みの自意識のせいであなたの声が聞こえず、聞こえたとしても耳を貸さない。だから彼らは危険なのだ。

――アニカ・ナイラ[1]

私はほぼ毎週、白人が大部分を占めるグループの前で、白人性（ホワイトネス）や白人の心の脆さ（ホワイト・フラジリティ）について講演している。そこで白人の主催者たちから事前に「あなたは聖歌隊に説教をしようとしている」と忠告されることがよくある。これは、私が伝えたいメッセージをすでに知っていて、しかもそれに賛同している人々を説得しようとしているという意味だ。この場合、私のメッセージに賛同している聖歌隊というのはおそらく、制度的（システミック）レイシズムを理解し、その中における自分の役割を認識し、反レイシズムを積極的に実践している白人のことだろう。もしも本当にそうであれば、その前に私が立つ必要はないだろう。だが実際には、反レイシズムのハーモニーを一斉に奏で、声を上げる白人の「聖歌隊」など存在するとは思えない。そんなものが存在し得ると考えること自体が問題だ。またその聖歌隊の一員であると自負した時点で、多くの進歩的な白人と同様、自らのレイシズムへの加担に無頓着になってしまうだろう。その聖歌隊のメンバーたちこそが人種差別を永らえさせることができ、また実際にそうしているのであって、継続的に自己を省みることも、反レイシズムを実践することもほとんどない。事実、白人の主催者が「聖歌隊に説教しようとしている」と指摘するそばから、舞台裏にいるＢＩＰＯＣの人々が私を引き止め、その文化が自分たちにとっていかに有害かを訴えてくる。たとえ主催者側が「聴衆は批判に対してもオープンです」と言ったとしても、その言葉通りだった試しはない。逆に繰り返し目にしてきたのは、自分は聖歌隊だと思っている人々が批判を受け入れるのは、自分たち自身のレイシズムのパターンが問題にされない場合に限るということだ。

「聖歌隊」のメンバーの多くは、反レイシズムの枠組みを明確に説明することができず、あからさまなレイシズムを前にしても沈黙し、面と向かって批判されると、たいていはしどろもどろになってしまう。反レイシズムのセミナーに自主的に、あるいは積極的に参加したからといって、日常生活の中で当事者の味方(アライ)として行動しているとは限らない。

レイシズム問題への意識が高い、啓発された白人による聖歌隊がいるという考えは、「意識的な偏見＋意図的な卑劣さ＝レイシズム」という単純な公式に基づいている。言い換えれば、レイシズムとは異なる人種に対する個人の悪意だという捉え方だ。この基準に従えば、レイシストとは人種に基づいて人を嫌い、それを自覚しつつ意図的に危害を加えようとする人物だということになる。この基準では、ほぼすべての白人が除外されてしまい、制度的レイシズムは見事なまでに堅持される。だが、進歩的な白人が日々実行しているレイシスト行為の大部分は、意識的でも意図的でもない。さらに仮に意図的だったとしても、それを証明するのは非常に難しいし、自分の動機の不純さを認める人間などめったにいない。

職場には特に次のような無意識のレイシズムが蔓延している。

- 会議でBIPOCの人々の発言中に言葉をかぶせて遮る
- BIPOCのメンバーのアイデアを無視したり、横取りしたりする
- BIPOCの人々を情報の輪に入れない
- 「BIPOCの人々は本来ならば不適格なのに『ダイバーシティー採用』で雇われている」とみなす(そしてその思い込みと結果としての憤りを、さまざまな方法で暗に示す)
- レイシズムを前にしたときの白人同士のかばい合い
- 白人にとっての居心地の良さを保つために、黒人に執拗に圧力をかける。髪型や話し方を変えろといった要求を含む
- 昇進における不公平
- 白人の指導を黒人に担当させ、その後、指導を受けた白人の方を昇進させる
- どのような感情表現が許されるかをめぐるダブルスタンダード
- 白人女性が感情を武器にして、非白人の同僚に対して自分がもっている人種に基づく不

快感を、その同僚の人間関係の問題にすり替える

- 過剰な凝視
- 認識操作（ガスライティング）による心理的虐待
- 多様性に関するすべての仕事をＢＩＰＯＣの人々に押しつける
- レイシズムに抗議したＢＩＰＯＣの人々への処罰

ある読者が語ってくれた職場での経験は、私の元に寄せられた他の多くの経験と容易に重なった。彼女は自分の分野で高い専門性と長いキャリアを持つ黒人女性だ。ここでは「ケンドラ」と呼ぼう。彼女のアシスタントとして白人女性が雇われていたが、あるプロジェクトの重要な決定について二人の意見が分かれた。すると白人の部長は白人のアシスタントの助言に従ったが、ケンドラが忠告した通り、その選択は結果的に誤っていた。ケンドラは私にこう書いてきた。「自分の専門分野の問題だっただけに、この状況すべてにおいて、自分は低く評価されていると感じました」。そしてケンドラが上司に対し、人種の違いが影響しているのではないかと問いただすと、仕事ぶりには何も問題がないにもかかわらず、彼女は解雇されてしまった。「一人の白人を不快にさせたことで、打ち込んでいた仕事を失ってしまったのです」。今ではアシスタントだった白人女性が、以前のケンドラのポジションに就いているだろうことは想像に難くない。私たち白人が多様性を重視していると主張するのは常に、人種間の力学に対して指摘や抗議を受けない限りでしかない。

白人が支配するすべての社会のほぼすべての制度において、あらゆる尺度から見て、人種間の不平等は根強く残っている。例えば二〇一九年の心理学研究では、白人と黒人のアメリカ人の大きな貧富の差のみならず、その差に対する白人の認識がいかに歪んでいるかが明らかにされた。まず調査の参加者には、米国の平均的な白人家庭が持っている金額を一〇〇ドルと仮定してもらった。[2]そしてこれに対し、黒人家庭が持っていると想像する金額を聞くと、回答者のほとんどが八〇ドルと答えた。この問いの実際の答えは一〇ドル未満だ。また研究チームは成人一八〇〇人を対象とした全国代表サンプルを用いて、アメリカの白人が経済的不平等、特に人種間の貧富の差を大幅に過小評価していることを示す有力な証拠を発見した。中でも黒人と白人の格差は実際よりも小さいと考えられており、二〇一六年にはその認識と実態に約八〇％の差があった。いわゆる「聖歌隊」を含むほとんどの白人は、社会における人種間の不平等のあり方を分かっていないのだ。

白人である私たちは、人種間の不平等が根底にある白人至上主義社会に社会化されている。白人の多くは異なる人種と隔離された環境で育ち、大人になってからもずっと隔離された生活を続けている。目の前に敷かれた人生の軌道をたどっている限り（特に「優良」とされる地域で育ち、「優良」とされる学校に行った場合）、白人の人生は事実上、隔離されたままだろう。私たち白人は異なる人種と真の人間関係を築けないよう、またそうした人間関係に関心を持たないよう、そして、たとえそうした人間関係を築く場合があっても、自分たちが快適な領域からはみ出す必要がないよう条件づけられている。ある黒人女性が最近こんな話をしてくれた。サンフランシスコ・ベイエリアの裕福な白人居住区に住む白人女性に「黒人と仲良くなりたいんだけど、誰か暇のある人はいる?」と聞かれたというのだ。

ほとんどの白人は異なる人種と隔離された環境で生活しているにもかかわらず、自分に人種的偏見はないと自信を持っている。だが、どうしてそう言えよう? 貧富の差の認識に関する研究が示すように、私たち白人の大半は黒人の現実をまったく知らないのだ。白人は黒人に対して説明を求められることも、自己イメージが試されることもほとんどない。自己認識を覆されるような人間関係がないからこそ、自分を「聖歌隊」のように位置づけることができるのだ。黒人と遭遇したときに善良に振る舞えたとしても、日常生活に実際にある隔離をなくすことにも、その隔離から生まれる誤った認識を正すことにもならない。また私たち白人の経験が限られ、偏見が放置されている以上、いくら善良に振る舞っても、異人種間で必然的に生じる白人の問題点を補うことはできない。

教育学者のジョン・ライブルが作成した資料から抜粋したチェックリストを使って、私が日々目の前にしている白人たちがどれほど意識の高い「聖歌隊」で、ここに挙げるスキルをどれくらい身につけているか測ってみよう。

- レイシズムに関する知識と気づきを実践している
- レイシズムやＢＩＰＯＣの人々の視点について継続的に学んでいる
- あらゆる場面で自分の白人性を自覚し、その自覚に基づいて行動している

・反レイシズムのプロジェクトやプログラムに参加している
・公私両面において、レイシズムに関する問題を繰り返し提起している
・会議の場やプロジェクトの計画において、反レイシズムが必ず議題になるよう取り組んでいる
・会話の中で人種が問題になったとき、それを個人の問題に矮小化しないようにしている
・レイシズムが生じている多くの局面を認識できる
・BIPOCの人々の包摂（インクルージョン）を確保するために、グループ内の力学に注意している
・BIPOCの人々の貢献を支持し、正当に認めている
・黒人を含むさまざまなBIPOCの人々と個人レベルで付き合い、その人たちの生活を知っている
・白人の「インサイダー」としての立場を生かして、BIPOCの人々と情報を共有している
・レイシズムの力学に戦略的に介入するスキルを身につけている
・自分がBIPOCの人々のリーダーシップを受け入れられることを、実践で示している
・会議や交流の後、BIPOCの人々と感想をやりとりし、「実態の把握」や確認を行っている
・非白人の経験を、説明や「証拠」を要求せずに受け入れている
・レイシズムをめぐる感情を表現する必要のある人がいるとき、共感して立ち会うことができる
・自分が信頼に足る人物であることを行動で示し、BIPOCの人々からは一貫して信頼を

寄せられていると同時に、自分が身につけてしまっているレイシズムに対する指摘もある

- 自分の無自覚なレイシスト行為に対する指摘にオープンであることを実践で示している
- 自分の言動がレイシズムであると気づいたときに、それを修復するスキルを持っている
- 反レイシズム活動における自分の限界を認識し、ＢＩＰＯＣの人々に対する責任を果たす方法を確立している[3]

こうしたリスクテイク、スキルアップ、人間関係の構築、反レイシズムの戦略的実践などと比較すると、「聖歌隊」の一員である証明として最もよく持ち出されるのが、単に良い人だということでしかないのがよく分かる。

もしも実際に人種を超えた真の人間関係を築いていて、異なる人種と隔離された生活の影響云々は自分には当てはまらないと考える白人の読者がいるとしたら祝福しよう。あなたは本当に例外だ。私自身が白人としての社会化に抗うために取り組んできた最も重要な方法の一つが、人種を超えた真の人間関係を築くことだ。だが、白人至上主義文化の中で生まれ育ったという逃れられない現実の結果として、私もそうした関係において加害者となることがある。白人至上主義文化のメッセージも当然、吸収してきたし、レイシズムが根底にある世界での交流パターンを身につけてしまっているからだ。作家のイブラム・Ｘ・ケンディが指摘しているように[4]、私はレイシズムという思想の生産者ではないかもしれないが、消費者ではあるのだ。これが分かると、「私はその文化に流通している人種差別的なイデオロギーに影響を受けただろう

か？」という自問（ほとんどの白人は反射的に「受けていない」と答えるので、それ以上の行動を必要としなくなってしまう）は、「私はその文化に流通している人種差別的なイデオロギーから、どのように影響を受けただろうか」「それは私の人間関係や交流の中に、どのように表れているだろうか？」という自問に変わる。

レイシズムは個人的、意識的、意図的なレベルでのみ発動されるという考えを超えて、一つのシステムとしてレイシズムを理解しなければ、人種間の不平等に対する取り組みを前進させることは不可能だ。心理学者のビバリー・ダニエル・テイタムは、レイシズムを「人種に基づく優位性のシステム」[5]と簡潔に定義している。このシステムには白人、黒人、先住民、非白人間の資源配分の不平等を制度化し、常態化させるような経済的・政治的・社会的・文化的な構造、行動、信念が網羅されている。私はセッションなどで、レイシズムとは法的権限と制度的支配に裏打ちされた集団的な人種差別だと説明している。これほどの権力で支えられているのは、白人という集団による差別だけであり、よって私はＢＩＰＯＣの人々による差別については「レイシズム」という言葉を用いない。もちろんＢＩＰＯＣの人々にも人種差別はあるが、それが社会の仕組み全体やあらゆる制度に組み込まれた形で支えられていることはない。なので彼らの差別については、私は単に「差別」と呼んでいる。一方、制度的レイシズムは一貫して白人全体に有利に、ＢＩＰＯＣの人々全体に不利に働くものであり、その方向性を捉えるために私は「レイシズム」という言葉を確保してある。「白人の場合はレイシズムと呼ぶ」が、ＢＩＰＯＣの人の場合はそう呼ばないという考えに違和感を覚える白人の読者には、なぜそこに違和感を覚えるのか自問してみてほしい。差別が及ぼす影響は、その背後に制度的な支えがあるかないかで全く違うことを認めることによって、あなたは何を失うだろうか？

制度的レイシズムは二四時間三六五日稼働しており、個人の自己イメージや善意、優しさなどによって遮断されることはない。もちろんすべての法則には例外がある。ケンディは、黒人が制度上の権力を持ち、その権力を行使してレイシズムに対抗することもあり得ると論じている[6]。しかしながらその制度的権力は、彼らが活動する制度の基盤からして制限されている。そうした制度を築いたのは黒人ではなく、また黒人の参加は条件つきだからだ。もっと端的に言えば、そこに黒人を受け入れるかどうか、どのような条件ならば受け入れるかという判断はずっと白人に委ねられてきたのだ。そうした中でも、あらゆる進歩をもたらしてきたのは、暴力的な抵抗にも屈せずに組織されてきた何世紀にもわたる黒人たちの行動だ。

レイシズムは制度ではないというお決まりの反論をしそうな白人読者のために、メリアム・ウェブスター辞典の「レイシズム」の項を引用しておこう（強調部分は筆者による）。

1　人間の特性や能力を決定づける最たる要因は人種であり、人種の違いによって、特定の人種の生来的な優位性がもたらされるという考え

2a　**人種差別を前提とし、その原理を実行するよう設計された政策や政治的プログラム**

2b　**人種差別に基づいた政治制度あるいは社会制度**

このように実際、2aと2bはレイシズムを制度として定義している。ただしメリアム・ウェブスターには、辞書は万能の定義を提供するものではないという注意書きもある。「辞書は言葉の意味をめぐる議論が起きた際に、最終的な権威として扱われることが多いが、議論の決着をつけるためには必ずしも適していない。辞書編集者の役割とは、言葉が実際にどのように使われているか（あるいは使われてきたか）を説明することであり……ある言葉によって名づけられたものの本質については何も語らない」[7]。レイシズムの複雑さ、巧妙さに比して辞書の定義は単純だとして、作家のアニー・レノーはこうたしなめる。「正直なところ、レイシズムについて議論しているときに辞書を参照する時点で、その人物がレイシズムを理解しようと深く掘り下げたことがないのは明白だ。重大な危険信号だ」[8]。彼女はさらにこう説明する。「誰かの言動がレイシズムだと非難された場合に、必ず予測できる反応がいくつかある。一つは『レイシスト』という言葉を、悪質な個人攻撃と捉えること。二つめは、レイシズムだという指摘を徹底して否定すること。三つめはレイシズムではないと証明するために、辞書の定義を持ち出すことだ」。言い換えれば、白人の心の脆さが露呈するのだ。

英マンチェスター大学の社会学者ピーター・ウェイド教授は、レイシズムは従来の辞書的定義よりもはるかに複雑で陰湿だとし、こう説明している。「レイシズムとは、一部の人々が他の人々よりも資源、権力、安全、幸福にアクセスしにくい社会を制度的に作り出すイデオロギーであり、実践である。このような制度的不平等は元来、植民地主義によって創出された人間の階層差を反映しており、それによって特定の人々が機会や資源へアクセスすることを困難にする歴史的な不平等のパターンを生産している」[9]。レイシズムの範囲を個人の行為に限定してしまうと、レイシズムの陰湿な作用の仕方を著しく無視することになる。また私たち白人の一人一人が免罪符を得る扉を開くことにもなる。

進歩的な白人による露骨なレイシズムというのはあまりない（進歩的な白人でも追い詰められれば露骨なレイシズムが噴出することはあり得るし、実際にあるが、通常、簡単にはそうしない）。進歩的な白人のレイシズムは、タブー語を口にしたり「元いたところに帰れ」と言ったりするあからさまな言動ではなく、もっと分かりにくい方法、例えば人種をめぐる鈍感さ、無知、傲慢さなどを通じて発揮される。これらも人種差別によるダメージをもたらし、しかもＢＩＰＯＣの人々が経験するレイシズム全体の一部でありながら、否定するのが簡単で、証明するのが難しいからこそより厄介かもしれない。どんなことがそれに相当するのかよく聞かれるので、いくつか挙げてみる。

- 同じ人種の別人と間違える
- 相手の名前を覚える努力をしない、名前の発音をいつも間違える、発音しやすい名前に勝手に変えて呼ぶ、相手をからかうためにそうしたことをする、相手を完全に避ける
- ＢＩＰＯＣの人が言ったばかりのことをオウム返しにしたり、言い直したり、説明し直したりする
- 黒人の髪に対して触ったりコメントしたり、驚いたり、質問したりする

- ＢＩＰＯＣの人々は人種に関わるどんな取り組みにも興味を持ち、それを行うことに長けていると考える
- あなたの言動を嫌がらなかったＢＩＰＯＣの人を引き合いに出して、それを嫌がった人の気持ちを打ち消す
- 黒人に対して明晰さや知性、経歴、階級などに驚きを示す
- ＢＩＰＯＣの人の発言中に話をかぶせたり、割って入ったりする
- レイシズムに対する解決策をＢＩＰＯＣの人々に説く（「……すればいいだけだ」）
- ＢＩＰＯＣの人と話しているとき（に限って）、人種にまつわる関係のない話題を持ち出す
- ブラックフェイス［黒人以外による黒塗りメイクや黒人に見える演技］や黒人文化の盗用
- 自分のレイシズム行為を指摘されたときに否定や自己弁護、言い逃れをしたり、赦しを求めたりする
- 話をするときに白人以外の人についてのみ人種を言及する
- 黒人と話すとき、あるいは黒人に関する話の中で、南部訛りを使う、あるいはその他の戯画化を行う
- ＢＩＰＯＣの人が自らのレイシズム体験を語っているときに、さらに証拠を求めたり、別の説明を差し挟んだりする
- 自分の結婚相手がＢＩＰＯＣであることや、ＢＩＰＯＣの家族がいることを周囲にアピールする

- 自分が「レイシストでない」ことを証明しようとして用いている証拠に、説得力がないという自覚がない
- 自分の被抑圧体験をレイシズムと同一視する
- 人種をめぐる話題になると、別の抑圧問題に話を変える
- 人種間の平等に取り組んでいるチームの中で、あらゆる形態の抑圧を取り上げるよう主張し、結果的にレイシズムについて深く掘り下げさせない／全く取り上げさせない（「真の問題は階級だ」など）
- 白人が大半を占める組織で、全員に自分も一員だと感じさせるためのダイバーシティーワークとして「知的多様性」や「学習（ラーニング）スタイル［個人の特性に合わせた学習法によって教育効果を高めようとする学習理論］」「脳の多様性（ニューロダイバーシティ）」、さらには内向性・外向性といった個人の性格特性に関わるものを盛り込む
- BIPOCの人々に対し、自分以外の白人のレイシズムに関する噂話をして、自分はそれとは異なる善良な白人だとアピールする
- グループやコミュニティ内で自分が唯一の白人だった経験を引き合いに出して、自分もレイシズムを経験した（逆差別を受けた）と主張する
- BIPOCの人々に、レイシズムを目撃した話をするものの、それ以上は何もしない
- 白人の移民やその子孫としての自分の経験を、アフリカ系アメリカ人の経験と同列に語る（「アイルランド人も同じくらいひどい差別を受けていた」）
- BIPOCコミュニティでの市民性学習（サービスラーニング）や宗教活動の経験を引き合いに出し、そうした

コミュニティが経験する問題に関する対処法の専門家のように振る舞う

- レイシズムをテーマに白人を救い手として描いた映画を好み、それを人に勧める
- BIPOCの人の希望やニーズを聞かずに、サポートの仕方を勝手に決める
- 一度も自宅に招いたことのない黒人の同僚と「友人関係にある」と主張する
- 職場では人種間の平等に取り組むチームに参加しているが、自分自身のレイシズムについては継続的に取り組んでいない
- 初めて参加したレイシズムに関する講演やワークショップで、講演者が「答え」を示さなかったと不満をいう
- 講演に参加して興味を持ったといって、多様性コンサルティングの起業の仕方を尋ねる
- ダイバーシティ活動において、構造的な変化を伴わない「組織の拡大」を重視し、組織の人数が増えることと人種をめぐる社会正義(レイシャル・ジャスティス)を同一視する
- 人種問題に対する白人のやわな感受性を守るために、自分たちの組織は「まだ準備ができていない」とか「ゆっくり進める」必要があるといった懸念を常に持ち出し、人種をめぐる社会正義の取り組みを妨害する
- このリストで挙げた事柄がなぜ問題なのか理解できず、自分でさらに学ぼうとはしないで意味のないものとして却下する

こうした振る舞いは、白人の特権意識、無知、傲慢さ、保護主義を示している。そしてその

影響は白人側の意図とは関係なく、矮小化、沈黙の強制、支配、無効化、排除、孤立化、中傷、詰問、物扱い、エキゾチシズム視、侮り、管理、弱体化といった形で表れる。明々白々なレイシズムにのみ目を向けている限り、私たち白人は自分たちが常態化し、非白人を日々疲弊させている日常版のレイシズムを擁護することにしかならないだろう。

教育研究者のポール・ゴルスキーとノウラ・エラカットが、反レイシズム活動家の燃え尽き症候群（バーンアウト）に関する研究で見いだしたパターンについて見てみよう。[10] 燃え尽き症候群は、白人の活動家も非白人の活動家も経験している。その理由はさまざまだが特に重要なのは、二人がインタビューした非白人の活動家の八二%が、主な原因として白人の反レイシズム活動家を挙げた点だ。非白人の活動家たちは「自分たちの燃え尽き症候群の原因は、白人活動家の態度や言動——レイシズム——にあるとしている」（強調部分は原文より）。つまり反レイシズムを掲げる活動に携わる白人（進歩的な人々の中でも最先端に位置する）にさえレイシズムはあるのだ。この研究が指摘している白人のレイシズム行為は以下のようなものだ。①旧態依然とした人種差別的な視点。②非白人活動家による反レイシズム活動を台無しにしたり、無効化したりする。③ステップアップや行動が必要なときに消極的。④白人の心の脆さを露わにする。⑤反レイシズム活動の参加者の功績やアイデアを横取りする。

非白人の活動家たちは、レイシズムについてこうした白人の「味方」に教えるために、余分なエネルギーを費やすことを余儀なくされていた。しかも自省を拒み、自分で思っているほどレイシズムに対する問題意識が高くない白人活動家の反発にも耐えなければならなかった。インタビューに応じた非白人活動家の一人はこう語った。「いわゆる進歩的でリベラルな白人の味方たちのせいで燃え尽きました。彼らが仲間だったのは、自分自身を振り返り、自分自身について学ぶ必要があると分かるまで、自分たちが学ぶべきことは……ブロンクスの貧しい黒人の子どもについてではないと分かるまででした」。別の参加者は次のように指摘した。「多くの白人は(反レイシズムに共感することで)何かを得たいと思っている……しかし誰の感情も傷つけたくないので(レイシズムを)非難したがらない。迫ろうとはしないのだ。これに対処する方は、どうすればいいのか？ そんなことに対処せざるを得ない状況……それがストレスや燃え尽き症候群の大きな原因になっている」

またインタビューの参加者たちは、白人の活動家たちから感情を抑えるようにと言われたせいで燃え尽きたとも考えていた。不正に対し、激しい感情を露わにするのは当然の反応だ。しかし感情を直接的に表現せずに衝突を避ける口当たりの良い文化、それと白人が自分たちの心の脆さを露呈したくないという恐れが相まって、非白人の活動家たちには、白人を不快にさせる感情を表に出すなという多大なプレッシャーがかかっている。ある参加者は、一緒に活動していた白人たちからのプレッシャーにもかかわらず、不正に対する感情を抑えられなかったときのことを語った。「この(レイシズムの)犠牲者は私だったかもしれないし、私の子どもだったかもしれないのです」。この参加者は「自分たちでは正義を愛するという善意の進歩的な白人たち」が終始、レイシズムに対する感情的な反応を抑えにかかるので疲れ果ててしまったと言った。「味方」であるはずの白人活動家によるレイシズムが、必ずしも「味方」とは言えない他の白人のレイシズムに拍車を掛け、さらに苛立たしくダメージの大きなものしているると、非白人活動家の多くは感じている。もう一度言おう。聖歌隊は存在しないのだ。

悲しくも皮肉なことに、人種をめぐる気づき(アウェアネス)の旅において、「分かった」と思った瞬間は、旅の終わりではない。「分かった」と思った瞬間こそ、自分がどれほど完璧な理解からほど遠いか――そして完璧な理解など決してできないこと――を思い知り、謙虚さが生まれる。反レイシズムの理解を深め、スキルを身につけ、実践していくことに終わりはない。気づきによって、これからも続いていく旅に、謙虚さと責任という新たな次元が加わるはずだ。そして持続的な活動につながらない気づきには意味がない。

Ⅳ　優しさの問題

上品であろうとする意志、礼節と平静を保とうとする意志はひどく強固だ。干渉するのは無礼だというだけの理由で、いったいどれほどの悪が野放しになっていることかと思う。[1]

——アリックス・E・ハロウ『ジャニュアリーの一万枚の扉』（*The Ten Thousand Doors of January*）

オバマ政権下のうわべだけの「ポスト人種」社会は、続くトランプ政権下ですっかり剝ぎ取られたが、ほとんどの白人は今でもレイシズムといえばあからさまな差別行為ばかりを思い描く。仮にレイシストとは意図的かつ公然と差別を行う人々であるとすれば、善良な人々はレイシストたり得ないということになる。レイシズムを指摘された白人が、友人や同僚に「あの人は本当に良い人だ」とか「恵まれない子どもたちのためのNPOでボランティア役員をしている」、あるいは「黒人の子どもを養子にしている」からレイシストであるはずがないと証言させる、というのはよく聞く話だ。優しさの文化の特徴には、白人同士のかばい合い、人間関係において不快感を与える・あるいは経験することの回避、コネや共通点の重視、レイシズムの被害者よりも加害者の感情に対する配慮、他者のメンツの擁護、影響よりも意図の重視などが含まれる。中でも意図の有無は、優しさの文化の中でとりわけ重視される。

優しさの文化がレイシズムだと認めるのは、誰かを意図的に傷つけたり差別したりする行為のみゆえ、よってレイシズムがレイシズムだと認識されることは滅多にない。優しさは赦しも認めるからだ。そこに意図がなければ、レイシズムとはみなされないし、みなすべきではないとなる。アイダホ州ミドルトンの小学校の例を挙げよう。一部の職員がメキシコ人をステレオタイプ化した格好をし、別の職員が「アメリカを再び偉大な国に」［ドナルド・トランプの大統領選スローガン］と書かれた国境の壁に扮した出来事が起きた。このとき同市のジョッシュ・ミドルトン教育長は、職員たちの「判断のお粗末さ」は認めたが「悪意」はなかったと擁護した。[2] これに対し、作家のケイトラン・グリーニッジは「時に白人が『人種差別をするつもりはなかった』というのは『人種差別が問題にならないよう願っていた』という意味ではないかと思える」とツイッターに投稿した。[3]

このようにレイシズムと善意は共存しないと考える白人は、非白人に対して直ちに、そして猛烈に人のよさをアピールしようとする。明るい声、にこやかなアイコンタクト、またさまざまな事柄を通じた親近感の創出、例えば音楽の趣味が同じだとか、髪型やスタイルを褒めるとか、「相手」の出身国と思われる場所に旅行したことがあるとか、相手と同じ人種の知り合いがいるといったエピソードを持ち出すなどして、善意を伝えようとする。非白人と会ったときに微笑むと、自分は良いことをしたという気持ちのボーナスも付いてくる（だが、彼らが黒人で、黒人はいないものと想定されている公園やコーヒーショップ、寮のラウンジ、プール、白人居住区などで会った場合には、私たち白人は薄っぺらな善意の皮を脱ぎ捨て、かろうじて抑え込んでいた犯罪性の連想を基準に行動する）。

一点明確にしておくと、私は「優しさ」と「思いやり」を区別している。思いやりには心がこもっており、相手の支えとなるような行動が含まれる。思いやりとはその人の価値観から来ているものであり、それを行動で示すことだ。そして、それはたとえ（おそらく特に）その行動が自分にとって不都合な場合でも、である。例えば車が故障して困っている私を見たあなたが、立ち止まって何か手伝えることはないかと聞いてくれるのが思いやりだ。あるいは仕事の打ち合わせの後、取り乱している私を見たあなたが声をかけ、どうサポートしたら良いか尋ねてくれるのが思いやりだ。思いやりは能動的であり、非白人に対する白人の味方（アライシップ）としての支援の一側面となり得る。対照的に優しさとは、儚く空虚で、これ見よがしであり、それ以上の行動を要しない。また優しさと誠実さもイコールではない。それどころか優しさはしばしば誠実さのなさを隠す役目を果たす。

優しさはいくつかの方法でレイシズムを温存し得る。第一に優しさの文化では、うわべの下に潜り込むのは困難だ。うわべを取り払うには対立が必要だが、優しさの文化では対立はタブーだ。優しさが行動の規範として確立されている中で、レイシズムのような不快で論争の起きやすい問題をどうして提起できるだろう？　このようにして優しさという暗黙の社会的合意は、人種間の力学の周りにそれを保護する力場のようなものを作り出す。そしてその力場が破られると、現状維持のために白人同士の結託が発動される。力場を破ったのが白人だった場合には、その人物は辛辣だとか好戦的だとみなされ、アウトサイダー扱いされる。声を上げたのが非白人の場合は、怒りっぽく攻撃的で威嚇的だというナラティブと共に、アウトサイダーとしての立場がいっそう強化される。

第二に、常に優しさを志向することは、反レイシズム活動においてしばしばもたらされる悲しみ、痛み、怒りといった強い感情と向き合うことを困難にする。しかし、こうした感情と向き合わないことには私たちは前へ進めない。最近、裕福な白人女性のグループを対象とした三日間のワークショップを共同開催したときのことだ。彼女たちはおおいにうなずき、微笑み、上品に敬意をもって話を聞き、まったく良い人たちだった！そして内容について論争することも、反発する様子も全くなかった。しかし、ここでの優しさは、実際には怒りや狼狽といった厳しく難しい感情を覆い隠す受動攻撃的な手段として機能していた。こうした優しさは、参加者にとっては心地よかったかもしれないが、本来の参加目的だったはずのレイシズムに関する率直な話や掘り下げを妨げていた。だが、二日目の終わりになるとそうした緊張がついに爆発し、グループが抱えている問題に真摯に向き合うことになった。何人かは手を挙げたときに指名されなかったことで気分を害し、意見を封じられたと感じていた。別の女性は、自分はカナダで育ったから他の参加者とは違うと主張し、私たちがそれを認めなかったことに腹を立てていた。うわべの善意の下で醸成されていた憤り（抑え込んでいた理由がどれほど些細だったとしても）は二日目まで表に出なかったが、ずっとくすぶっていて、ワークショップの内容を理解し、取り組む力に影響していた。このように優しさが盾となり、成長や変化に不可欠な正直さや傷つきからグループを守っていたのだ。

作家で反レイシズム教育の専門家でもあるデビー・アーヴィングは、辛辣な回顧録『目覚める白人』（*Waking Up White*）の中で、上流階級の文化に自らが社会化された代償について次のように述べている。

> 子どもの頃に身につけた多くの行動様式と同様、沈黙と回避は無意識のうちに習慣化されていた。両親が私を黙らせたのは、私の考えをないがしろにしていたからではない。両親自身、自分たちの幼少期の社会化によって、対立や誠実さを避け、社会的により受け入れられやすい優しさの文化を志向することを無意識のうちに習慣化していたからだ。両親は私に生き延びる術（サバイバルスキル）を伝えていたのだ。快適で上品な上流階級の世界で生きていくためのスキル。たとえそれで感情の回路をつなぐのが下手になり、自分自身の心や魂から切り離されることになったとしても。[4]

私たちファシリテーターは、資産階級の白人女性のグループを相手に、うわべの優しさをどう崩すか戦略を練りつつ、そこに黒人女性がいたらどう感じただろうと考えてみた。きっと彼女はその部屋を安全な空間（セーフスペース）とは感じなかったのではないかと私は思った。見せ掛けだけで、支援的な姿勢を感じられないからだ。おまけにその見せ掛けの優しさに耐えなければならないだけでなく、黒人の彼女が問題を提起したり強い感情を露わにしたりすれば、必ずや怒りやすいというレッテルを貼られたり、社会的な暗黙の合意を壊そうとしていると非難されたりする恐れがあっただろう。アーヴィングはこのリスクについてこう述べている。「優しさの文化とはいったい誰のためのものなのか？ それは人生がうまくいっている人々、つまり権力を持つ人々のためだと思う。それでは力を持たない個人や集団が、正当な不満を抱えた場合はどうなるか？ 権力に向かって真実を訴えても、往々にして不満を口にした人物が批判や怒りを浴びせられて終わる」[5]

権力を持つ側の沈黙が権力の発動であるのと同様に、権力を持つ側の優しさもまた権力の発動となり得る。どちらの場合も非白人に疑念を抱かせる。この白人の魂胆はいったい何なのだろう？ 白人たちはどう感じているのだろう？ この状況から脱した途端、白人たちは何をするつもりなんだろう？ 動いているのは目に見える現実だけではないことを、非白人はよく分かっている。差別の歴史を考えれば、人当たりの良い白人が歩み寄り、支援してくれることなどないと考えておく方が無難だ。沈黙と優しさはどちらもレイシズムの現状を温存する（そして二つは一体となっていることが多い）。自分がレイシストでない証拠として多くの白人が挙げる優しさの行動様式そのものが、黒人には正反対に捉えられているというのは嘆かわしい皮肉だ。私たち白人はなぜ、人種間の不平等に対する最良の反応は優しさだと考えるのか、自問すべきだろう。

時々、黒人が白人の「過剰な笑顔」に抱く違和感について話しているのを聞くことがある。

ある友人は、スーパーに行ってただ買い物をして帰りたいだけなのに、過剰に気遣いする白人たちに微笑みかけられ、それにいちいち会釈を返さなければならないプレッシャーでへとへとになると言った。白人たちの微笑みは、非白人を受け入れ承認するサインだということを彼女は理解していたが、実際には、異なる人種と会って不安になった白人が道徳的にどうにか品位を保とうとする方法なのだと感じていた。過剰な笑顔によって白人は、白人としての存在そのものの根本にある反黒人性を隠すことができる。私たち白人のつかの間の博愛は、白人が支配する空間で黒人が実際にどのように傷つけられているかということとは何の関係もない。私は黒人の友人たちから、優しさよりも、あからさまな敵意の方がましだといわれたこともある。あからさまな敵意ならば把握できるし、必要に応じて自衛もできる。しかし優しさを装われると、紛らわしい一層が加わり、信頼できる味方の支援と不誠実な白人リベラリズムの区別が難しくなる。優しさは対立を覆い隠し、違いを隠蔽する。そして、認識操作（ガスライティング）による心理的虐待へとつながる。

　教育的リーダーシップの専門家、アンジェリーナ・カスターニョ教授はその著書『優しさの代償――善意はいかに教育格差を温存するか』（*The Price of Nice: How Good Intentions Maintain Educational Inequity*）の中で、白人の教育者にとって優しさは盾となり、教育格差に挑戦するという困難な仕事に取り組まずに済ませるばかりか、挑戦しようとした場合には、あるいは挑戦に加わろうと考えただけでも、それを「戒める」ように働くという。優しさはいつ何時も称賛に値する人間の基本的性質だと思われている。だが、カスターニョはまさにそうした常識における位置づけこそが、優しさを不問に付していると指摘している。[6]

「グローバル・マジョリティ［世界人口の大多数を占める非白人］の女性」を自認する社会正義コンサルタントで、黒人と先住民のルーツを持つ作家アニカ・ナイラに、白人の優しさについてどう考えるか尋ねたところ、カスターニョの観察をさらに具体的にした説明が返ってきた。いわく「白人の優しさ」は、レイシズムに直面したときの白人のショックや動揺を防ぐ一種の盾として機能しているが、非白人である彼女にとってその盾は「特に白人が、私の人生のあらゆる側面に直接的な影響力を持っている場合」、いっそう危険だという。[7] アニカは実体験を基に「白人の優しさ」がもたらす影響を、非白人が「求められること」と、非白人が「こうむること」の二つの方向から分析している。

白人であるあなたが黒人である私に求める「優しさ」とは

- 人種について話題にしない
- 対立を引き起こさない
- あなたやあなたが大切にしている白人を怒らせるようなことを言わない
- 単刀直入に言わない
- 本音を言わない
- あなたを良い人だとほめる
- 笑顔で、フレンドリーに

郵便はがき

料金受取人払郵便

神田局
承認

6430

差出有効期間
2022年12月
31日まで

切手を貼らずに
お出し下さい。

101-8796

537

【受　取　人】

東京都千代田区外神田6-9-5

株式会社 **明石書店** 読者通信係 行

お買い上げ、ありがとうございました。
今後の出版物の参考といたしたく、ご記入、ご投函いただければ幸いに存じます。

ふりがな お 名 前	年齢	性別

ご 住 所　〒　　　-

TEL　　　（　　　）　　　FAX　　　（　　　）

メールアドレス	ご職業（または学校名）

＊図書目録のご希望 □ある □ない	＊ジャンル別などのご案内（不定期）のご希望 □ある：ジャンル（　　　　　　） □ない

書籍のタイトル

◆本書を何でお知りになりましたか？

□新聞・雑誌の広告…掲載紙誌名[ ]

□書評・紹介記事……掲載紙誌名[ ]

□店頭で　□知人のすすめ　□弊社からの案内　□弊社ホームページ

□ネット書店[ ]　□その他[ ]

◆本書についてのご意見・ご感想

■定　価　□安い（満足）　□ほどほど　□高い（不満）

■カバーデザイン　□良い　□ふつう　□悪い・ふさわしくない

■内　容　□良い　□ふつう　□期待はずれ

■その他お気づきの点、ご質問、ご感想など、ご自由にお書き下さい。

◆本書をお買い上げの書店

[　市・区・町・村　書店　店]

◆今後どのような書籍をお望みですか？

今関心をお持ちのテーマ・人・ジャンル、また翻訳希望の本など、何でもお書き下さい。

◆ご購読紙　(1)朝日　(2)読売　(3)毎日　(4)日経　(5)その他[新聞]

◆定期ご購読の雑誌 [ ]

ご協力ありがとうございました。

ご意見などを弊社ホームページなどでご紹介させていただくことがあります。　□諾　□否

◆ご 注 文 書◆　このハガキで弊社刊行物をご注文いただけます。

□ご指定の書店でお受取り……下欄に書店名と所在地域、わかれば電話番号をご記入下さい。

□代金引換郵便にてお受取り…送料+手数料として500円かかります(表記ご住所宛のみ)。

書名	冊
書名	冊

ご指定の書店・支店名	書店の所在地域 都・道 府・県　市・区 町・村
	書店の電話番号　(　　)

一般論としての優しさについては大賛成だ。意地の悪い人間は嫌だし、白人は無愛想であるべきだとも思わない。しかし優しさと反レイシズムは同義ではない。優しさはレイシズムの不在を示すものでも、レイシズムの解決策でもない。優しさの文化がレイシズムのない環境を意味するわけでもない。ここで批判の矛先を向けたいのは、善良な人間であればレイシストではないと考え、また優しさは誰に対しても同じ意味を持つと考える白人の進歩主義者たちだ。優しさとは中立的・客観的な言葉ではないということを前提に、レイシズムに抵抗するという文脈において「優しくない」とはどういうことかについても考えてはどうだろう。

V　進歩的な白人の言動

完全な反レイシストなど、ここにいないと思う。反レイシストたることの一部として、私たちがどのようにレイシズムに浸かっているか、それが実に驚くほど目立たない方法で私たちの思考や判断に浸透しているかを認識する必要がある。私たちは常にそれを警戒しなければならない。

――イアン・ヘイニー・ロペス[1]

制度的(システミック)レイシズムをテーマにしたあるコミュニティセミナーの冒頭で、私ともう一人のファシリテーターは部屋の中を回り、参加者に一人ずつ名前と自認する人種を尋ねた。最初にまず私から「名前はロビン、白人です」と自己紹介した。半分ほど進んだところで、ある白人男性が「私はデビッド、白人でしたが今は非白人です」と言った。私たちファシリテーターは立ち止まり、質問し直した。「あなたは自分でどの人種に属していると考えていますか?」。彼は、自分は先住民の一員だと答えた。私たちがさらに説明を促すと、彼はちょうど何カ月間か、ある先住民の一族と一緒に暮らして帰ってきたところで、その先住民コミュニティの一員として受け入れられ、家族同様に扱われているという。そして最後にこう言った。「もしも彼らが今ここにいたら、私に彼らの一員だと考えてほしがるだろうし、私がそう思わなければ彼らは傷つくでしょう」。私たちファシリテーターは面食らいつつ、最初の一五分でワークショップを脱線させてしまうことを懸念して先へ進んだ。その後もさまざまなタイミング、さまざまな方法で、デビッドが自分を白人とみなすことを拒絶していること、そしてその場にはいなくて意見を言えない先住民集団を引き合いに出して、自分の拒絶を正当化していることに疑問を投げ掛けたが、彼は一向に最初の主張を曲げなかった。彼の主張はセミナー全体に強烈なインパクトを与え、ファシリテーターは苦労し、参加者は動揺した。

デビッドのナラティブは（すべてのナラティブがそうであるように）、言説・談話（ディスコース）の一形態だ。つまり言語および非言語（イデオロギー、信念、思考や感情の表出、態度、仕草、声のトーンなど）を用いて、意味を生み出し解釈することだ。「言説・談話分析（ディスコース）」とは、社会的文脈の中で言語がいかに意味を作り出し、イデオロギーの伝達に使われているかを研究する学問だ。文学研究者のジェームズ・ポール・ジーいわく「意味とは大まかで抽象的なものではなく、辞書に載っているものでもなければ、人々が一般的に思い描く象徴的表象でもない。むしろ意味とは特定の社会的・文化的実践の中にあり、そうした実践の中で絶えず変容している」[2]。言語とは社会・政治的なものであり、人間の核にある考えや自己を伝えるだけの中立的な伝達装置ではないという認識の下、社会的他者との関係において、言語がいかに話者を位置づけるかを明らかにする手段が言説・談話分析だ。

言説・談話分析は白人性（ホワイトネス）を説明する際に有用なツールだ。なぜならば私たちが人種に由来する立場と折り合いをつけるために用いる枠組みを微細に検討できるからだ。言説・談話分析の重要な特徴は、この枠組みが意識的な動機づけや意図された何かによってではなく、特定の社会的文脈や一連の関係性の中におけるその表現や影響によって意味を持つとみなされる点である。それゆえ言説・談話分析は、他のやり方では立証が困難だったり、正面からでは否定されてしまうレイシズムの力学を明らかにすることができる。

私の学術的な教育および研究の多くは言説・談話分析にあり、特に現状の力関係を支える、あるいはそれに対抗するために用いられる言説的戦略である社会的「言動」(例えば不賛成を表す仕草、沈黙、他者の発言中の割り込み、論争、撤回、あるいは実力主義や個人主義といった支配的イデオロギーの引用)に注目している。言動というものは、私たちがいる環境の社会的条件に影響を与えるという意味で社会・政治的だ。人種をめぐる議論の文脈でいえば、言動とは私たち一人一人がいつ、どのように関わるかということについて下す特定の選択だ。人種差別的な現状を維持するために動くのか、あるいはそれに抗うために動くのか。そこに中立的な言動はない——何もしないという選択もまた結果を伴うものであり、したがって行動の一形態だ。人種が絡む私たちの言動は、必ずしも意識や意図がなくても(実際それらがあることはほとんどない)意味を生み、影響を及ぼす(そうあるべきではないのだが)。私たち白人は自分の社会的立場に常に気を払い、それを反レイシズムという目標の達成のためにどう戦略的に利用できるか考える必要がある。例えば話のほとんどを白人男性がするのと、アジア系アメリカ人の女性がするのとでは、グループの力学に与える影響が違う。前者の場合は従来の力関係を強化することになり、後者はそこに介入することになる。人種が絡む言動は、自分自身の場合も周囲の人々の場合も、白人性がいかに作用しているかを示す情報を多分に含んでおり、そこに割って入る戦略へと導いてくれる。

専門的なディスカッションではたいてい（テーマや文脈にかかわらず）、時間や発言者の人数が決まっているという現実があるため発言時間が制限されており、少人数で相当時間をかけない限り、全員が話せるわけでも、思い立ったときにその都度話せるわけでもない。この制限時間という現実は、人種間の討議において特に問題となる。なぜならば進行役が参加者の力関係や社会的パターンを特に意識し、誰が発言時間を占領し、誰の声が漏れているかといったことに気を配る必要があるからだ。そのため人種間討議の進行では「全員が少なくとも一回発言するまでは、二回以上発言できない」といったガイドラインを用いることが多い。時間が限られているとき、私たち白人は次のように自問すべきだ。「貢献するためのスペースが限られている中で、自分が今、割り込む必要は本当にあるだろうか？ もしあるのだとすれば、自分はどんな戦略をもってその発言を付け加えようとしているのか？」

白人によくみられる言動で、日常的な形態の人種差別を擁護し、常態化させているものについて以下に挙げてみる。人をいら立たせたり疲弊させたりして人種差別による風化作用（レイシャル・ウェザリング）を助長するものもあれば、もっとあからさまにレイシズムの現状を支え、擁護しているものもある。

誠実さの誇示（クレデンシャリング）

白人の進歩主義者が、自分はレイシストではないことを証明しようとする方法を、私は「誠実さの誇示（クレデンシャリング）」という言葉で表現している。誠実さの誇示は、人種をめぐる話題になり、白人が自らの善良さを証明しなければと感じたときに表れる。そして、それ以上の議論を先手的に封じる一種の証明書のように機能する。いわば専門家の事務所で、顧客を安心させるために貼ってある卒業証書や表彰状のようなものだ。誠実さの誇示の引き金となるのは、黒人とのちょっとした関わりから、名指しでレイシズムを非難された場合までさまざまだ。私は仕事柄、発表の場で必然的にそうした場面に遭遇する。人種の話題になると必ずと言っていいほど起きるのが、誠実さの誇示だ。私は白人なので人種の話題が出て初めてそれを目にするが、黒人の同僚たちは、ただそこにいるだけで自分たちの存在が誠実さの誇示の引き金になるという。

例えば飛行機の機内で隣り合わせた人と雑談をしていて、私の仕事に話が及んだ途端、相手が進歩的な白人だと、誠実さの誇示に出るだろうと予想できる（進歩主義者だと自認していない白人の場合は、私に怒りや軽い暴言を浴びせる可能性の方が高い）。身近な形の例としては「子どもの頃、誰にでも同じように接しなさいと教わりました」「肌の色は気にしていません」「私の職場環境は非常に多様です」「私の親友／パートナーは黒人です」「私は複数の言語を話します」「私は世界を広く旅行しています」といったコメントが誠実さの誇示だ。他にも「私自身、マイノリティなんです」「両親に××と教わりました」「平和部隊（ピースコー）にいたことがあります」「アクティビストのコミュニティで育ちました」「学校では自分だけが白人でした」「アフリカ支援で派遣されていました」「非白人の子どもを養子にしました」「両親は外国駐在大使でした」といった発言もそうだ。誠実さの誇示の検証は重要で、その根底にある人種による意味づけの枠組みを明らかにできる。誠実さの誇示は自分がレイシストではないことを証明しようとする試みだが、同時にその逆、つまりそういう私たちの考え自体が実はレイシストであることを示してもいる。

今ここで挙げた誠実さの誇示の例は、大きく二つに分けることができる。「色の否定」と「色の称賛」だ。『ホワイト・フラジリティ』で述べたように「色の否定」は、不条理にも人種を意識さえしないという態度であり、したがって人種は何も意味を持たず、何の反応も呼び起こさない、結果、その人物は人種について客観的であり、レイシストたり得ないという論法だ。「誰にでも同じように接しなさいと教わりました」というのは、人種間の差異を否定する「色の否定」的誠実さの誇示の一例である。「色の称賛」の方は、人種間の差異を歓迎し、楽しみ、求めさえする態度だ。「私の親友は黒人です」というのは「色の称賛」的誠実さの誇示の一例である。

この二種類の誠実さの誇示の論理をもう少し詳しく見てみよう。仮に誰もが人種を意識しないのであれば、私が人種を意識しなかったとしても特筆すべきことではない。しかし、人種を意識しないことがレイシストでないことを意味するとすれば、人種を意識し、人種の違いに意味を見いだす人々はレイシストだ（「人種に注目するから分断が生まれる」）という論理になる。「色の否定」的誠実さの誇示は、社会に人種間の不平等があることを認めることこそが人種差別だという考えが根底にあることをさらけ出す（そして、その不平等に抗うためにこれを認めるのはとりわけレイシストだとなる）。また「色の否定」的誠実さの誇示は、人種をめぐる客観性のアピールにも使われる。「私は人種を意識しない、だから私がどう反応しようとそこに人種は関係ない。だから私はレイシストではない。以上」となる。

一方、「色の称賛」的誠実さの誇示は、非白人との物理的な近接性にその証明力がかかっている。大都市に住んでいたり、世界旅行をしたりすれば、自分はレイシストではない白人だと十分証明されたことになる。「色の称賛」的誠実さの誇示では、小さな町に住んでいる人や、異なる人種と触れたことのない人はレイシストとみなされる（ここでのレイシストとは、非白人を目にすることさえ耐えられない世間知らずの田舎者だとなるらしい）。また時に「色の称賛」的誠実さの誇示は、「私は長年、多様性をめぐる問題に関わってきたので、もはやそういったことを論じる域は越えている」といった飽きや辟易さえ感じさせる。もちろん非白人と近所に住んでいるからといって、異なる人種同士の融合した交友関係があるとは限らない。だがこの論理によれば、さまざまな人種がいる環境で働き、さまざまな人種がいるスポーツチームでプレーし、混雑した街の通りで非白人とすれ違って微笑むことができれば、レイシストではないということになる。

人類学者のシグニシア・フォーダムとジョン・オグブは、アフリカ系アメリカ人の間にみられる「架空の親族関係（フィクティヴ・キンシップ）」について論じている。これは実際の血縁関係や姻戚関係ではなく、社会・政治的な経験の共有という前提に基づいた関係であり、人種差別的な社会構造の中で、互いの目を見てうなずける瞬間を指す。架空の親族関係は、白人による敵意や疎外に直面した際に、集団的アイデンティティの一形態として機能する瞬間的な団結である。[3] これに対し、白人がアフリカ系住民との物理的な近接性から創出しようとする密接さは「偽の親族関係」あるいは「捏造された親族関係」と呼べるかもしれない。この「捏造された親族関係」は共有経験に基づくものではなく、また善意やつながりの共有意識にさえ基づかない。その中心にあるのは、極めて多くの問題をはらんでいる白人のニーズだ。つまり非白人に対し、上から目線でうなずき、承認し受け入れることで良いことをしたと感じたい白人のニーズであり、それがどれほど一過性の、あるいは些細な出会いであっても、そこから自分が「レイシストではない」ことを示す社会資本を手に入れたいという白人側の欲求である。「私はあなたを受け入れます、なぜならば仕切っているのは私であり、私はレイシストではないからです」

　進歩的な白人の言動の複合的な例として、私の講演を聞いた女性がくれた手紙を挙げてみよう。彼女は「進歩的で『意識が高い』と自負している会社で働いています。ですが残念ながら、それは必ずしも人種をめぐる姿勢に反映されていません」と書いてきた。講演の後、彼女のワークグループはその内容について話し合ったという。

> 開口一番、白人の上司は「素晴らしいプレゼンでした。ただもうちょっと上級者向けで

も良かったですね。私には初心者向けすぎました」と言いました。この言葉に私はハッとし、驚きました。自分はラテン系の非白人女性ですが、私自身、この講演をレイシズムの入門編だとはまったく思わず、むしろ細部まで深く掘り下げたものだと感じたからです。

その上司はさらに、自分はニュージャージーやニューヨーク、サンフランシスコといった多様な人種が住む都市やコミュニティに暮らしてきたし、おかげでいつも非白人に囲まれていると述べたという。

手紙の主は、私が講演で説明したばかりの「非白人との物理的な近接性をレイシストでない証拠として持ち出し、それ以上の議論を封じる」言動をとった上司に不満を露わにしていた。何度か反論も試みたが無駄だった。この上司が誠実さの誇示に加えて、自分はその先を行っているという趣旨の発言をした点にも注目しよう。今しがた講演で聞いたばかりの極めて基本的な問題行動を早速、実行しているのだ。もう一つ指摘しておきたいのは、上司以外のこのグループの白人メンバーから、非白人の同僚の意見を支持する発言が一つも挙がらなかったことだ。

読者に気づいてほしい点は、白人がレイシストでない証拠としていかによく物理的な近接性を持ち出すかということ、そしてその根底にレイシストは黒人の近くにいることに耐えられないという思い込みがあり、それがばかげた考えであるにもかかわらず疑問視されていないことだ。ボストンのラジオ番組（ホストは進歩的な白人で、進歩主義的な主流団体の代表でもある）のインタビューで、ボストンという都会でもレイシズムは本当に問題だろうかと聞かれたことがある。私に言わせれば、ある街全体に「人種差別がない」と考えること自体がばかげている。この質問はすべてのボストンを一括りにしているが、そのボストンには人種隔離学校の撤廃に反対する暴動の歴史があり、現地紙ボストン・グローブの二〇一七年の全国調査でも、全米八大都市の中で黒人が最も歓迎されない街だという結果が出ている。[4] 俳優でコメディアンのマイケル・チェは、ボストンのことを「今まで訪れた中で最もレイシストな街」と評した。[5] ボストンが州都であるマサチューセッツ州における上場企業の役員のうち黒人はわずか一%だし、ボストンにある数多くの大学の黒人入学者数は三〇年前からほとんど増えていないし、ボストン近郊はアメリカで最も人種が隔離された地域の一つである。この街のレイシズムに関するボストン・グローブ紙の七回にわたる連載でインタビューに応じたある住民は「ボストンで黒人であるということは（しばしば）たった一人だということです。レイシズムや微妙なニュアンスがあることに気づくでしょう。黒人であれば、それは空気のように存在します」と語った。[6] なのに、ある白人ジャーナリストは、ボストン住民であることを進歩的な反レイシストである証拠として持ち出した。白人の進歩主義者がいかに歴史的・現在的な現実に疎いかをあからさまに示した例だ。このような私たち白人の意識の欠如が、黒人が人種問題を提起したときの反応にどう影響するか、よく考えてみよう。

　レイシズムを態度で示す人々でも（白人ナショナリストを公言する人間でも）、黒人との接近を許容できるし、実際に何世紀にもわたって許容してきた。アフリカ人を奴隷として所有した

（そしてレイプした）人々は、黒人との接近を許容できていたし、アメリカ南部でジム・クロウ法による人種隔離を存続させようとした人々、自宅に黒人の使用人を置いていた人々だってそうだったろう。最近注目されている父権制問題に置き換えてみよう。映画プロデューサーのハーヴェイ・ワインスタインは女性蔑視主義者（ミソジニスト）で性犯罪者だが、出会ったすべての女性を襲ったわけではない。襲っていない女性たちとも、多くの親戚付き合いや仕事上の関係があっただろう。だが、そうした女性たちが彼の女性蔑視を違った形で体験しなかったとは考えにくい。あからさまな暴行を受けなかった女性たちも、彼の全般的な女性蔑視傾向を感じ取っていたのではないだろうか。

非白人に対する偏見があっても、必要な場面では冷静に礼儀正しく非白人と接することはできる。特に非白人に対する偏見が意識的ではなく、潜在的な場合ほどそうだ。それでも暗黙の偏見は表れるし、それも多くの場合、偏見を持つ側が気づかない形で表面化する。暗黙の偏見に関する研究結果は明白だ――私たちは人種が違うことに気づいた瞬間、そこに意味や価値を与え、それに従って行動する。[7]

「色の否定」でも「色の称賛」でも、どちらのタイプの誠実さの誇示も効果は同じだ。つまり誠実さの誇示を発動した本人はそれ以上の取り組みや関わりを免れ、レイシズムに関する話し合いや議論は中止され、人種間の不平等という現状が維持される。二人の政治家、米上院議員のマーク・メドウズ（共和党・ノースカロライナ州選出）とジョー・バイデン（民主党・デラウェア州選出、後に大統領）のやりとりは、政治的な両極による「色の称賛」的誠実さの誇示の例だ。マーク・メドウズは、ドナルド・トランプ大統領はレイシストだという非難に対し、トランプも自分も黒人との接近を許容できる証として、後ろに黒人女性であるリン・パットンを無言で立たせた。パットンはトランプ政権下の住宅都市開発省で、ニューヨークとニュージャージー担当として政治任用された、この政権で唯一目に入る黒人だった。おそらくこの演出の背景にあったのは、レイシストだったら黒人と仕事ができない、あるいは黒人を起用しないはずではないか［パットンを任命したのだからトランプはレイシストではない］という論法だろう。このときメドウズに対し、ラシダ・タリーブ下院議員（民主党・ミシガン州選出）は「この議会で、この委員会で、誰かが実際に黒人女性を小道具として利用したという事実は、それだけで十分レイシストである」と抗議した。[8] するとメドウズはたちまち白人の心の脆さ（ホワイト・フラジリティ）を露呈して憤慨し、自らを被害者に位置づけ、「私のめいやおいは有色人種だ」と強調し、レイシストでないことをさらに証明しようと、委員長だった黒人のイライジャ・カミングスとの親しさを引き合いに出した。そして「私がそのような理由で彼女（リン・パットン）に加わってくれるよう頼んだと考える方こそレイシストだ！」と言い放ち、タリーブの発言を議事録から削除するよう要求した。

もう一つ、レイシストでないことの証明に黒人との物理的な近接性を用いた例として、副大統領時代のジョー・バイデンを挙げよう。バイデンは、人種隔離主義者である二人の上院議員とも建設的な仕事ができたと回顧した。一人は憎悪に満ちたレイシストだったジェームズ・イーストランド上院議員（民主党・ミシシッピ州選出）である。バイデンは「少なくとも一定の礼節はあった。一緒に物事を成し遂げた。意見はあまり一致しなかったが」といった。[9]「今日では反対側を向いていれば、敵となるところだが」とも付け加えた。続いてバイデンは上院議員時代のエピソードとして「ジェームズ・O・イーストランドと一緒に党大会に参加した。彼は私のことを若者とは呼ばず、いつも息子と呼んでいた」と述べた。これに対し、コーリー・ブッカー上院議員は声明を発表し、バイデンの「誇り高き人種隔離主義者との関係は、アメリカを黒人にとって、そしてすべての人にとって、より安全で開かれた場所とするための模範たり得ない」と糾弾した。また、バイデンが「すぐに謝罪を表明しなかった」ことに失望したとも述べている。これへの応答としてバイデンは、過去に公民権運動に取り組んだことを持ち出し、「私は全キャリアを通じて公民権に関わってきた」と言った。「私の体にレイシストの骨は一本もない」という陳腐な言葉も飛び出した。そして彼の発言を人種差別的だと指摘したブッカー議員こそ謝罪すべきだと主張した。

注目したいのは、バイデンとメドウズが政治的には両極にあるのに、自分のレイシズムを指摘された際の反応がそっくりなことだ。その政界は今も白人男性が支配しているが、いくらか変化もある。彼らは今では、何十年もの間、白人男性が支配する政界に身を置いてきた。彼らは今では、アレクサンドリア・オカシオ・コルテス（民主党・ニューヨーク州選出）、アヤナ・プレスリー（民主党・マサチューセッツ州選出）、ラシダ・タリーブら、白人男性優位の現状に異議を唱え、声を上げている若い非白人女性たちと一緒に仕事をしている。バイデンやメドウズのような男性に対し、これら非白人女性の存在は、ＢＩＰＯＣの人々の視点や経験に対する理解を深め、時代の変化に合わせて進化していく機会を提供するはずだ。しかし彼らは関心や寛容さ、謙虚さをもって向き合うのではなく、自分たちの限られた理解に固執し、耳を傾けることも学ぶことも拒み、深みにはまっている。仮に彼らが善良な人間だとしても（特にバイデンの場合は進歩主義者を自認している）、どちらも人種間の力学の舵を取るスキルに欠け、揃って非白人に害をもたらしている。こうして見るとバイデンが進歩主義者を自認することは実質、無意味だった。

対象化（オブジェクティファイング）

白人がBIPOCの人々の人種を過剰に強調する傾向のことを対象化（オブジェクティファイング）と呼ぶ。「色の称賛」誠実さの誇示（クレデンシャリング）の一形態で、人種の違いをことさら取り上げることだ。白人が非白人に人種に関する質問を浴びせ続けること、白人同士では言わないような人種にまつわるジョークやコメントをいうこと、BIPOCの人々を連想させるステレオタイプ的に誇張された話し方や身ぶりをすること、BIPOCの人々に人種にまつわる経験について個人的な質問をすること、BIPOCの人々に自分の人種を代表して発言するよう求めること、白人同士だったらやらない方法で人種を話題にすることなどがある。またBIPOCの人々に対し、その人の「エキゾチック」な美しさを称賛したり、髪の毛、肌、体の大きさなどについてコメントしたりすることも含まれる。

対象化は個人的な関係のみならず、非白人の存在が目立つ組織においても起こる。その組織が実際よりも多様性に富んでいるように見せかけるために、写真撮影の度にＢＩＰＯＣの人々にそこに写るよう求めること、「多様性を持たせる」ためにあらゆる委員会にＢＩＰＯＣの人々を加えようとすること、多様性に関するあらゆる業務をＢＩＰＯＣの人々に任せることなどだ。これは本人に大きな負担がかかる上に、ＢＩＰＯＣの人々を単純に人種と結びつけることや、ＢＩＰＯＣの人々がそれぞれの人種を代表しているという認識（白人についてはそういう認識はないのに）、人種や多文化といったテーマはＢＩＰＯＣの人々の領域で、「普通」のテーマは白人の領域だという思考など、多くの問題ある力学を補強する。

非白人が委員会に参加した場合は「人種からの視点」を代表しなければならないという厄介な立場に置かれるが、白人が「白人からの視点」を代表するよう求められることはそうない。その結果、白人には個人性が認められるのに対し、非白人の場合はそれが認められない。さらに非白人の間でも人種ごとに大きな多様性があり、そのすべてを代表することなど不可能なのに、白人は非白人の「代表」がたった一人いるだけで満足することが多い。その上、その代表者の視点にしても、耳を傾けなかったり、正当に評価しなかったりすることがあまりに多い。特に白人にとって馴染みがない、あるいは現状を脅かす視点の場合はなおさらだ。また白人がグループ内に必然的に生じる人種間の力学に注意を払ったり、「多様性」のために加わった人に感想を尋ねたりすることも滅多にない。

例として典型的な白人中心の組織を想像してみよう。非白人も各所にわずかにいるが、たいていは職場のヒエラルキーの下層に集中している。ここで一〇人の白人で構成された委員会が結成された。その委員会に「多様性」を持たせるために、非白人女性が一人招かれた。これだけでも十分に問題だが、この委員会に存在する力学はもっと問題になるだろう。社会的・制度的な白人支配がパターンとしてある中で、彼女はこの委員会をどのように感じるだろうか？ 他の皆と意見が違ったとき、彼女は自分の視点を述べるリスクを冒すだろうか？ 仮に発言しても、耳が傾けられるだろうか？ 彼女は仕事を失うリスクを冒すことなく、目の前のお決まりのパターンを指摘できるだろうか？ 指摘をすれば、怒りやすいとか喧嘩腰だとか、「いつも人種カードを切ってくる」とみなされるのではないだろうか？ 彼女の視点が歓迎されるのはおおかた、現状に大きく異議を唱えない限りにおいてだろう。

私たちのすべきことは、自分たちのグループに非白人を招いて終わりではない。白人のメンバーには、反レイシズムのスキルと視点が必要だ。私たちは往々にして、形だけの多様性をもって「任務終了」と考えがちだ。意識が高いとアピールしておきながら、実際に介入や関与を行うことはめったにない。反レイシズムのスキルや取り組みがない組織の非白人たちは、白人が無意識に行使する相当なレベルのレイシズムへの対処を迫られる。

他人下げ&自分上げ（アウトワーキング）

これまで述べてきた白人の進歩主義者による誠実さの誇示（クレデンシャリング）は、レイシストでないことを証明しようとする場面でよく目にするものだ。だがもう一つ、反レイシスト活動に積極的に関わる白人の進歩主義者の間でよく見られる別のレベルの誠実さの誇示がある。私はこれを「他人下げ&自分上げ（アウトワーキング）」な言動と呼んでいる。反レイシスト活動に長年取り組んでいる白人の友人「ローズ」が、特に辛かったという他人下げ&自分上げ体験について語ってくれた。ローズは同じ活動に携わっている別の白人から、ある行為が人種差別的だったと指摘された。しかもその人物はそれを口頭で伝えるのではなく、他のメンバーを交えた同時送信メールで指摘してきた。そしてローズの行為はレイシズムだとしてひとしきり糾弾した後、最後に「あなたとはもう何も一緒にやりたくない」と書き結び、ローズとの関係を皆に見える形で終わらせた。ローズは私にこう説明した。「ここ数年、進歩主義者の白人女性が、他の進歩主義者の白人女性に対してレイシズムを指摘し、恥をかかせるのを見てきました。そこには『あなたが言ったこと、やったこと、間違ったことを非難して公に恥をかかせ、私があなたよりも賢明で〝意識が高く〟、よりレイシストではないことを示したい』という心情があるように思います」。こうした中傷や切り捨ては互いの成長の助けにならないし、互いに責任を負うことにもならない。

他人下げ&自分上げのもう少し控えめなバージョンは、反レイシズムセミナーに自発的に参加する白人によく見られる。例えば手を挙げて、自分にとって手ごたえがなかったとか、何も新しいことを学べなかったと発言する。これはワークショップの向上のためでも、他の参加者に洞察を与える補足をするためでもなく、自分はそのワークショップよりも上を行っていると示すための行動だ。公平を期すために言っておくと、私は数え切れないほど多くのワークショップに参加し、ファシリテーターたちのさまざまな能力、教育法、分析を観察してきた。

何も新しいことを学べなかったとすれば、一部にはファシリテーターの能力の限界もあるかもしれない。しかしたとえ司会進行がうまくないワークショップであっても、学びの機会は豊富にある。例えばそこに生じている力学——誰が話し、誰が話していないか／何が語られ、何が語られていないか／それが会話の方向性にどう影響しているか／さまざまなナラティブがどう働いているかなど——に注目することで得られるものは実に多い。

参加者は自己認識を深めることや、自分の反応の仕方とその理由、その反応が自分自身のプロセスについて何を語っているか省察することができる。そして少なくとも、自分のやり方をどんな風に変えたいのかを学ぶことができる。もしも本当にセッションの進め方が悪いと感じ、その感想を伝えれば改善に役立つと思えば、ファシリテーターと個人的に話すこともできる。ワークショップのうまくなかった部分を皆の前で言い立てることは、ファシリテーターが自信を持って進行する力をくじくだけだ。否定するのではなく深めるために、公に貢献する方法は他にある。

あるいは自分以外の参加者がワークショップの内容に不慣れなことにいら立つとしたら、忍耐強く接する練習ができる。例えば小グループのディスカッションの中で、参加者が自分の経験した抑圧形態ばかりを基準にしてしまう場合、大グループに戻ったときに手を挙げてこんな風に発言できる。「私たちの多くは白人としての優位性と、私たちもまた人生の他の側面で抑圧を経験しているという現実とのはざまで悩んでいることが分かりました。どなたか、アドバイスはありませんか？」。あるいは大人数のグループでファシリテーターが要点をうまく説明できていなかったり、議論に熱中していたりする場合には、こんな風にヒントを提供することもできる。「私もそれには本当に苦労しています。自分に××と言い聞かせて、どうにかその緊張感に対処しています」。このように、自分を他の学習者よりも優位に見せることなく、経験や見識を提供する方法は色々ある。

「私はここから何も得るものがありません」という発言は、ファシリテーターだけではなく、セッションに価値を見いだしている他の参加者よりも上に立とうとする傲慢な発言だ。さらにファシリテーターが非白人だった場合、あるいは異なる人種の混合チームだった場合、白人の参加者が何も価値を得られないと主張することは、とりわけファシリテーターの力を削ぐ優位性の誇示行為だ。BIPOCの人々がレイシズムによる侮辱や冷遇で傷ついた体験について赤裸々に語ったのに、白人に「何も得るものがない！」と言われて終わるダメージを想像してほしい。そのダメージに気づかない、あるいは思い及ばないこと自体、自分はそんな議論を「超越」しているという意識の反証になっている。

最近参加した白人向けのウェビナーでもこうした言動があった。半分ほど終えたところで、白人の女性がチャットでこう発言した。「このウェビナーは一〇一回目です。私たちの中には何年もこれに参加していて、もっと先に進みたいと思っている者もいます」。グループに提供し得る諸々の貢献の中から、なぜこの発言を選んだのだろう？　もし彼女が本当にこのワークショップを超えた上級者ならば、なぜ経験の浅い参加者に役立ちそうな取り組み方の手本を示さないのだろう？　この発言は、反レイシズム運動における自らの役割について戦略的な考えができていないこと、自分が知っていると思うことを的確に話す訓練をしていないこと、闘いを共有する他の人々と無用に距離を置いていることを示している。私がこれまで無数の反レイシズム・ワークショップに参加してきたのは、自分の学びに決して終わりがなく、常により深い発見があるからだ。こうした発言自体、その人の理解の浅さや、その限られた理解に基づいた謙虚さの欠如を露呈している。

典型的な他人下げ&自分上げの別の例を挙げよう。新型コロナウイルスの流行が黒人や他の非白人のコミュニティに与える影響をテーマにしたウェビナーでの出来事だ。このウェビナーは著名な黒人女性の学者が企画したもので、豪華なパネリスト陣は一人を除き全員がＢＩＰＯＣの人々だった。時宜を得たテーマで、無料で参加でき、主流(メインストリーム)ではほとんど無視されていた問題、つまりこのパンデミックがＢＩＰＯＣの人々に与える圧倒的な影響について、優れた思想家や非白人アクティビストの具体的な見解を聞ける貴重な機会だった。ウイルスは人を差別しないが、ウイルスが広まる社会には差別がある。制度的レイシズムは、新型コロナによるダメージをいっそう悪化させており、ＢＩＰＯＣの人々が死者に占める割合も非常に高い。

このセッションの間、チャットのスレッドは、視聴者によるやりとりや、質問、リソースの共有、パネリストの発言に対するコメントの書き込みなどで目まぐるしく動いていた。

パネリストたちがとりわけ批判したのは、今回のパンデミックで浮上した「知られざる英雄(アンサング・ヒーロー)」というナラティブだった。このナラティブによって私たちは、いわゆる「生活必須職従事者(エッセンシャル・ワーカー)」が他人のために命を危険にさらして行っている無私無欲の貢献に感謝するわけだが、現実には

「必要不可欠（エッセンシャル）」な労働者の大多数にとって、食費や家賃を稼ぐための選択肢は余地が少ない。そして飲食サービス、運輸、倉庫・配送、農業、食肉加工、病院、保育などの業界で最も低賃金かつ熟練を要さない仕事に従事し、雇用保障や福利厚生もほとんどない労働者の圧倒的多数はＢＩＰＯＣの人々である。命懸けの条件下で働かざるを得ない必要性を、勇気ある選択と位置づけることによって、構造的・経済的不平等が覆い隠されているのだ。

非白人のパネリストの一人が「家事労働者、農業従事者、サービス業従事者は、必要不可欠であると同時に使い捨てでもある」という強烈な指摘をしていたとき、あるチャットの書き込みが目に入った。「先住民の視点を聞きたい」と書き込んだこの人物を、ここでは「リアム」と呼ぶことにしよう。すぐに「良い指摘ですね！」とリアムをほめる投稿がいくつか続いた。彼らはリアムがあまり取り上げられないコミュニティを代弁したとみなしたのかもしれないが、これは白人の進歩主義者に典型的な言動であり、もっと検証する必要がある。ただし、ある言動が人種をめぐってどういう効果をもたらすかを分析する前に、その効果は発言した人物の人種によって異なることを思い出す必要がある。

そこでリアムが白人だと仮定して、白人がこうした言動をとった場合に何が起きるか分析してみよう。まず白人にとって、**自分たち**が聞きたいことを差し挟む（**非白人女性が話しているときに**）のは、相手を黙らせる行為であると同時に権利の主張でもある。これは次のように言っているに等しい。「あなたの話に興味はないし、私にとって何の価値もありません。非白人女性の主張を聞くという貴重な機会に感謝するよりも、私は違う話が聞きたいということを伝えるために割り込んだのです。私にはそうする権利があります。なぜならば、あなたが話さなければならないことよりも、私の関心の方が重要だからです。あなたの話や、ましてやウェビナー全体が終わるまで待つ必要もありません。私の行動が、非白人女性であるあなたにどんな影響を及ぼすかなんて考える必要もありません」

このウェビナーを企画したのは黒人女性で、リアムは申し込む前に誰が登壇するのか知っていたはずだ。参加は無料で、パネリストの講演料を負担する会ではなかった。そこで非白人女性が自分の人種コミュニティにおけるレイシズムの影響を説明していた最中に、白人が別の人種コミュニティにおける影響について聞きたいと口を挟んだ。果たしてこれがパネリストを見下した無礼な発言以外の何なのだろうか？

リアムが聞きたがったのは、白人の進歩主義者の多くがとりわけ憧憬の対象とする先住民の視点だった（この理想化については第Ⅵ章で詳述する）。先住民がおろそかにされているという批判を提示することは、白人進歩主義者の社会資本の保証であり、リアムはチャットボックスでコメントしていた他の人々からすぐにその保証を受け取った。リアムは本当に先住民の視点を聞きたかったのか、それとも単に意識の高さを示す美徳のジェスチャーを演じただけなのか、私には分からなかった。

確かに、特に先住民に対するレイシズムの特徴の一つは不可視化だ。問題はそれをリアムが提起したことではない。いつ、どのように提起され、その提起がその場の文脈でどのように機能したかということだ。

レイシストではないことを慌てて証明する

人種間の公平に関するコンサルティングを行っている白人の同僚が、白人中心の組織のメンバーたちと交わした会話について話してくれた。綱領に「反レイシズム」団体であることを付け加えたいという相談だった。ところが私の同僚が、「反レイシズム」を掲げるにあたって取り組みたい組織内のレイシズムについて尋ねたところ、答えは「シーンという沈黙」だった。「自分たちが挙げることさえできない問題に、あたかも対処しているかのようなふりをしたいだけだったのだ」と彼女は言った。

第I章で、私がディナーの席で友人たちを楽しませるつもりで自分の家族のレイシズムについて延々と話してしまった失敗について触れたが、これもまた自分がレイシストでないことを、白人が慌てて証明しようとする際の典型的な言動だ。そのディナーの席で、私は善意の進歩主義者の白人として、レイシストでないことを証明しようとしたのだが、嘆かわしいことに実際には友人カップルを一晩中、レイシズムにさらしてしまった。私がそういう行動をとったのは異なる人種を前にして感じる不安からで、友人カップルが白人だったらそういう不安は感じなかっただろうし、会話を進める方向も違っただろう。何か間違っているという感覚はあったが、当時はまだ人種をめぐる分析を行うずっと前で、その感覚を無視してしまった。

今振り返るとあのとき私は、問題ある人種間の力学をいくつも発動していた。まず何かと人種を話題にし、友人カップルを対象化（オブジェクティファイング）していた。二人が黒人でなければ決してそうしなかったはずだが、そんな言い訳は彼らに関係ない。さらに悪いことに、自分以外の白人が口にした差別コメントを再現することで、このカップルに無理やりレイシズム発言を聞かせていた。元の発言と何ら変わりないひどい言葉を、二人に浴びせ続けたのだ。「レイシストではない」ように見せるどころか、控えめに言っても人種について無知で、最悪、残酷な人間に見えただろう。二人にとってはどれほど憂鬱な夜だったろう。自分の意図や、進歩的であるという自己イメージがどうあれ、私はあの夜、非白人を傷つけた。レイシズムを実行したのだ。

同じ力学が、おそらくもっと目立たない方法で働くところも見てきた。例えばパーティーで初めて会った非白人に家族の写真を見せて、親戚に非白人の子どもがいることをアピールする白人。あるいはラテン系の人を相手に、うちはラテン系のハウスキーパーを雇っていて家族同然にしていると話す白人。非白人を対象化し、その人種を過剰に可視化するこうした振る舞いは、非白人を困惑させる。非白人の側はこれに丁重に対応しなければ、過敏だとみなされるリスクを負っている。皮肉なことにこれらはすべて人種を意識しない（カラーブラインドネス）ことを公言する文化の中にみられる言動だ。

心理学者のビバリー・ダニエル・テイタムは、黒人女性である自分が異なる人種と真の友情を築くためには、相手の白人が自ら人種アイデンティティをめぐる何らかの取り組みを行っている必要があると語っている。テイタムは異人種間の友情はそう簡単には築けないことを認めつつ「それを築く能力は、私たち自身の発展プロセスと、私たちの社会における人種の歴史的・現代的な意味に向き合おうとする意志によって醸成される」という。[10] 先に述べた例とは別の黒人カップルとのディナーでは、人種をめぐる私の限られた成長とその影響が露わになった。私の振る舞いに対してどう反応するか、このカップルにはいくつか選択肢があった。例えば疑わしきは罰せず、として（それに値するかどうかはともかく）、善意でやっていると好意的に解釈して我慢し、私と付き合い続けること。あるいは、疑わしきは罰せずはやめ、私の振る舞いには我慢するが、それ以上の交流は避けようと決心すること。もちろん我慢はやめて、抗議することもできただろう。ただ、どれを選択しても感情的・心理的な負担を避けられず、その負担は後までひきずるダメージとなっただろう。最初の二つの選択肢では、衝突を最小限に抑えてディナーを乗り切ることはできるだろうが、その後も数日間にわたって二人にさらなる内面的葛藤をもたらす可能性が大いにあっただろう。なぜいつも黙って耐えるのは非白人の側なのか？ あるいはレイシズムを非難すればしたで、脆い白人の心の崩壊によっていっそう時間とエネルギーを吸い取られるリスクを負うのは、なぜいつも非白人の側なのか？ 私が何も分かっていないことは明々白々で、レイシズムを指摘してもたいして反応しないだろうと推測した（正しく）のかもしれない。二人は「言っても言わなくてもダメ」な状況に置かれていた。もう一つ述べておくと、白人である私のパートナーは（私の振る舞いに直接関係はしていないが）何も介入しなかった。最初のエピソードの黒人カップルは元から私のパートナーと友人だったが、二番目のエピソードのカップルには私のパートナーによる味方（アライシップ）としての支援がなかったため、二人が感じた傷と失望はよりいっそう深かったに違いない。

私の白人的ナルシシズムは、そのディナーでの行動にも表れていた。私はこのカップルに漂う遠慮がちな態度にどこか違和感を覚えたものの、自分が「レイシストではない」ことを証明したいという欲求が上回り、そうしたシグナルを見過ごした。白人の反レイシズム教育者であるクリスティン・サックスマンは、こうしたシグナルを「誠実さをめぐるうずき」と呼んでいる[11]。私はそのうずきを感じていたにもかかわらず、自分を中心に据える欲求に抵抗できなかった。そして心の底から正直に認めると、私はそうした話を繰り返すことを一定楽しみ、面白おかしいイメージやステレオタイプを笑い、自分の家族がレイシストなのは「分かっている」という自負を隠れ蓑にして自分は同罪ではないと信じていた。結局は、レイシズムを楽しんでいた。

そのディナーの間、レイシズムを幾重にも積み重ね、人生の中で一度も差別を受ける側になったことのない自分に染み付いた白人の優越感を無頓着に披露していたにもかかわらず、このカップルとつながりたいという私の気持ちは本物だった。レイシズムは幼い頃から教え込まれるものだ——生まれたときから「白人である方が良い」と思っているわけはないし、最初から人種ごとに隔離された生活という選択肢を与えられるわけでもない。多くの白人が、子どもの頃には黒人の友達がいたが、成長するにつれてその友達を失ったという経験を語る——理由は引っ越しだったかもしれないし、あるいは交際年齢に達し、性的関係を持つ可能性を親が脅威と捉えたからかもしれない。こうした経験を語る白人はたいてい、異人種間の友情の喪失を悲しんでいる。レイシズムは多くの矛盾をはらんでいるが、その一つとして、私たち白人は黒人に優越感を抱きながらも「恋しく」思い、つながりたいと深く願ってもいる。

しかし慌ててレイシストでないことを証明しようとしても、それは有益ではなく、真のつながりに至ることはほとんどない――それどころかむしろ逆だ。肩の力を抜き、信頼を得て、ゆっくりと本物の人間関係を築いていくのが最良の道だ――そしてもちろん反レイシストとしての自己形成とスキルアップのプロセスを継続的に行っていくことだ。

優位性の矮小化

反レイシズム活動をしている仲間の白人女性が、共同ファシリテーターを務めたというセッションで聞いたパワフルなたとえ話を教えてくれた。そのセッションではまず白人の参加者が、自分たちにとっては当然で、非白人にとっては当然ではない特権を挙げるブレインストーミングを行った。グループ全体の前でそのリストを読み上げる段になると、白人の参加者たちは非常に気まずそうで、リストの冒頭にはわざわざ、そうした特権を持っていることがどれだけ不快で、どれほど本意でないかを訴える断り書きが追加されていた。

白人の参加者がリストを発表し終わると、一人の黒人男性が手を挙げて言った。「白人と一緒にいるとどんな風に感じるか、分かりますか？　あなたたちは素晴らしい料理がずらっと並んだテーブルに座っているのに、座っていないふりをし、料理もたいして美味しくないふりをしている。私たちはあなたたちがそこに座っていることを知っています。私たちにはあなたたちが見えています。あなたたちが何を持っているかも知っています。あなたたちはなぜ素直に食事を楽しめないのですか？　私たちはあなたたちに料理を楽しんでほしくないわけではありません。私たちが望んでいるのは、そのテーブルにつくことなのです！」

私の同僚はこれを聞きながら、進歩主義者の白人がいっせいにテーブルに着き、下を向いて顔を隠し、人に見られないようにしながら料理を口に運びつつ、後ろに立っている席のない人々に対し、料理はそれほど美味しくないが、皆さんの前で食べてしまって申し訳ないとつぶやいている姿を思い浮かべた。その瞬間、彼女は私たち白人の罪悪感がいかに問題かつ無用で、黒人から見ていかに不誠実であるかを悟った。彼女はまた、白人の参加者がいくら自分たちは個々に違うと考えても（そしてセッションの間中、さまざまな形の誠実さの誇示でその違いを挙げたとしても）結局は皆、同じテーブルに着いているのだということにも気づいた。ある人には先に料理が出てくるかもしれないし、ある人は話しながら人の料理に手を伸ばすかもしれない。料理にアレルギーのある人もいるかもしれない。それでも白人は全員テーブルについている、そのテーブルこそが白人性だった。

人種と階級の交差は概して白人上流階級の中の進歩主義者に、自分たちの複合的な優位性を控えめに見せる機会を提供する。反レイシズム活動の文脈においては、自分たちの白人性が示唆する意味を否定することはできないが、ジェンダーやセクシュアリティなど自分が抑圧されている人種以外のアイデンティティを強調することで階級的特権を矮小化することができ、白人としての地位や経済的地位も矮小化して見せる。私がこれまで会った中に、上流階級社会の中でも最富裕層だという人間はいないと思う。上の中程度の富裕層にさえ会ったことはない。

白人上流階級の中の進歩主義者は確かに寄宿学校やアイビーリーグの大学に通い、借金もせずに卒業したかもしれないが、彼らの居住区で一番いい家に住んでいたわけではない。上流階級社会の中では常に金持ちの中の最底辺だったろう。そして、そうした劣等感を味わったことが、反レイシズム活動に取り組む動機になったのかもしれない。しかし実際に貧困の中で育った身である私の目には、白人上流階級の進歩主義者がそのように自分たちの優位性をいくら矮小化しても、階級的特権が覆い隠されたり、薄まったりするようには見えない。優位性の矮小化には、「犠牲者」としての社会関係資本を提供することによって、人種や階級にまつわる罪悪感をいくらか軽減すると同時に、労せずして得た優位性の認知を回避させる作用があり、反レイシズムという目標に役立たない不誠実な行為に見える。白人が自分たちを犠牲者の役回りに位置づけていては、どんな信頼性も保てないだろう。

ＢＩＰＯＣの人々と私たち白人の経験は同じだという思い込み

白人は人種という観点から自らを眺めるよう社会化されていないため、自分の経験や視点がＢＩＰＯＣの人々のものと同じだと思いがちだ。言い換えれば、人種によって体験する世界が変わるとは思っていないので、人種がＢＩＰＯＣの人々の体験に与え得る影響が分からない。例えば圧倒的に白人の多い職場で自分が快適ならば、ＢＩＰＯＣの人々も快適だろうと思い、警官との接触で良い経験しかしたことがなければ、ＢＩＰＯＣの人々もそうだろうと思う。白人の視点を中心とした文化（歴史、メディア、文学、ロールモデルなど）の中で、異なる人種と隔離された生活をしていると、このような誤った思い込みに至ってしまう。そしてＢＩＰＯＣの人々の視点を聞く貴重な機会がたとえあっても、私たち白人は耳を傾けず、その経験を理解せず、矮小化したり割り引いて考えたりしがちだ。

白人の特権に関する会議に初めて参加したときに私は感激した。素晴らしい会議だと思った――自分と同じ問題に関心を持つ人々の中にいることがポジティブに感じられたからだ。新しい仲間に出会い、多くの重要なつながりや新しい洞察を得ることができた。そして休憩時間になると、同じく参加していたアジア系アメリカ人や黒人の友人たちに、いかに心の躍る体験だったかを興奮気味に伝えた。彼らも私の熱い思いを共有してくれると思ったからだ。だが、彼らは私のように面白くて勇気づけられる会議だとは思っていなかった。次々と行われるワークショップで人種間の不平等の現実を示すデータを突きつけられ、苦痛を感じ、疲れ果てていたのだ。さらに白人の参加者から多くのマイクロアグレッションも受けていた。反レイシズムの会議だからといって、レイシズムが実行されないとは限らないのだ。

もちろん非白人の友人たちが感じていた侮辱や軽視は、私にははっきり分からなかった（それどころか、私はそれを否定するような思い込みを口にしたばかりだった）。私にとってこの会議は刺激的な知的体験以上のものだったが、ＢＩＰＯＣの人々にとっては感情を激しく消耗するものだった。レイシズムで傷つけられた歴史を持たない私は、ＢＩＰＯＣの人々にはあり得ない方法で会議を「楽しむ」ことができた。ＢＩＰＯＣの人々もこの会議を支持し、価値あるものだとは感じていたが、私たちはそれぞれの人種の立場から全く異なる体験をしていた。今、私はこうした会議に出席するとき、この事実にもっと注意するようにしている。そしてBIPOCの仲間も同意するはずだという思い込みで自分の感想を全体化するのではなく、自分の意見を述べつつ、彼らの視点を尋ねるようにしている。「私はこの会議から多くのことを得ています。あなたはどうですか?」

BIPOCの人々にレイシズムの解決策を説く

反レイシズム運動の目的の一つは、人種間の分断を解消し、より自由な方法で団結することだ。しかし残念なことに白人の進歩主義者の多くは現状、今以上の危害を及ぼさずにそうするスキルや意識を持ち合わせていない。南アフリカ・ヨハネスブルクのアパルトヘイト博物館で、白人の心の脆さ（ホワイト・フラジリティ）に関する研究を発表したときの出来事が痛烈な例だ。講演後のパネルディスカッションで発言者たちが、私の話した内容を南アフリカの文脈に沿って説明した。聴衆の人種はさまざまで、進歩的だろうと思える白人も多かった。彼らは自発的に参加していて、ヘイト発言をする者はいなかった。にもかかわらず、非白人を深く傷つける結果となってしまった。

質疑のコーナーで最初にマイクを握ったのは白人の女性だったが、彼女はいきなり立ち上がると、部屋の中を闊歩しながら誠実さの誇示（クレデンシャリング）を始めた。「私は六歳のときにレイシズムについて作文に書きました」「インド人の男性と付き合っていました」「ネルソン・マンデラ財団で働いていました」「黒人居住区に家を建てました」などなど。司会者を含む何人かが彼女に座って質問に移るよう促したが、女性はそれを無視してマイク片手に会場を練り歩き、物理的にも心理的にもスペースを占領して皆を苛立たせ、周囲の人々がかなりあからさまに嫌気を示してもまったく意に介さなかった。そしてようやく本題にたどり着いたかと思うと、「私たちはただ、互いの心の中にあるものを見つめればいいのです！」と高らかに宣言した。

この白人女性がやっと座ると、次に黒人の女性が立ち、南アフリカの衝撃的な人種間の不平等について、非常に深い痛みと怒りを表明した。白人の参加者にとっては、異なる人種が入り混じった空間で安全に表明されることが滅多にないレベルの激しい怒りを目撃し、身の引き締まる瞬間だったに違いない。白人はそこで謙虚さを示し、発言を控え、じっと耳を傾けるという反応もできたはずだ。あるいは彼女の力強い証言から得られた洞察を共有し、彼女の経験を受け入れることもできたはずだ。だが残念ながら、そうしたことは起こらなかった。次に発言したのは白人の男性で、彼は立ち上がると自分の前に発言した黒人女性に向かって、レイシズムに対する「答え」を長々と説いた（「『個人の責任』である」）。続いて別の白人男性がこれまた長々と説教をした（「『個人的な人間関係』の問題である」）。この日最後の説教をしたのは白人の女性だった（「人を責めるのはやめましょう」）。この白人たちは誰一人として登壇者に質問をしなかったし、私の講演や他のパネリストたち、あるいは聴衆の黒人たちの発言になど（ましてやそれらを理解したかどうかになど）一つも触れなかった。

後に複数の黒人の参加者が、この夜の質疑応答部分に非常に傷つけられたと主催者に伝えてきた。ここには、白人の進歩主義者が人を傷つけるパターンがいくつも露わになっていた。説得力のない誠実さの誇示、人種をめぐる謙虚さの欠落と一体になった無知、人種をめぐる関心の欠如、異なる人種のシグナルを読み取る能力の欠如（拒否）、異なる人種の戸惑いや不快感に対する鈍感さ、スペースを占領する権利意識、その場にいる人々の中で自分たちが最も賢明だと考える傲慢さなどだ。人種をめぐる白人の意見があまりにも無知なことについて、アニカ・ナイラはこう述べている。「白人を相手にするのはとても難しい。本当に難しい。彼らはとても押しが強く、非常に一方的に判断を下す。とても自己中心的なのだ……そういうあり方が身についている、それこそがレイシズムの結果なのだ。彼らは十中八九、レイシズムと闘ったことがないのに、闘っている人間に向かって、やり方が間違っていると指摘する資格があると思っている」。私たち白人はレイシズムの解決策を持っていないし、それをあたかも持っているかのように黒人に説くことをやめねばならない。

白人の進歩主義者の傲慢さを示す別の例を挙げる。ヨーロッパの新聞のインタビューを最近受けたときに、相手のジャーナリストから聞いた話だ。彼は自分の人種のルーツは多様だと自己紹介した。何十年も付き合いのある白人の友人グループがいて、彼らは「間違いなく」進歩主義者を自認しているという。しかし、このジャーナリストが自分のレイシズム体験について何度話そうとしても、聞く耳を持とうとしない。そして「誰にも違いなんてない。私たちは皆人間であり、人間として物事を経験している。ことさら人種を取り上げて話すべきではない」といった主張が返ってくるのだという。その白人の友人の一人に、『ホワイト・フラジリティ』

の著者にインタビューをすることになって楽しみだと言ったところ、「その言葉（「白人の心の脆さ」）は好きじゃない。人を分断する言葉だと思う」と答えたという。非白人である彼自身が、白人である私の人種に関する研究を評価し、著者である私と話すのが楽しみだと言ったそばからだ。彼の白人の友人は、自分たちが親しいと言っている非白人の視点を理解できる非常に貴重な機会を手にしている。なのにそれを拒否している。レイシズムについて知るべきことはすべて知っていると確信し、捨てぜりふを言ってその話題を切り上げる。非白人の友人をほとんど持たず、レイシズムに関する教育を受けたことがなく、人種をめぐる対話をしたこともなく、自分たちが住むヨーロッパでもブラック・ライブズ・マター（ＢＬＭ）運動が巻き起こっているにもかかわらず、彼らは自信を持っている。

そのジャーナリストは「どうしたら私の言っていることを聞いてもらえるでしょう」と嘆き、私はただ溜め息をつくしかなかった。白人の友人たちは長年、人種をめぐる彼の発言を黙らせておきながら、レイシズムが話題になるたび、自分たちがレイシストでないことを証明するために非白人の彼を引き合いに出しているのだろう。いわゆる心の広い白人が、非白人に対して日常的に行っている猛烈な無効化である。

人種隔離という選択が偶然であるかのように装う

反レイシズムの取り組みでは、白人同士、黒人同士、アジア系同士、複数のルーツを持つ人同士など、参加者がそれぞれの人種アイデンティティに基づいた小グループ（「部会」とも呼ばれる）に分かれて行う活動がよくある。こうした小グループの利点は、他の人種のメンバーが聞いているというプレッシャーを感じずに、その人種特有の問題について話し合えることだ。例えば白人の場合は、自分たちが内面化している優越感や暗黙の偏見、罪悪感、困惑、反感といったものの力学について、非白人を傷つけることなく話すことができる。非白人の場合は、同席している白人から報復されるリスクを冒すことなく、非常にデリケートな問題について話したり、自分たちが疎外されていることに対する感情を率直に表現したりできる。また人種ごとの小グループならば、非白人は先述した南アフリカでの講演で起きたような有害行為にさらされずに済む。

私の経験では通常、人種ごとの小グループで行うセッションに対する非白人の評価は高い。それは人種混成グループではどうしても表出される白人的パターンから脱出し、息をつけるからだ。社会正義推進団体「コンパス・ポイント」のプロジェクトディレクター、カド・スミスは、職場で非白人の小グループを組織した経験について次のように述べている。

率直に言って、非白人の多くはレイシズムが個人レベル、組織レベルでどう顕在化するか、白人の同僚に教えなければならないことに疲れている。組織や職場で常に、何がレイシズムか「例を示さなければならない」ことにも疲れ切っている。白人至上主義のシステムの中で、白人性とは何かをめぐる白人自身の探求のために彼らの手を取らなければならないことにも疲れ果てている。私たちには白人の同僚に見つめられていないところで、非白人同士、集う場が必要だった。[12]

反レイシズムの取り組みにおける究極の目標は人種間の分断の解消だが、多くの白人は非白人をこれ以上傷つけずに共同作業をするスキルを持っていない。本書で紹介するさまざまな例が示しているように、善良な進歩主義者の白人は会話する中で、無知で人を傷つける言動を繰り返している。そこで小グループを活用すると、白人同士のグループでは、白人の強力なファシリテーターが参加者と一緒にそうした有害な行動を把握し対処できる。そして人種を交えたグループに戻ったときに、より建設的で有害でない対話を行うことができる。こうしたことはたくさんあるツールの中の一つにすぎない。

私は長年、白人の小グループを率いてきたが、短時間（通常は六〇〜九〇分）であっても人種ごとにグループ分けすることを発表すると、たちまち表れる一貫したパターンがある。白人がパニックになるのだ。実際、そのパニックの度合いが激しいので（まさに「白人の心の脆さ（ホワイト・フラジリティ）」だろう）、小グループの活用は「上級編」と考えられており、そのグループ全体が「受け入れられる」状態になったときにしか採用されない。現在、ほとんどの白人は他の人種と隔離されて暮らしている。学校も近所も交友関係も職場のリーダー陣も、圧倒的に白人ばかりだ。たまに一緒にランチに行く同僚、大学時代のルームメイト、スポーツチームの選手やコーチには一人や二人、白人以外の知り合いがいるかもしれない。でも人種を超えて長期的に続いている真の関係はあるだろうか？　特に黒人とのそうした関係は滅多にないのではないだろうか？　私は時々、白人の既婚者に結婚式のアルバムを見せてと頼むことがある。そこにはどんな友人を持っているかがより如実に示されるからだ。

エンジェル・キョードー・ウィリアムズ牧師は、反レイシズム活動の場に必ず非白人を加えようとする白人について、こう忠告している。

空間や場所を確保する権利を常に手にしてきた人々には、そういう権利を手にしたことがない人々の気持ちが分からない。私には、自らの自由に至る方法とその道筋を決めるために集まる権利がある。あなた方は邪魔をせずに、私にそうさせるべきだ。あなた方が思い描くニーズや欲求を、私のニーズに優先させないでほしい。そういうことをされると、何よりもまず自分自身と共にあるとはどういうことかを考える力が奪われてしまう。これまで、私がありのままの自分として一緒にいることを許されたことがなかった人々と共にいるためにはどうすればいいのか。この状態を早く過去のものにしたいというあなた方の焦りは捨ててほしい。私たちは四〇〇年もの間、別々だったのだから。[13]

人種ごとの小グループに分かれることで私たち白人がパニックに陥ったり焦ったりしないよう、人種に基づく隔離の形態について少し見てみよう。

子どもを私立学校に通わせる余裕のある白人の進歩主義者は、そうした学校にたいていわずかに見られる（広告では強調している）人種の多様性を、わが子に「貴重な体験を与えてくれる」ものとして歓迎している。しかし、彼らにとってそれは適切な人種、適切な人数による多様性でなければならない。多少の「多様性」は今日の流行だが、「多すぎる」と学校のステータスは失われてしまう。このように「多様性」とは購入されたり、調整されたりし得る一種の消費財と化している。例えばIT産業で働く国際的なエリート社員の子どもたちにとって、モンテッソーリ教育〔二〇世紀初頭にイタリア初の女性医師マリア・モンテッソーリが考案した教育法〕を実践する私立学校へ行くのは良いこととされるが、地元の公立学校でアフリカ系やラテン系の子どもたちと触れ合うことは絶対に避けたいこととされる。彼らにとってそういう学校に用はないのだ。

　教育研究者のヘザー・ジョンソンとトーマス・シャピロは学校選択に関する研究の中で、平均的な白人の親は自分の子どもを通わせるに当たり、人種の多様性を避け、教育的・経済的な優位性を確保できる学校や学区を選んでいることに気づいた。「結局、どんなに矛盾するとしても、最終的に行きつくところは同じだ」と二人は書いている。「白人の家族は白人居住区に住むことを選択し、そこに住むことで見返りを受ける……社会構造は、人種に基づく決定を通じて人種隔離を存続させる白人の家族たちに恩恵を与える」[14]

　反レイシストを自認する白人の親を対象としたある調査では、大多数が「人種の多様性を重視して学校を選んだ」と答えた[15]。しかし、その子どもたちの大部分は、通っている学校の多様性が高いほど、校内では白人がより多く中・高所得者層が多いプログラムに参加していた。

　この「学校内学校」という現象はよく知られている。中でも成績優秀者を対象とした特別コースは、概してリソース不足で経験の浅い教師が担当する通常コースとは全く異なることが多く、事実上の隔離教育となっている。[16] 反レイシストを自認する親たちの調査では、自分の子どもの学校で制度的レイシズムやトラッキング（みなし能力に応じて子どもをグループ分けすること）が行われていることを認識し、カリキュラムが人種や階級によって偏っていることに懸念を示す親もいた。彼らは自分の子どもを、非白人の子どもが多数を占める通常コースに入学させるかどうか悩んだが、結局はほぼ全員が、学業面で「より良い」とされる（そして白人がより多い）コースへの入学を選択していた。ほとんどの親は、非優等生コースで質の高いカリキュラムが提供されることはあり得ないと考えていた。この親たちが何に基づいてそう評価したのかは不明だが、白人が学校を「良い」「悪い」と論じる際にはコード化されたレイシズムが付き物であり、そうした評価は主に黒人の生徒の割合に基づいている。回答者の中には優等生コースの方が自分の子どもに「合っている」という言い方をする親もいたが、この文脈で「合っている」とは何を指すのか問いたくなる。

私たち白人は皆、黒人は怖い存在だというメッセージに常にさらされている。政治的指向にかかわらず白人の親の大部分が、自分の子どもが「あまりに多くの」黒人の子どもと一緒にいることを望まず、特に黒人の子どもの中で自分の子どもが少数派となるのを心配していることは否定できない。反レイシストを自認するある親は、学校選択をめぐる自分の価値観と行動の矛盾を明確に述べている。

私たちが住んでいる地域は実に多様性に富んでいて、引っ越してきた当時は今よりももっと多様性に富んでいたのですが……近所の中学校は本当に……刑務所か何かみたいだと感じました。学校の窓には「遅刻三回で停学、停学三回で退学」という貼り紙がしてあるのです。私は子どもたちに罰を受けるような気持ちではなく、ワクワクして学んでほしいと思っています。子どもに受けさせたい教育でないことは明らかだったので、市内の他の中学校をたくさん見学しました……それでベストだったのは実際……(白人居住区にあり)驚いたことに多様性があまりない中学校だったんです……はい、過保護な母親を演じてしまいました。反レイシストであろうと意識している親として、「良い」教育を受けさせるか、それとも多様性にはより富んでいるけれど「ろくでもない」教育を受けさせるかという選択を迫られているようで、とても複雑な気がしました。[17]

このような理由づけは、進歩的な(反レイシズムでさえある)アイデンティティを持ちながら、実際には人種差別を行っている回避的レイシズムに相当する。こうした親は一方では「白人同士の結託」には加わらず、自分の子どもにレイシズムや白人の特権について教えたり、人種間の平等を求める運動に積極的に関わっていたりする。だがその一方で、自分の子どもの特権は確保したいと考え、反レイシズムの取り組みを通じて(取り組んでいたとしても)、白人であるがゆえの自分の子どもの優位性に向き合うことはしない。

ジャーナリストのニコール・ハンナ＝ジョーンズは白人の親について、公立学校を改善してすべての子どものためになるような制度改革に取り組むのではなく、自分の子どもだったら耐えられないような環境に他の子どもを置き去りにしていると指摘する。

私たちが目にしている不平等、つまり学校における人種隔離は、構造的であると同時に制度的なものだが、さらにそれを支えているのは個人の選択でもある点を理解するのが重要だ。個々の親が自分の子どものためだけの選択をし続ける限り……変化は起きないだろう……「この学校はうちの子にとって十分でない」と言いながらその制度を維持させるのは、道徳的に間違っていると思う。私たちはなぜ自分の子どもにとって不足な学校に、他の子どもたちを入れるのだろう?[18]

白人の親たちは本音ではその実、学校格差に加担していることを認めるかもしれない。学校が本当に平等だったら、自分の子どもが競争しなければならない相手は増え、最高の教育を受けられないかもしれない。私たち白人は不平等な社会の中でなぜ、自分の子どもは最高の教育を受けるに値すると考えるのか、そのことは私たちの自意識や自尊心について何を語っているのか、自問すべきだろう。また異なる人種と隔離された生活が、自分たちの子どもにとってどうベストなのかも問うべきだろう。

アメリカでは毎年二月の黒人歴史月間に、ジム・クロウ制度下の南部で黒人が強制的に隔離された悲劇について振り返っている。しかし白人は今、あらゆる人種の中で最も他の人種から隔離された生活を送っている。米公共宗教研究所が実施し、ワシントン・ポスト紙が報じた二〇一四年の調査によると、白人の七五%には黒人の友人がいない。そしてこの隔離は、復員軍人援護法（GI法）におけるアフリカ系アメリカ人枠の制限、赤線引き（レッドライニング）、白人の郊外転出（ホワイトフライト）、サブプライム住宅ローン、公立学校の財源不足など、白人が何十年にもわたって行ってきた政策や慣習に基づいている。[19] また私たち白人は、自分たちの隔離については好意的な言葉で語る点にも注目しよう。例えば地域や学校が「良い」とか「安全」だというときには、もっぱら白人ばかりであることが前提となっている。つまりこれは「白人だけで隔離された生活を送ること自体に損失はない」という、白人至上主義が放つ中でも最も強力なメッセージの一つだと思う。ほとんどの白人はまさに揺りかごから墓場まで、黒人と人種を超えた持続的な真の関係をほとんど持たずに過ごすが、それによって価値ある何かを失っているとは思わないだろう。このメッセージの重大さについてしばし考えてみてほしい。

一方で白人の隔離は意図的なものとはみなされない。白人の側が隔離を望んでいることを否定するのに不都合だからだ。白人は自分たちだけの居住区で育ち、白人ばかりの学校に通ったのはあくまで「たまたま」であり、今日も同じような居住区に住み、同じような学校に子どもを通わせているのも「たまたま」だという。なのに私が「レイシズムと闘うために今から、意図的に人種ごとのグループに分けます」と言った途端、白人たちは大騒ぎする。たった六〇～九〇分間、わざと別れるのは耐えられないというのだ。「なぜ、私たちを分断するのですか？そんなのは間違っていると思います！　私たち白人は彼らが言っていることを聞いて、学ぶ必要があるんです！　こんなやり方は不適切です！」。白人であることを暴かれたショックは、一種の実存的パニックを引き起こす。皮肉なことにＢＩＰＯＣの人々は、私たちのことをはっきりと白人として見ている。否定しているのは当の私たちなのだ。人種ごとに分かれるセッションは、個人主義、普遍主義、カラーブラインドネスに介入し、私たち白人が単なる個人や単なる人間としてではなく、はっきりと白人として見られ、白人と名指しされる唯一の機会だと思う。言い換えれば人種ごとに分かれることで、私たちが白人であることが暴露されるのだ。

不当に非難されていると感じる

> 自分はレイシストかもしれないという思いと格闘するのに、そんなにエネルギーを費やさないでください。全くの時間の無駄です。ものすごく細い棒の後ろに、白人が列をなして隠れているようなものです。私たちには、あなたたちが見えています。あなたたちがレイシストであることもとっくに知っています。だから、いつも通りにしていてください。
>
> ――アニカ・ナイラ

ほとんどの白人にとって「レイシスト」と呼ばれるのは最悪なことだろう。そうした非難を受けるとあからさまに理性を失い、まるで殺人犯呼ばわりされたかのように冤罪を主張する。こうした取り乱しや白人の心の脆さ（ホワイト・フラジリティ）は、人種に基づく優位性の内面化とそれを否定する必要性、自分たち白人に利する制度への加担、実力主義や個人主義といったイデオロギーへの執着などがない交ぜになった結果である。このような憤りは、白人の進歩主義者が自分の発言のレイシズムを指摘された際にしばしば発する「だったら、どう言うべきなんですかね？」といった誠実さのない質問ににじんでいる。私がこの質問を「誠実さがない」と感じるのは、常に不満げな態度を伴っているからだ。とりわけ力が込められるのは「言うべき」という部分だ。世の中には非白人が教えようとしない何らかのルールがあり、白人はそんなルールを知るよしもないのだからずるい、という思いが垣間見える。だがもしも私たち白人が意識を高め、自分たちが引き起こす害を最小限にすることに本気で関心があり、しかも面子を保つことや、さらなる学びを妨げる保身をその関心が上回るとすれば、私たちが発すべき質問はこれではない。また憤慨もすべきでない。「だったら、どう言うべきか」なんていう皮肉な聞き方はやめて、謙虚さと真摯な関心から質問し、その答えに耳を傾けじっくり考えてみよう。

　前にも書いたことがあるが、多くの白人が自分自身や、自分のレイシズムのパターンを見つめられないことが顕著に分かった経験がある。[20] 人種をめぐる社会正義（レイシャル・ジャスティス）に携わる教育者のダーリーン・フリンと一緒に、反レイシズムのワークショップでファシリテーターを務めたときのことだ。四〇人の参加者の人種は多様だった（非白人と白人がほぼ半数ずつ）。丸一日のセッションのうち三分の一ほどのところで、私は白人性をめぐる詳細な発表を終えた。参加者は熱心に聞いていて、特に異論も出なかった。続いてダーリーンが白人性の結果として「レイシズムが非白人に与える影響」というテーマで発表を始めた。彼女はこう前置きした。「私はこれから制度的レイシズムによる影響というテーマで、この部屋にいる非白人の方々に特定して話し合っていきます。これは私たち（非白人）にとって、白人のいる場で行うには非常にデリケートな会話なので、白人の参加者の方にはただ聞いていただけるようお願いします」

にもかかわらず、非白人が受けているレイシズムの影響を彼女が挙げ始めると、一人の白人女性が繰り返し質問を差し挟んだ。ダーリーンは女性の質問に答えようと最善を尽くしたが、セッションの流れはぶつ切りになった。やがて、その白人女性は「私はもっと複雑だと思います」と言い放った。この白人女性の態度がなぜ問題かは明らかだろう。白人は人種に基づく抑圧を内面化した経験がないので、ただ聞いていてほしいと言われたはずだ。それなのにこの白人女性は議論を支配し、何度も中断させて、ダーリーンの発表能力を別のことに使わせ、黒人女性であるダーリーンの分析は知的に限界があるとほのめかしつつ彼女のリーダーシップを侮辱し、人種をめぐる抑圧の内面化について自分の方が知っていると主張したのだ。

ダーリーンは明らかにやりにくそうだったが、その女性から逃れるのは難しそうだった。そこで私は近づいて「介入しましょうか」と静かに尋ねた。ダーリーンがそうして欲しいと言ったので、私はその参加者に話し掛け、できるだけ外交的に彼女の振る舞いのどこがレイシズムの文脈で問題か指摘しようとした。すると女性はショックを受けて泣き出し、自分の行動がレイシズムに相当し得るという「言いがかり」に怒りを露わにした。会場はこの女性が「不当な扱いを受けた」かどうかで意見が分かれて紛糾し、一度に多くの人が発言する一方で、残りの参加者は神経質になって引いてしまうという事態になった。まさに白人女性が流す涙まで揃った、典型的な白人の心の脆さが露呈され、それ以上の進展にブレーキがかかってしまった。

この女性は白人としての優位性を発揮して他者を傷つけたわけだが、彼女の振る舞いは人種間のヒエラルキーに社会化していった結果、発達したパターンと捉えることもできる。こうしたパターンはその人の道徳性や本質的な善良さを測る尺度ではないが、介入し、変えていく必要がある。だが、あらゆる指摘が成長の機会としてではなく、不当な言いがかりだと捉えられてしまっては永遠に変わらない。

言い逃れ／正当化／矮小化／慰め／奪取

非白人を故意に傷つけたがる白人はごく少数だと私は思う。自分の経験からいうと、非白人を傷つけてしまったことに気づいたとき――そしてそのことを受け入れられるほど自己防衛の壁を下げることができたとき――私たちは心から後悔し、そのダメージを修復したいと思うものだ。また私たち白人にとって、自分以外の白人が無自覚なレイシズムによって非白人の誰かを傷つけたという話を聞くのは辛く、傷ついた人を支えたり慰めたりしたいと思うものだが、残念なことにそうしようと試みることで、かえって被害を矮小化したり、否定してしまったりすることが多い。異なる人種が同席する議論の場で、非白人が白人から受けたレイシズム体験について話すと、白人が「本人にそのつもりはなかったのだから、本当の意味でのレイシズムではない」とか「それは非白人の誤解だ」と説明するのを私は何度も見てきた。そうした反応はダメージを最小限に抑えたいという気持ちから来るのかもしれないが、「そんなつもりはなかったのだと分かっていれば、そんなに傷つかないはずだ」などと言っても事態を悪化させるだけだ。その根底には、私たち白人の方がレイシズムを理解しており、ＢＩＰＯＣの人々は過剰反応しているのではないかというメッセージがある。だが言うまでもなく、継続的な学び、責任の引き受け、そして実践がなければ（たとえあったとしても）、白人の方がＢＩＰＯＣの人々よりもレイシズムの現実について知っているなどということはあり得ない。これはＢＩＰＯＣの人々の多くが、レイシズムについて白人に話すことを避ける大きな理由となっている。英国人ジャーナリストで、『私が人種についてもう白人に話さないのはなぜか』（*Why I'm No Longer Talking to White People About Race*）という著書のあるレニ・エド＝ロッジは次のように述べている。

誰もが同じように世界を経験しているわけではないという事実に向き合おうとするときの、彼らの困惑や保身には全く付き合いきれない。白人であることが何を意味するか、彼らはそれを権力の観点から考える必要に迫られたことがないので、うすうすその事実に気づかされると、これを侮辱と解釈してしまう。彼らの目は退屈そうに曇るか、あるいは憤慨して見開かれる。口を大きく開け、それは誤解だと言いたくてうずうずし、話を遮ろうとするが、本当はろくに聞いていない。こんなメッセージを伝えるために精神的に疲弊し続けることには耐えられない。こちらは人格攻撃されることを恐れながら、しかし制度的レイシズムの常態化を誰か一人の白人のせいにしないよう、ぎりぎりの思いで言っているのだ。だから私はもう人種について白人に話そうとは思わない。[21]

私たち白人は知らないということに対し、もっと謙虚になる必要がある。非白人の経験を完全には理解しなくても、それを正当に認めることはできる。そしてレイシズムによる痛みが語られる際に、それを遮ったり言い逃れようとしたり、私たち白人の痛みの表現に置き換えようとしたりせず、証言することの不安や痛みを、ただ静かに受け入れる能力を身につける必要がある。

白人の進歩主義者が人種をめぐる謙虚さに欠けている点について、おそらくもっと微妙な例を数年前、レイシズムに関するワークショップで目撃したことがある。ある黒人女性が、黒人の息子を持つことがどれほど怖いことか、息子たちが警察に殴られたり殺されたりするのではないかと毎日戦々恐々としていることを痛切に訴えた。彼女は息子たちに向かって、自分はあなたたちを善良な素晴らしい人間だと思っているが、世間はそう思ってはくれないという話をし、「息子たちの心を打ちのめさなければならなかった」日のことを語った。警察との不可避な接触に備えて、車を止められたときに安全を確保する方法や、両手を常に見える状態にしておくこと、警官と視線を合わせるようにすることなどを、息子たちに教えなければならなかった。そのうち彼女は泣き始め、部屋全体に悲しみが広がり、他の黒人の母親たちもうなずきながら打ちひしがれていた。

黒人女性たちの悲しみの発露は強烈で、私は彼女たちの中に座りながら、レイシズムが黒人をどれほど四方八方から包囲しているものなのか全く分かっていなかったことを痛感した。白人の母親である私には、家族が警官から暴力を受けた経験はなかった。数え切れないほど多くの丸腰の黒人の若者が警察や自警団に殺されていることを、自分の子どもに起こり得ることとして捉えることができていなかった。黒人の母親たちと同じ心境になれなかったことが、私にとって一番目の気づきだった。だがそこで部屋を見渡すと、二番目の気づきがあった。白人女性の多くが黒人女性を慰めようとし、一緒に泣き、抱きしめて落ち着かせようとしていたのだ。思いやりから出た行動だったが、私にはとても不適切に思えた。その痛みを知らなかった、そして知る必要のなかった白人の母親である私が、彼女たちに「大丈夫」と言ったり、背中をさすったり、抱きしめたりすることができるものだろうか？ もちろん自分の子どもを案じる気持ちは私も知っているが、それは人種に基づいた懸念ではない。そして黒人の母親ならではの痛みを知らない私のかなたで、彼女たちが自分の息子に対して注意しなさいと言わなければならなかった相手は、私の息子であり、弟であり、夫なのだ。トレイボン・マーティン［自警団員に射殺されたアフリカ系アメリカ人の高校生］が殺されたとき、「私はトレイボン」と書かれたTシャツを着て抗議した白人たちがいた。だが、もちろん、私たちはトレイボンではない。

白人女性たちが支えようとした姿勢を黒人女性たちがどう感じたかは分からないし、さまざまな反応があったと思う。ただ私にとっては、彼女たちが互いに悲しみを表現してつながった瞬間であり、自分がその証人となった瞬間だった。

白人女性がこうした場面で、愛と謙虚さをもって黒人女性とつながるにはどうしたら良いだろうか？ レイシズムの現実は私たちの心を打ち砕くものだ。動じない、泣かまいと思って黙ってストイックに座っていては、きっと冷たく思いやりがなく見えてしまうだろう。正解は一つではない。こうしたとき、私は心を開いてその場にいつつ、非白人の人々が何を求めているか、決めつけないようにしている。痛みを感じている人を慰めたいと思うのは自然なことだが、こうした状況において私たち白人は、人種に基づく自分の立場を自覚することが必要不可欠だ。

そしてこの自覚とは、私たち白人が必要とする安心感や快適さを基準にして動いてはいけないということだ。相手が何を望んでいるのかを決めつけずに確認し、了解を求め、できるだけ邪魔にならない方法で行わなければならない。例えば「背中に手を置いてもいいですか?」といった簡単な質問で十分だ。そしてこちらの申し出が断られた場合は、その反応を受け入れる。残念なことに「白人女性の涙」に対する批判や(私自身の批判も含め)、白人女性が割り込み、自分たちが被害者のように振る舞い、リソースを奪うといったことに対する最近の多くの批判は、「だから私たち白人は黒人の前で決して泣いてはならない」という意味に誤って解釈されている。しかしそうした批判のポイントは、レイシズムを前にして悲しみを表すなではなく、そうする際に自分が白人であるという立場を意識すべきだということだ。私たち白人が泣くとき、それは何について泣くのか? 私たち白人が悲しみを表すとき、それはどれほどその場を占有することになるのだろうか? そういったことすべてが周りにいる人々に影響するのだ。あの日のワークショップで私は心を動かされ、涙を流したが、静かにそれを表現し、もしも慰めの申し出を受けても丁重に断っていただろう。

証言をするということには、その人が不安や悲しみ、絶望に対処することまでが含まれている。私たち白人は自分自身のレイシズムに取り組むことで、他者のためのスペースを確保し、心を込めて話を聞くことがもっとできるようになる。人種をめぐる謙虚さの課題は、白人である自分たちを中心に置かないようにしながら、つながり続けることだ。

ＢＩＰＯＣの人々がレイシズムについて教えてくれることを期待する白人

私たち白人の無知と傲慢が一体となったもう一つのパターンは、自分の学びのために、差別体験についてＢＩＰＯＣの人々に問いただそうとすることだ。これはレイシズムの複数の問題点を強化する行為だ。第一に「レイシズムとはＢＩＰＯＣの人々に対して起きるもので、私たち白人とは関係なく、よって白人がレイシズムについて知るはずがない」という考えは、レイシズムが両方の人種集団の関係性である点を理解していない。

第二にそうした質問は、私たち白人には何も要求せず、私たちのやるべきことをＢＩＰＯＣの人々に転嫁するものであり、不平等な力関係を強化している。差別体験については、それを共有したいと思っているＢＩＰＯＣの人々が通常、有償で書いたり作ったりしている資料が多数ある。私たち白人はなぜ質問をする前にそうした資料に当たろうとしないのだろう？　自分たちはリスクを負うことも手間をかけることもしないで、ＢＩＰＯＣの人々の成果が手渡されることを期待するのは、新植民地主義の一形態である。

第三にこうした質問は、私たち白人が自分たちのレイシズムがどのように作用するのか何も知らないようにほのめかしており、白人の人種問題におけるうぶさ（レイシャル・イノセンス）という概念を強化するものだ。しかし当然、白人はレイシズムに関してうぶなどではなく、この構図に深く社会化されているのであり、この社会化を明らかにし、それと闘う必要がある。そのために私たちを導いてくれるワークブックや資料も豊富にある。ライラ・F・サアドの『私と白人至上主義』（*Me and White Supremacy*）というワークブックは素晴らしい入門編だし、エディー・ムーア博士の『人種間の公平を習慣にする二一日間チャレンジ』（*21-Day Racial Equity Habit Building Challenge*）や、さまざまなリソースを集めた『人種間の公平のためのツール集』（*Racial Equity Tools*）も役立つ。

第四にこうした質問は、私たち白人がその場に持ち込んでいる歴史を認識していない。BIPOCの人々はこれまでどれだけ私たちに教えようとしてきたことだろうか。にもかかわらず、エド＝ロッジが指摘しているように、私たち白人は（さらなるデータや証拠を要求して）どれだけそれを矮小化したり却下したりしてきたことだろうか。初めに信頼関係を築くことなく、BIPOCの人々にレイシズム体験を話してくれと頼むのは、反レイシズムの実践スキルが身についていないことを示す危険信号だ。こうした話し合いはまた非白人に、白人の告白の証人になることを強要もする。作家のケルシー・ブラックウェルはこう明言している。

> 白人が人種について学ぶとき、それを手助けするために非白人がそばにいることを期待するのもまた特権意識の表れだ。私にとって、白人が自分たちの文化的条件づけに目覚めようとする場にいることはひどく辛い。それは深い痛みだ……白人と人種について話し合

う場にいることに前向きな非白人もいるが、それは人種全体の解放のために尽くそうという思いで差し出しているギフトであり、そうするためには膨大なエネルギー、忍耐、勇気、努力が要る。これは非白人の誰もがすべき仕事ではない……だから、期待しないでほしい。私はほとんどの状況において、異なる人種が一緒にいる環境で人種差別に取り組むことは危険だと考えている。家族のレイシズムの話や元白人至上主義者の告白に、心を開けというのか。そんな話をなぜ聞かなければならないのか？ レイシズムが存在するという事実は、私にとって驚きでも何でもない。これ以上、そんな話を聞く必要はない。[22]

組織の中だと非白人はただ「人種に属しているから」という理由だけで、人種関連の課題に取り組むスキルや関心を持っていると思われがちだ。しかし、白人よりも非白人の方がはるかに制度的レイシズムについて理解しているのは確かかもしれないが、白人の抵抗や心の脆さにどれだけ直面することかと思えば、そうした取り組みをリードする気にならないかもしれない。代わりに少し調べれば、人種間の公平性に関する取り組みに関心のある、経験豊富な非白人のリーダーを見つけることはできるだろう。しかし私たち白人がまず認識すべきは、人種間の公平性に関する取り組みは報酬が支払われるべき高度なスキルと専門知識を要する分野だということだ。非白人だというだけで自動的に無償で提供され得るものではない。

では、非白人に依頼する以外で、私たち白人はどうやって人種間の公平性について学ぶための情報を得られるだろうか？ 方法はいくつかあり、それらは相互につながっている。例えば本、ウェブサイト、映画、その他情報源はいくらでもある。もちろん、レイシズムについて白人に教えることに力を注いでいる非白人もたくさんいて（彼らが思う方法で・有償で）、何世紀とはいわずとも何十年もの間、私たち白人に情報を提供してきた。それを受け取れていないのは、白人側の興味のなさや無関心のせいだ。

ぜひとも白人の無関心を克服し、調べてみよう。グーグルで「白人がレイシズムについてできること」と検索するだけで無数の情報源がヒットする。その中には例えばコリン・シュータックが常時更新している「メディウム」というブログがあり、今これを書いている時点で一〇三件のエントリーがある。他にも社会学者のクリスタル・マリー・フレミングの『人種について愚かさから脱するために』（*How to Be Less Stupid About Race*）や、作家のイジョマ・オルオの『人種について話したいのですか』（*So You Want to Talk About Race*）、グレン・シングルトンの『人種をめぐる勇気ある会話』（*Courageous Conversations About Race*）、といった書籍もある。また、さまざまな学校や大学でそうした講座をリクエストしたり、あるいは特別な講座でなくてもそうした情報の提供を求めたりすることもできる。人種をめぐる社会正義のために活動している団体への参加も一案だし、人種を超えた真の関係を築き、見たり聞いたり学んだりすることも可能だ（そのためには、私たち白人が快適とする領域から飛び出す必要があるだろう）。

そうした関係性の中で、時にダイレクトな質問や、具体的な説明を求めることも可能だが、必ずしもそうする必要はない。異なる人種が溶け込み合った中で注意して観察してみるだけで、私たち白人が知るべき多くのことを学べるはずだ。

自分が黒人男性と結婚していること（あるいは非白人と結婚していること、非白人の子どもと養子縁組したこと、非白人の子どもや孫がいること）のアピール

黒人男性と結婚している白人女性は、異人種間の力学について、人種をめぐる会話に深い洞察をもたらす可能性を持っている。だが悲しいかな、そうした白人女性の多くは、異人種間結婚によって理解が深まったようには見えない。白人女性が異人種間結婚を周囲にアピールするのはたいてい、自分がレイシストでないことを証明するためだが、それどころかむしろ配慮のなさや、自己認識、批判的人種意識、歴史的知識の欠如をさらすことの方が多い。家族は人生の重要な部分を占めるし、人種をめぐる議論において異人種間結婚について語ってはいけないとか、語るべきでないとは思わない。ただし異人種間結婚をしている白人女性たちがいつ、どのように、なぜその話をするのかという点については一考に値すると思う。

黒人男性と関わる白人女性の周りには長く悲痛な歴史がある。例えば、白人女性を口説こうとしたとか、脅した、不快な思いにさせたという主張に基づき、黒人男性に対して暴力が振るわれた例は歴史上、枚挙にいとまがない。おそらく最も有名な例は、リンチ殺人の犠牲となったエメット・ティルだろう。一九五五年、ミシシッピ州の白人女性キャロライン・ブライアントは、家族で経営する食料品店にやって来た一四歳の黒人少年エメットに挑発されたと主張した。するとキャロラインの夫ロイとその異母兄弟Ｊ・Ｗ・ミラムは、エメットを誘拐し、殴打し、痛めつけ、射殺してタラハッチー川に沈めた。だが、ロイ・ブライアントとミラムは共に

無罪となった。

これは類まれな殺人事件ではない。全米黒人地位向上協会（NAACP）によると、一八八二年から一九六八年の間に少なくとも三四四六人の黒人がリンチで殺され、そのほとんどは男性だった（リンチ殺人の完全な記録はないが、多くは白人女性に対して何らかの脅威を及ぼしたとして行われたリンチ）[23]。多くの白人女性がこの歴史を知らない一方で、ほとんどの黒人女性はこの歴史をよく知っており、白人女性が黒人男性との関係を無頓着に公にするたびにこれを思い出す。そして、人種を超えた親密な関係を持っている白人女性にしてもなお、人種間の歴史についていかに知らないか（知る必要がないか）を、黒人女性はここでも思い知らされるのだ。

むろん白人女性が黒人男性と付き合ったからといって、白人が必然的に内面化している反黒人意識（アンチ・ブラックネス）から解放されるわけではない。そうした関係にあっても、白人女性はレイシズムを実行し得るし、実行している。英国人作家のクルティア・ニューランドは、白人女性の上司に解雇された体験談を英紙ガーディアンで明かした。この女性は日頃から彼の魅力について不適切な発言をしていたが、ある日、電話をかけてきて、足を痛めて外出できないので打ち合わせのために自宅に来てほしいと言った。強い違和感を覚えた彼は、もしも自分が彼女に不適切なことをしたと訴えられたら周りが信じかねないと思い、彼女の要求を拒否したところ職を失った。ニューランドはこう説明する。「私から見て、これは若い黒人男性を支配するために白人女性の特権が発動された出来事であるのは明らかだ。私には不服を申し立てる権利も、主体性もないと思われたのだ。黒人男性にしばしば当てがわれる過剰に性的なステレオタイプに合致するエキゾチックな対象とみなされ、それに報いることを拒むと罰せられたのだ」[24]

ニューランドは家父長制社会にはびこる女性蔑視への対処が必要なことを認めつつも、「黒人男性が絶え間なく受けている抑圧」において白人女性が果たしている役割について「歴史的な文脈で語り、奴隷制や植民地化から今日へと一直線に続く系譜をたどる研究はできないか」と問い掛けている。「シスジェンダーの白人家父長制による抑圧システムに明らかに直面している白人女性が、一方ではその白人家父長制を利用して、人種・社会的ヒエラルキーでさらに下位だとみなされる人々を抑圧している事実について、率直な議論は可能だろうか？」

ニューランドはその白人の上司と親密な関係にあったわけではないが、結婚のような親密かつ長期的な関係の中で、白人女性の反黒人意識が表面化する不安についても触れている。「家庭内で激しい口論になったときに、もしかしたら自分に向かって人種差別をするかもしれない誰かを愛することの危うさ。相手の闘いの味方（アライ）になりたいのに、自分の闘いは認めてもらえないという釣り合いの取れない願望」[25]。ニューランドは、白人女性が深く内面化し、対立した際に抑制が利かなくなると表面化し得る反黒人意識に加えて、白人女性が決して常に黒人解放の賛同者であってきたわけではない現実を指摘している。そうした証拠は、黒人の奴隷化に対する白人女性の関与、一九〇〇年代初頭の女性参政権運動でみられた黒人女性を含めることに対する強い抵抗、ジム・クロウ政策の承認、ホワイト・フェミニズムの容認、ドナルド・トランプに対する支持などに見ることができる。

白人至上主義は私たちの文化のあらゆる側面に浸透しており、そこには理想の女性像が一貫して白人女性として描かれる美の基準も含まれる。二〇一五年、米CNNニュースのサイトに「世界で最もホットな女性一〇人」というリンクが張られていたが、この一〇人のうち非白人女性はバルバドス人の歌手リアーナとコロンビア人の俳優ソフィア・ベルガラの二人だけだった。世界の女性の文字通り大部分を占めているアジア人女性は一人もおらず、九二%が黒人の国である南アフリカで選ばれたのは白人の俳優シャーリーズ・セロンだった。南アフリカ代表にセロンが選ばれたことは、私たちが白人らしさ（そして一部の白人女性のイメージ）を理想像とするよう常に強化されていることを示す例としてとりわけ顕著だ。

多くの黒人女性は、絹のような髪（たいていは金髪）、すっとした鼻、青い目、スリムなヒップといった美の基準から自分は外れていると感じる痛みを共有している。二〇一三年、一〇代の映像作家だったキリ・デイビスは、心理学者のケネス・クラークとメイミー・クラーク夫妻の有名な「人形実験」を再現した『私のような少女』（*A Girl Like Me*）という短編ドキュメンタリーを制作した。[26]

クラーク夫妻は黒人の子どもたちの自尊心に関心を持っていた。研究実験では肌の白い人形と黒い人形を用意し、参加した子どもたちに「一緒に遊びたいと思う人形を渡してください」「良い子に見える人形を渡してください」「悪い子に見える人形を渡してください」「良い色の人形を渡してください」といった質問をして人形を選ばせた。すると大多数の子どもは、黒い人形よりも白い人形を好んだ。この傾向はアメリカの南北どちらに住んでいるかとは関係なく一定していたが、北部の子どもたちの方が白い肌を好む傾向がよりはっきりしていた。そしてなぜ黒い人形が悪く見えたのかという質問をすると、子どもたちは一貫して肌の色のせいにした。クラーク夫妻のこの研究で、黒人の子どもたちは三歳になる頃には、自分は白人よりも劣っているという感覚を内面化し始めていることが明らかになった。そして七歳になる頃には、この感覚はしっかり定着していた。

一九五四年のブラウン対教育委員会裁判の最高裁判決は「人種隔離教育は本質的に不平等である」と言い渡し、「分離すれども平等」と謳ってきた法解釈を覆したが、この判決はクラーク夫妻の研究に影響を受けたものだった。アール・ウォーレン最高裁判事は判決文の中でこう述べた。「人種のみを理由に同年代かつ同等の資格を有する他の者たちから分離することは、コミュニティにおける自らの地位に対する劣等感を生み出し、それが取り返しのつかない形で子どもたちの心に影響を及ぼす可能性がある」[27]。レイシズム行為が止んでも、レイシズムの影響は消え去らないことをウォーレン判事が認めている点にも注目したい。

キリ・デイビスの映画では、彼女がインタビューした若い黒人女性たちが、白人的な美の基準の影響について痛切に語っている。

ステファニー　パーマをかけた髪じゃないとね、ストレートパーマとか……。
ワヒダ　真っすぐな髪とか、ブロンドとか。長いウェーブとか。
ステファニー　自然にそうだったら、良い髪だよね。悪い髪っていうのは、ストレートパーマをかけないといけないような縮れた髪……初めてナチュラルな髪型にしてみたら、最初はママも賛成してくれて。なのに二日目くらいから「もうやめなさい」とか言い出して。「アフリカ人みたいになってきたわよ」って言われた。「だって私はアフリカ人よ」って言い返したけど、あれには本当にむかついた。

ジェニファー　自分は誰からも注目されないんだって感じてた。たぶん肌の色とか、髪が縮れてるとか、要するにそういうことのせいなんだなって。小さい頃の人形みたいだったら……人形はたくさん持っていたけど、ほとんどは白人の人形で、長くてストレートの髪で。よくそれをとかしながら「ああ、このバービードールみたいだったらなあ」って思ってた。

グレンダ　私たちは基準と比べられるんです。例えば……あなたはきれいね、(でも)肌の色が薄かったらもっときれいなのにね、みたいな。

ジェニファー　小さい頃から、肌の色が薄いほどきれいなんだって思ってた。濃い色よりもね。つまり自分は肌の色が濃いから醜いんだと思っていました。[28]

文化全般に流通している白人至上主義的な基準の影響は誰もが受けているが、その度合いは自分がその基準にどれだけ近いかによって異なる。むろん黒人男性もその文化の外側にいるわけでも、美の理想像の影響を受けないわけでもない。白人女性が黒人男性との関係について、黒人女性の前で無神経に誇示した場合、異性愛の基準において最も望ましい相手は白人女性であるというメッセージが再び痛烈に刻まれかねず、異人種間の親密な関係をめぐっても白人がいかに白人至上主義に無自覚たり得るかを想起させる。

自分がレイシストでない証拠として異人種間の結婚をアピールする白人女性たちは、先に私が近接性と呼んだ形の誠実さの誇示（クレデンシャリング）に頼っている。これは、もしもレイシストならば黒人との物理的な接近を許容できるはずがないという見解に立っているが、残念ながら近接性はレイシズムの不在を示す論拠として説得力がない——それはただ白人至上主義とその作用に対する批判的意識の欠如を示すだけである。自らにレイシズムの要素がないことを証明するためにこうしたアピールをする白人女性は、その逆を指摘するいかなる忠告も受け入れないだろう。

はっきりさせておきたいが、私は異人種間結婚をしていることを人に言ってはいけないとか、言うべきではないとは主張していない。人種をめぐる知見の共有は重要だし、人間関係は知見を得る豊かな源となり得る。また白人女性が黒人男性との親密な関係について話すことに対して、すべての黒人女性が同じように感じるとは言っていない。しかし、白人女性はそうした話をするときに生じ得るさまざまな影響を考慮して、タイミングを考え、自覚や敏感さを持つべきである。

赦しを求める

人種をめぐる問題において赦されたいという欲求はおそらく、白人の心の脆さ（ホワイト・フラジリティ）のより微妙な表れの一形態であり、それは私が「善悪の二項対立」と呼んでいるものから発している。仮に人種の異なる人々を意識的かつ意図的に傷つけようとする人物をレイシストと定義するならば、レイシストは一部の悪人だけで、他はレイシストではない善良な人々だとなる。この公式の「善人」の側でいたいがために、特に白人の進歩主義者の間で見られるのは、自らが身につけたレイシズムの発露を具体的に指摘されると卑屈になってしまうことだ（「私の至らなさを償うために、あなたが望むことは何でもします」「私のことを嫌いになってないですか？」）。あるいは赦しを請うこともある（「申し訳ありません。そんなつもりはなかったんです。どうか、気にしてない、怒っていないと言ってください」）。私たち進歩的な白人は、自分がレイシズムのパターンを示していることについては否定しないかもしれないが、そのパターンを直視することには今もって耐えられないのだ。善悪の二項対立的に考えると、レイシズムへの加担と善良さは両立しないからだ。

だが傷つけた相手に直接赦しを求めることは、元凶である私たちの言動によるダメージへの対処を余儀なくさせる上、こちらの気持ちに配慮させるという不当なプレッシャーまで与えてしまう。赦しを求めることは、焦点をこちら側に向け直す行為であり、傷つけた相手にいっそうの時間と関心を要求する。そして私たちが再び中心に居座り、相手が指摘をするために要した以上のエネルギーを奪い取ってしまう。非白人にとって、白人にレイシズムに関する指摘をすることは非常にリスクが高い。私たち白人はたいてい自己防衛的で、指摘を受けつけないからだ。逆に赦してもらおうとするときの白人は概して自己防衛的ではないが、それでも必死に赦しを請うことがまた傷つけた相手にとって負担となる。

時に私たちは傷つけた相手に赦しを求めるべきではないことを悟り、別の方法で自分の不快感を和らげようとすることがある。例えば私はある黒人の友人から指摘を受けた際、別の黒人の友人に電話をかけて、自分は悪くなかったと言ってもらいたいと密かに思ったことがある。だが第三者に赦しを求めることは、傷つけた相手を間接的に批判することになる上、人種をめぐる三角関係を生じさせ、一方の黒人に自分と同調するよう圧力をかけ、もう一方の黒人を貶めることになる。こうした振る舞いをする白人は、責任や修復を回避しているだけでなく、黒人同士の間に溝を作り、一方の黒人に対し、こちら側につかなければ私たちとの関係が悪くなると示唆して間接的なプレッシャーをかけているのだ。

私たち白人は傷つけた相手への干渉をやめ、非白人がリスクを冒して行ってくれた指摘に感謝し、自分自身の気持ちを見つめてはどうか。そして自分の行動に責任を持ちつつ、共感を持って話を聞いてくれる別の白人と一緒に気持ちを整理する方がはるかに健全な選択だ。白人同士の小グループに参加して、そこで自分が感じている苦痛と向き合うようにしてもいいだろう。少なくとも、罪悪感や後悔に押しつぶされそうだと感じるのは、償う準備ができていないことを示す赤信号であり、局面を打開しようとする前に少し時間をかけて反省した方がいい。そして準備ができたときに、修復し前進するために必要なことをすべきだ。

米国と自分の国は違うと言って分析を否定する

黒人男性ジョージ・フロイドが殺害された事件［二〇二〇年五月、黒人男性ジョージ・フロイドが白人警官に膝で首を押さえつけられ死亡した事件］の後、世界中の人々がブラック・ライブズ・マター（ＢＬＭ）運動を支持し、多くの国で抗議デモが行われた。それは米国内の黒人への連帯であると同時に、米国外の白人至上主義の存在を確認させるものでもあった。白人の心の脆弱性をテーマにした私の仕事は数年前から国外でも知られるようになり、南アフリカ、カナダ、ドイツ、フランス、ポルトガル、オーストラリア、ブラジル、英国、ニュージーランドなどに講演で招かれてきたが、外国での発表のたびに白人たちに呼び止められ、「この国では事情が違う」と言われる。場合によっては、その国にもレイシズムが存在することは進んで認めつつも、アメリカのレイシズムとは違いすぎるのであなたの仕事とは直結しないという言い方をされることもある。あるいはこの国にはレイシズムは全く存在しない、レイシズムは「アメリカの問題」だと主張する人々もいる。しかしこれまで訪れたどの国でもアメリカと同じように、人種差別を受ける側の人々からも呼び止められ、逆のことを言われる。実際、ほとんどの場合、講演などの依頼は人種差別を受ける側の人々からのもので、自分たちが経験している力学を私が正確に言い表しているので、自国の白人たちに力を貸してほしいと言ってくる。それぞれの国の歴史は異なり、白人による誠実さ（クレデンシャリング）の誇示の形も多少違うかもしれないが、白人至上主義、人種間の不平等、白人性の否定、そしてこれらのいずれかが指摘されると白人の心の脆さ（ホワイト・フラジリティ）が噴出するという結果は同じだ。

米国内でよく聞くもの以外を挙げると、ヨーロッパで講演したときには白人から、「黒人がいないからレイシズムはない――この国は単一民族文化だ」「私は黒人を見たことがないからレイシストではない」と言われた（この二つは特にドイツで多い）。南アフリカでは「私は黒人居住区に家を建てた」「うちの子どもたちが所属しているスポーツチームには多様な人種がいる」「黒人が政治を仕切っているのだから、どちらかといえば逆レイシズムだ」「ここでは黒人が多数派だから違う」。カナダでは「私たちは多文化社会だ」「私たちは先住民に敬意を払っている」「カナダには奴隷制がなかった」。オーストラリアでは「うちの家族には先住民がいる」「レイシズムなんて話題にならない、問題じゃないからだ」。ニュージーランドでは「マオリ族のコミュニケーションを取り入れているから、私たちの文化は違う」「わが国はオーストラリアとは違い、より公平に物事を進めた」。しかし、これらどの国でも、人種差別されている側の人々はこうした言葉に異議を唱えているし、おまけにここに挙げた言葉自体に、人種間の不平等と白人の優位性が一貫して再生されている。

アメリカでの討論で、ヨーロッパから移住してきた白人が「自分はこの国で育っていないから、レイシズムには当てはまらない」というのを聞くこともある。その根拠となっているのは、レイシズムが存在しない環境で育ったという主張だ。もちろん一聴するだけでばかげているし、アメリカに住んで何年になるのか、どこに住んでいるのか、黒人の友人はいるのかなどと尋ねるとその主張は崩れてしまう。たいていはアメリカに何十年も住んでいるのは白人居住区で、黒人の友人はいない。しかしアメリカの多くの白人と同様、彼らは白人のみの隔離された居住区を中立的だとみなし、その周りを取り巻く文化からは影響を受けていないと信じている。

レイシズムは世界各地で微妙に違いがあり、確かにアメリカの状況はいくつか基本的な点で異なっている。またアメリカ中心主義的な取り上げ方に反感を持つ人がいることも理解する。しかし、だからといってアメリカ以外の文化、特に白人入植者による植民地の歴史を持つ文化にレイシズムがないわけはなく、[29]そうした分析をむげにはできないはずだ。そのような異なる文脈の中で必要な解釈を行う努力をすべきは白人であり、基本は同じだ。またアメリカでは人種に関する話し合いが長い間――多くの国よりもずっと長い間、行われてきた。そうした話し合いの経験を持ってアメリカから赴く人々には何かしら提供できるものがあり、そこに他の国に招かれる理由がある。もちろん赴く側は行く先の文化におけるゲストとして謙虚に臨む必要があるが、アメリカ支配に対する反感から私たちの指摘自体を否定することは、その国のレイシズムの現状を擁護することにしかならない。アメリカ以外の白人は、自分たちの状況に応じて必要な調整をすることができるはずだ。

言い方の問題にすり替える

異人種間の対立の仲裁を依頼されたときに、自ら人種差別的な言動があったことを進んで認めようとする白人を時々見かける。しかし問題は、指摘にどのように応答するかだ。例えば指摘を行った相手の言い方を非難し、論点をすり替える、いわゆるトーンポリシングだ。これは指摘の背後にありそうな相手の感情を逆手にとって、指摘ごと否定する行為である。「なぜ、そんなに怒る必要があるのか？ 私は傷つけるつもりはなかったのに、どうしてこちらの善意を認めてくれないのだろう？」というわけだ。こういう白人は、レイシズムを指摘した人がその口調や言い方で彼らを傷つけたと認めない限り、先に進めないし進もうともしない。

拙著『ホワイト・フラジリティ』に関するインタビューで「白人の中には『わめき散らされているような気がして』最後まで読めなかったという人もいますが」と切り出されたことがある。これこそが白人の心の脆さ（ホワイト・フラジリティ）を示す完璧な例で、私は思わず声を上げて笑ってしまった（断っておくと、私はあの本を読みきっていない人が白人の心の脆さを露呈しているとは言っていない。けれど、その理由がわめき散らされているように感じたからだというのならば、やはりそれは白人の心の脆さだと思う）。

非白人がレイシズムに関する指摘をしたり、レイシズムによる被害を説明したりしているときに、言い方をあげつらって指摘そのものを否定するのはとりわけ暴虐的な行為だ。作家のテス・マーティンは、何度も経験したことがあるという複合的な例を挙げている。

白人　わあ、話がお上手ですね！

非白人　黒人にしては、ということですか？ それって本当に無神経ですよ。あなたが私にそんなことを言う権利があると思っていたなんて信じられません。

白人　何をそんなに怒っているんですか？　私はただあなたを褒めただけなのに。

非白人　自分が言ったことも分からないんですか？　白人が黒人の頭を叩いて「上手に話せたね」と褒めることがどれほど差別的か。真面目な話、人に物をいう前によく考えてください。

白人　ちょっと落ち着いてください。そんなに怒っていたら、誰もあなたが言いたいことを聞こうとしませんよ。私を攻撃することはないでしょう。自分が過剰反応しているんじゃないかって考えたことはあります？[30]

こうしたケースで白人に欠けている、いくつかの重要な理解とそれに対応するスキルを挙げてみよう。

- 私たち白人には、構造的な立場が付いてまわる――このやりとりは二人の個人間だけでなく、社会的・制度的な権力が異なる二つの立場の間で行われている
- 非白人が白人にレイシズムについて指摘することは、特にその白人が人種間の力の格差を認識していない場合、大きなリスクを伴う。このリスクの度合いによって当然、生じる感情は異なり、指摘の仕方も変わってくるだろう
- 白人の側が自分たちの行動を些細なものだとか、あるいは自分一人のものだと考えてい

ても、非白人にとっては些細なものでも一個人だけのものでもなく、まさに白人性の傍若無人さを代表したものと映る。つまりその一つの行為が、堪忍袋の緒を切ってしまう可能性がある（その場合、それは一つの独立した行為では全くなく、私たち白人が気づいていない一貫したパターンに当てはまっているはずだ）

- 白人にレイシズムを指摘するのにはリスクが伴うため、非白人の多くはあまたある白人のレイシズムをやり過ごしており、我慢できない一線を越えたときや限界に達したときのみ白人に指摘するようにしている。そうした指摘に対して冷静さまで要求することは、白人による深刻な支配であり、非白人よりも私たち白人の感情を優先させる行為だ
- 私たち白人は、非白人によるレイシズムの指摘はこうあるべきだと考えている「ルール」について、どうしてそのようなルールを持つようになり、実際にどう機能しているのか自問する必要がある。一部のコミュニケーション分野で当然視されているルールでも、それが権力の力学を考慮していなければ、異人種間の文脈では通用しない

過去二五年間、異なる人種が混在するチームを対象とする反レイシズム教育に携わってきたが、私自身の人種差別的条件づけがどうしても表れてしまうことに対し、数え切れないほど多くの非白人から不満を伝えられてきた。こうした指摘を受けたときには、まず自分の問題行為を認め、修復する責任があることを肝に銘じるようにしている。一方で、あまりに感情的な指摘を受けたときには、そのすべてが私に向けられているのではなく、私が代表しているものに

対して向けられている可能性を忘れないようにしている。そうすることで相手の怒りを個人的に受け止めすぎず、なおかつ指摘をより素直に受け取って学べることを学び、前に進むことが容易になる。

指摘を個人的に受け取りすぎないことの重要性について、ある同僚がこんな例を挙げてくれた。白人ばかりの小グループのミーティングで、ある女性が異なる人種との二つの交流体験で感じた戸惑いについて話し、他のメンバーに感想を求めた。二つの体験は時間的に何年も間が空いていたが、結果は同じだった。どちらの場合も、白人の彼女は非白人の知人にレイシズムについて質問した。すると二人とも同じように「本気で知りたいんですか？」と答えた。この女性は、自分が何かしたせいでこういう反応をされたのではないかといぶかった。また自分の関心に真剣さがない印象を与えてしまったのではないかと心配した。白人グループのメンバーたちは、より深く考えるために質問を彼女に投げ掛けた。

- 自分をいったん外して考え、あなたと同じ質問を他の白人がしても、彼らが同じように答えたと想像してみよう。その場合、誰が質問したかにかかわらず、なぜ彼らはそのように答えるのだろう？
- あなたの質問に率直に答えた場合、その友人たちにはどんなリスクがあっただろう？
- 彼らの答えがどの白人に対しても同じだとしたら、こうした力学から予測できることは何だろう？

・私たち白人の自分を中心に考える傾向は、非白人が私たちに対して率直になることをいかに難しくしているだろう？

著述家のイジョマ・オルオは、白人に対して率直になることのリスクについて次のように述べている。「私は一日の大半を、自分の人生で愛してやまない白人たちの舵取りに費やしている。慰めや励まし、あるいは辛い真実、あるいはユーモアをいつ申し出ようか、推し量っている。私は悩んでいる……いつになったら諦めるべきか、いつになったらリスクを冒して、私を傷つけている愛する人に挑むべきか」[31]

オルオは、白人との友人関係に悩む若い非白人女性に、次のようなアドバイスをしている。「リスクを冒す価値のある相手は誰か、判断しなければなりません。なぜならほとんどの場合、傷つくのはあなただからです。ハッピーエンドはほとんどないでしょう。だからもしも何か言うとしたら、リスクを冒してもいいほど相手を愛している場合です……相手はあなたを見ていないこと、あなたを見て不快になるリスクさえ冒そうとしていないことに気づいて痛い思いをするかもしれない。それでも、あなたが求めている愛で応えてくれる可能性に十に一つでも賭けていいという相手であればそうしてください」

オルオが言っているのは、親しい白人についてである点に注意してほしい。すなわち黒人との近接性は（親しい関係性にあってさえ）、白人が人種差別をしないことを保証するものではないことが強烈に語られている。私たち白人は、自らを一人の白人としてではなく、単なる個人として見る傾向があるため、異なる人種との交流において権力の力学など働いていないかのように進めてしまう。異なる人種との交流に、自分たち白人の歴史を持ち込んでいることを理解しておらず、しかもその歴史とは危害の歴史である。私たち白人は自分個人だけでなく、非白人の友人を傷つけたことのある他のすべての白人を代表しているのだ。オルオが十に一つでも賭ける価値があるという相手に自分がなりたければ、信頼されることを期待するのではなく、自分から信頼を築く必要がある。

用心深さ

レイシズムは複雑で多層的なシステムだ。レイシズムをなくすための簡単・簡潔な答えや解決策はない。私たちは戦略を立てる必要があるが、すべての状況で通用するアプローチなどないし、やり過ぎてはいけない戦略もある。例えば思慮深さは重要な戦略の一つだ。思慮深さには、私たち白人が異人種間の遭遇に持ち込んでいる歴史を認識すること、自分たちが用いる言葉に配慮すること、グループの力学に敏感になること、自らの言動パターンや理解の限界に注意することなどが含まれるだろう。しかし思慮深さが度を超すと、ミスや不快感を与えることを警戒するあまり、正直でない行動に走る用心深さにつながってしまう。心理学者のビバリー・ダニエル・テイタムは次のように述べている。「大半のアメリカ人は、万人のための公平と正義という信奉された文化的価値観を内面化していると同時に、大衆文化に蔓延する人種に基づく偏見やステレオタイプのスモッグを吸ってきた……(そのため) 多くの白人は黒人がいると不安や気まずさを感じ、ひいては怯えることさえあるが、多くの場合、自分で意識せずにこうした感情を抱いている」[32]。ここでいう不安は、白人の進歩主義者がよく口にする「何か誤ったことを言ってしまうのではないか」という懸念の根底にある。

私が用心深さの問題をはっきり認識したのは、まさに間違ったことを言ってしまうのではないかという不安を黒人の友人に語ったときだった。気を抜くと何かひどいことを口走ってしまいそうだと心配していた私は、彼女に「白人が自分と違う人種と交流するときには、気をつけることが大切でしょう?」と尋ねた。すると彼女は「ロビン……あなたが用心していることに、私たちが気づかないと思っているの?」と言った。それから一呼吸置いて「白人が自分と違う人種といるときに用心している姿は、どんな風に見えると思う?」と聞き返してきた。

私は突然、白人であることを暴かれたように感じた。そして自分がこの友人に対し、私自身が自分を見ているように見てくれること、ただの友人として(白人の友人としてではなく)見てくれることを期待していたことに気づいた。気を遣っている私たち白人が、黒人からどう見えるかを瞬時に悟った——こわばっていて落ち着かず、緊張して打ち解けない姿だ。こうして黒人の周りで気を遣っている自分の姿を想像すると、彼らが白人の用心深さをレイシズムと感じる理由も見えてきた。過剰に慎重になっている私は確かに、温かくも打ち解けてもおらず、誠実でもオープンでもなかった。

白人が冷たくて嫌な思いをしたという話を黒人がよくするのもこのせいだ。友人の質問をきっかけに、私は自分の接し方について思慮深くなければいけないが、用心深さは不要なことに気づいた。黒人は、私たち白人が時にレイシズムへの条件づけを露呈することは想定済みで、そのこと自体よりも、それを指摘されたときに私たちがどのように反応するか、修復するために何をしようとするか、そして何を学んで今後どう行動を変えていくかを重視しているのだと思い至った。

沈黙

用心深さの究極が沈黙だ。レイシズムをめぐる議論における白人の沈黙についてはかなり色々書いてきたが、それはあまりにもよくある、そしてひどく腹立たしい問題パターンだからだ。最近の例を挙げてみよう。カウンセリング分野で修士号取得を目指す女性を対象としたインターンシップを運営する友人のために、九〇分間の講演と質疑応答をボランティアで行った。反レイシズムに焦点を当てたプログラムで、インターンたちは数カ月にわたってこの問題について読み、議論していた。グループは一五人ほどで、うち四人が非白人だった。私は白人の社会化について簡単に述べた後、質問を受けつけた。するとすぐに同じ数人が何度も発言し、他の大部分、特に白人が黙っているというパターンに気づいた。そこでこのパターンを指摘し、白人たちに発言を促した。しばし気まずい沈黙が続いた後、前から発言していた非白人女性が再び発言を始めた。私は彼女に対し、白人が沈黙を通じて感じるプレッシャーを乗り越えられるよう、少し発言を我慢してほしいと頼んだ。するとこれに対してある白人女性が、私が非白人の女性を黙らせてしまったのではないかと懸念を示した。私の講演の焦点は反レイシズムだったにもかかわらず、なぜそんなことをしたのかと彼女は困惑していた。そこで私は自分の戦略について、その非白人女性を黙らせてしまう危険性を認識しながらも、白人に対して、非白人の参加者と同じように会話の中で自分をさらけ出すリスクを取るよう迫ることで、権力の力学に介入するためだったと説明した。ベストな判断でなかった可能性は認めたが、意識せずにそうしたわけではなかった。そして先の非白人女性に、私がコメントを控えるように頼んだことでどんな影響があったか確認した。すると彼女はプレッシャーの向きが白人へと移ったこと、それから白人の沈黙に内在するレイシズムが明るみにされたことで安心し、励まされたと言った。またこうした議論の中で白人のパターンが指摘され、白人が参加を促されるのを見たのは初めてだと言った。さらに彼女は修士課程の間、こうした会話を怖がっていたと述べ、それはまさに今起きた力学、つまり非白人にはリスクを冒して自分をさらけ出すこと（すべての「人種ワーク」を担うこと）が期待される一方、白人は自分をリスクにさらすことなくただ座ってそれを眺めるという状況を案じていたからだと語った。彼女が関わった白人の教授たちは、こうしたパターンを打ち破るスキルを持っていなかった。さらに別の非白人の参加者が、同じく私の戦略に力づけられたと述べた。

私は自分が取ったリスクが役立ったこと、そして彼女ともう一人の非白人女性が沈黙させられたと感じなかったことに安堵しつつ、白人の参加者にかけたプレッシャーの話に戻った。まずは権力のある立場からの沈黙が、いかに権力の行使であるかを説明した。そして白人の参加者には、学びと成長のためにリスクを冒して失敗することを勧めた。それから私たち白人が人種を超えた信頼関係を築くためには、弱さと謙虚さを見せる必要があることを説明した。またグループ内のＢＩＰＯＣの人々が今述べたばかりの感想、つまりそこにいる白人がどんな人々なのか分からないことがどれほど不安かということ、そして私たち白人の意図がどうあれ、そのせいで敵対的とも取れる雰囲気になっていたことを指摘した。だが、それだけ言っても、それまでに発言していなかった白人で、発言しようという参加者は一人も現れなかった。彼らが呼んだ講演者（こうした対話の進行を長年経験してきた白人である私）と非白人の参加者数人が、白人の参加者のために、白人の沈黙がもたらす人種差別的な影響を明確に説明したにもかかわらず、白人たちが依然、沈黙を続けたことに私はただ呆然とした。発言者の少なさに苦慮した私は、七五分で討議を終了した。

後日、講演に私を招いてくれた友人とこの体験について振り返ったところ、私が帰った後、参加者たちはその場で振り返りをしたという。そのとき白人の参加者は、一人を除いて全員、私の「やり方」が好きではないと言ったそうだ。非白人の参加者は、私のやり方によって支えられているという稀有な感覚を持ったことを、討議の中で堂々と語っていたことを思い出そう。ここその証言を聞いていたはずなのに、白人の参加者たちは、問題は私にあると頑なだった。ここで疑問なのは、どのようなやり方ならば白人の参加者に有効だったのかという点だ。他のやり方で進めていた場合、その場にいたＢＩＰＯＣの人々が支えられていると感じることができた可能性はどのくらいあっただろうか？

このグループの白人は進歩主義者の典型だった。ノンバイナリージェンダー［自らの性自認が男女の一方にとらわれないこと］の白人、ユダヤ系の白人、障がいのある白人などが含まれ、ほとんどは二〇代だった。しかも反抑圧の枠組みを中心としたカウンセリングプログラムでインターンをしていた。反抑圧の枠組みとは、不平等というものが社会の中で構造化され、階級差別、性差別（セクシズム）、レイシズム、能力主義、同性愛者差別、トランスジェンダー嫌悪、年齢差別（エイジズム）、反ユダヤ主義などさまざまな形態で現れることを認識しようとするものだ。そしてこうした構造と積極的に闘っていなければ、それはその構造を支持しているに等しいというのが反抑圧の枠組みによる基本的な考え方だ。白人の参加者たちは何カ月もこの枠組みについて読み、勉強していた。レイシズムをめぐって白人の進歩主義者の多くが最も恐れるのは、自分がレイシストだとみなされることであり、私やＢＩＰＯＣの参加者が「白人の沈黙が及ぼす効果こそがレイシズムだ」と直接指摘したことを考えても、彼らはどうして発言を控えたままだったのだろう？　何が起きていたのだろうか？

異なる人種が同席する討論では、白人の参加者がその場を牛耳って混乱することはよくある。実際、ファシリテーターはそういう白人の参加者をどうやって制御するかという戦略を練るのに多くのエネルギーを費やしている。しかし、それと関連しつつ放置されがちな対極の状態、つまり「白人の沈黙」についても考慮する必要がある。とりわけ人種間の不平等をはっきり指摘しようという文脈で、白人の規範における「人種についてダイレクトに話すべきではない」

というタブーが破られると、多くの白人は落ち着かず、不安に感じる。白人としての快適さや安定感を取り戻そうとする反応が起きることは想定内ではあるが問題だ。白人としての快適さを保とうとする動きはいかなるものであれ、必然的に従来の人種間関係を維持するように働くからだ。つまり白人が自分たちの快適さを壊さないために沈黙を用いれば、その沈黙は支配を維持する手段として機能する。

支配の維持に加えて、その日の私のアプローチの問題点は、白人の期待の一つが満たされなかったことだと考えている。進歩的な白人である参加者たちは、集められて白人性を暴露されるのではなく、自分たちの意識の高さが認められることを期待していた。彼らが表向きには傷つけまいとしている人々が「沈黙される方が傷つく」と言っているにもかかわらず、沈黙し続けるほど、白人の参加者たちにとって面目を保つ必要性は強力だった。これこそが、異なる人種に対する支配を欲する強烈なパワーなのだ。面子を保つための沈黙がもたらす大きな皮肉は、私たち白人がレイシストでないことを納得させるどころか、実際にはその真逆であることが露呈することだ。

長年、レイシズムに関する白人との議論でファシリテーターを務めてきた中で、白人が沈黙する理由はたくさん聞いてきた。

- 「単に私の性格です。グループの中ではあまり話さないんです」
- 「私が思っていたことはみんながもう言ってしまいました」「さして付け加えることはあ

りません」

- 「議論を支配してしまわないよう、慎重を期しているんです」
- 「このグループの人たちに威圧感があって怖いんです」
- 「人種についてはよく分かりません。だからここはただ聞いていようと思います」
- 「もうすべて知っていることばかりなので」
- 「ちょっと整理する時間が必要です」
- 「人に誤解されたくありません」
- 「安心して話せないんです」
- 「人に判断されたり／攻撃されたりしたくありません」
- 「仕事をクビにならないか心配です」
- 「何か間違ったことを言って、誰かを傷つけたくないんです」[33]

ここに挙げた理由づけはすべて、反レイシズムの枠組みから異議を唱えることができるし、そうすべきだろう。その枠組みからすると、白人としての既定値（デフォルト）、あるいはパターン化された振る舞いは、どれも戦略的ではないところに問題がある。ただ聞いていることが最善の戦略の場合も確かにある。しかし、前に踏み出して参加することが最善の戦略の場合もある。すべての人に自分の戦略を正しく理解してもらえることはないかもしれないが（私がそれを目指すこともないが）、それでも私は自分の選択について批判的に考える必要がある。自分が最も快適に感じる取り組み方を規定値にすることは、批判的思考によって導かれるあり方でも、反レイシズムでもない。

読者は「人種間の対話におけるＢＩＰＯＣの人々の沈黙についてはどうなのか?」という疑問を持つかもしれない。人種間の討論の場でＢＩＰＯＣの人々が沈黙を選ぶ理由はたくさんある。白人の参加者の抵抗や敵意への反応、白人に指摘を行ったために不利になった実体験に基づく信頼の欠如、白人同士のかばい合いに直面したときの絶望感、傷つくリスクを冒して発言したのに取り合われなかった経験、白人が圧倒的に多い中で味方がいないと判断したこと、ふんぞり返って受け取るばかりで見返りをよこさない白人には「豚に真珠」だと思ったから……。ＢＩＰＯＣの人々の沈黙の背景にある動機はさまざまだ。

あのグループの白人が自分たちのことをどれだけ進歩主義者だと思っていても、彼らが自分たちの沈黙の理由をどれだけ私のせいにしても、私の進行がどれだけ効果的でなかったとしても、彼らは結局、口を開かなかった。白人の参加者たちは自分たちが進歩的であることをまったく示そうとしなかった。そしてＢＩＰＯＣの参加者はそれに気づいていた。

レイシズムを学ぶことは「面白い」のか

本を一冊読んだ、あるいはワークショップに一度参加しただけで、それが大変興味深かったので人種をめぐる社会正義に関する教育に携わりたいという白人からのメールを時々受け取る。

彼らは「資格を取るためのプログラムはありますか?」と聞いてくる。しかし、レイシズムへの加担について他人に教える前に、自分の加担を明らかにできる継続的な取り組みはあるかと質問されることは滅多にない。社会正義の専門家アンジェラ・パークは、こうした姿勢がもたらす効果を率直に指摘している。「『こういうテーマは面白いですね』というのが、白人から聞く最も不快な言葉の一つだ。白人がレイシズムを知性化するやり口は……まさにぞっとする」[34]。パークは「彼ら自身が何者であるか、何を見て、何を考えるか、世界の中で彼らがどう見えるのかを、レイシズムが深いところから形づくってきたことに、彼らには真摯に向き合ってほしい」という。

レイシズムについて学ぶことは面白いと言って驚嘆しても、レイシズムにおける自分自身の役割に向き合っていることにはならないし、白人が他者に与えている苦しみについてはなおさらだ。BIPOCの人々の前でレイシズムを知性化するのはとりわけ無神経だ。

私たち白人は自問自答することで、頭で考えるところから離れ、自分の感情とつながれるようになるのではないか。なぜ私たちの心は日々痛まないのか?　どうやって私たちは見ないようにしてきたのか?　実際にあったことを信じるために、どれだけたくさんの記録映像を見なければならなかったのか?　ジョージ・フロイドは殺されるようなことを「何もしていなかった」という主張を、彼に対する残虐行為が明々白々となるまでなぜ認めることができなかったのか?　異なる人種と人間らしい関係を築くために、どんな不都合に耐える用意があるのか?

確かに、反レイシズム活動に取り組もうとする白人にとって、そこから得られる学び、成長、洞察の大きさは他に類いを見ない。反レイシズムによって得られる人間関係や、知ることのできる誠実さはかけがえのないものだ。私にとってこの旅は常に刺激的で魅力的で、示唆に富んでいる。同時に痛ましい思い、挫折感、落胆もある。しかし辛いだけだとしたら、あるいは刺激的なだけだとしたら、それは本質的な何かが欠けている。

私たちは白人として、異なる人種と隔離された生活を送ることに喪失感を抱かないよう条件づけられてきた。制度的レイシズムを受け入れるだけでなく、その恩恵にあずかることに馴らされてきた。私たちがその条件づけを選んだわけではない。しかしそれは非常に根深く、そのシステムが何たるかを私たちが認識したからといって即、無効にはならない。レイシズムに基づく社会化との闘いは生涯続くものであり、また人種差別的なイデオロギーは常に流通し、強化されている。人種をめぐる気づきの段階は人それぞれだろう。学びが新鮮でパワフルなものであればもちろん素晴らしいし、参加したくなるだろう。取り組みを継続するにはそうしたエネルギーが要る。ただし、その熱意をどう伝えるかという点についても、私たち白人は敏感でなければならない。知的なレベルでのみの関わりでは、白人がいかに断絶しているかを痛感するだけだろう。

白人はよくレイシズムについて、私たちはどうしたらいいかと尋ねる。パークははっきりと指し示している。「あなた自身がこの世界の他の人々を、友人を、家族を、職場の同僚を、どのようにレイシズムで苦しめているか、あなた自身が政治的・構造的にレイシズムをどう存在させているかを知ってもらう必要がある。レイシズムについて深く問おうとしないすべての白人は全員日々、非白人の首を膝で押さえつけているのだ」。そう、彼女が言っているのは「公正を信念としている」、だからそれ以上の検証は必要ないと考えている、白人の善良な進歩主義者の膝のことだ。

白人の進歩主義者は、白人ナショナリストではない。しかし、だからといって制度的レイシズムを補強する役割を担っていないことにはならない。非白人の首を押さえつけているのが私たち自身の膝だということに気づいたら、レイシズムについて学ぶのは面白いなどと感激していられるだろうか？　進歩的な白人としての私たちの責任は、私たち自身がレイシズムを実行しているかどうかではなく、いかに実行しているかを明らかにすることである。

VI　宗教は信じない、けれどスピリチュアル

この章では白人の進歩主義者にみられるある特有の傾向と、それに対応するレイシズムのパターンについて取り上げたい。白人の進歩主義者は一般的に自分のことを宗教心が強いとも、キリスト教やユダヤ教といった伝統的な宗教の信者だとも考えていない。それどころか宗教は信じていないが、スピリチュアルだと強調する傾向がある。こうしたスピリチュアルな進歩主義者（「ニューエイジ」とも呼ばれる）は、神自体の存在は信じていない（ましてや神は男性であるとも信じていない）が、宇宙には何らかの意志が存在するという。つまり姿かたちのないある種の意識が存在し、それは私たち人間の存在を知っていて、私たちの生に関心や影響力を持ち、その介入の仕方は私たちの考え方、あるいは願い方、つまり「私たちが差し出すもの」によって変わり得ると信じている。運命とはこの意志を持つ宇宙によるものを指している。

多くの人は死後も何らかの形で意識が存在し、おそらく輪廻転生を繰り返すのだろうとか、あるいは霊界に波長を合わせて死者と交信できる人々がいると信じている。そうしたスピリ

チュアル・ティーチャーと呼ばれる人には、肉体のない世界とのパイプ役として彼方からの洞察を受け取ることができる人（「チャンネル」）や、周りの人の感情をまるで自分のことのように取り込む人（「エンパス」）、直感や超能力、カードや数字を読むこと（「タロット」や「数秘術」など）で未来を予測できる人なども含まれる。

二〇一九年に開催された「国際スピリチュアル・アウェイクニング会議」のウェブサイトを見ると、超感覚的な能力や神秘的な体験に対する確信や畏敬の念が綴られているが、スピリチュアル思想のリーダーたちの白人性（ホワイトネス）も全く検証されないまま例示されている。人種アイデンティティというのは時に曖昧ではあるが、ここで紹介されている一八人の「世界級」の講演者は一人残らず白人だったようだ。また写真が掲載されている一五組のミュージシャンは、一組を除いてすべて白人だ。タロット占い、ドルイド教［古代ケルト宗教］の実践、錬金術、マジック、大天使やそうした存在とのチャネリング、ソウルリーディング、手相、虹彩分析、妖精との交信、輪廻転生など、講演者の専門分野や発表内容は多岐にわたっているが、この一八人の白人の講演者と、圧倒的多数が白人だと思われる参加者たちで全世界の考え方を変え得るという告知は、まさに白人至上主義の一例だ。

このウェブサイトでは「世界を代表するスピリチュアル・ティーチャーたちが生み出すエネルギーの集合体が、何百、何千という参加者と結合することですべてを超越し、必ずや人類の意識を変革する」と謳っている。この傲慢さこそ、社会学者のジョー・フィーギンが白人の、人種枠（レイシャル・フレーム）と呼んでいる深く内面化された構造であり、それを通じて白人は人種に基づく意味づけを行っている。この枠組みには、白人を上位に位置づけるイメージや解釈、認識、評価、感情、行動などが含まれ、それらは社会全体で受け継がれ強化されている[1]。私たち白人は自分たちのことを特定の立場や視点に縛られておらず、それゆえ全人類を代表できるとみなしている。さらに私たち白人だけが、全人類を最も進化した状態に導けると考えている（それは往々にして黒人や先住民、アジア人その他の非白人が培ってきた英知の白人的解釈に基づいている）。そのためか、スピリチュアルな白人進歩主義者による教えの多くは、いかにして肉体を超越するかという点に重きが置かれており、まさしくスピリチュアル版のカラーブラインドとして機能している。つまり基本的に他の人種とは隔離されて暮らしている（集会や学習のために異なる人種のコミュニティを訪れる場合を除き）肉体的に同質的な集団が、レイシスト的なヒエラルキーの頂点に立ちつつ、肉体は関係ないと言っているわけだ。

宗教学者のアマンダ・ルシアは著書『白いユートピア――トランスフォーメーショナル・フェスティバルにおける宗教的エキゾチシズム』（*White Utopias: The Religious Exoticism of Transformational Festivals*）のための研究の一環で、二三件の「トランスフォーメーショナル・フェスティバル」（ユートピア的空間を創造し、気づきを得ようとする人々が集う大規模イベント）に参加した。そして、そこに見られた非白人の宗教的・文化的アイデンティティからの借用は白人の特権意識の表れであり、「実用的かつ癒やし的な文化的産物をもたらしてくれる、純真でエキゾチックで前近代的な対象としての人種的他者」[2]への依存傾向を露わにしていると分析した。そして、こうした宗教的エキゾチシズムは疎外されてきた精神的伝統の真の継承者たちの存在を消し去っていると指摘し、何がこうしたフェスティバルを「白人の人種的同質性にとって安全な空間（セーフスペース）」たらしめているのかと疑問を呈している。つまりこうしたフェスティバルの参加者は一時的なユートピアを創造しつつその一方で、先住民やインド人の精神性を利用することで宗教的エキゾチシズムに加担し、結局はそれを白人のユートピアにしてしまうのだとルシアは指摘し、参加者自らの白人性に向き合わずして真の変革など起こり得るのかと疑問を呈している。注目すべきことに、ルシア自身は研究の一環であることを明かして参加したのだが、彼女が白人性の分析で引用した参加者に意見を求めたところ、その多くは（スピリチュアル・グルと自称する人々を含めて）「辛辣な反応」を示し、白人の特権に言及することや、これらのフェスティバルが構造的な白人至上主義の文脈の中で行われていることを認めず猛反発したという（ここで私としては、白人の心の脆さ（ホワイト・フラジリティ）がいかに容易に噴出するか、レイシズムについて批判されたときに進歩的な白人がいかに「辛辣」になり得るかという点を指摘しておかねばならない）。

一般的にスピリチュアル系の白人の進歩主義者は「古く」て「産業革命前的」とか「非西洋的」とみなされる宗教、文化、慣習、医療形態などを好む傾向がある。ネットで検索すると、そうした書籍のタイトルやワークショップの説明には「古来」という言葉が頻繁に登場する。また彼らにとって価値あるシンボルや実践の多くは先住民とつながっているため、先住民的とみなされるあらゆるもの――持続可能性、非資本主義的な贈与経済（ギフトエコノミー）、科学よりも直感の重視など――がとりわけ憧憬の対象とされる。大地や精神世界に近い生活をしていると思われる人々であるほどより「自然」で、より理想的とされ、伝統的な慣習を実践している先住民は

「自然な暮らし」の究極として憧憬の対象となる。しかし、ルシアが指摘するように、白人から見た「他者」のものとされる純粋性、永遠性、真正性にこのように焦点を当てることによって、模倣の対象となっているコミュニティとは必然的に切断されてしまう（それらを合体させた典型的な例が映画『アバター』だろう）。

白人の進歩主義者が運営する多くのスピリチュアル・コミュニティやエコビレッジ、反抑圧ワークショップ、セルフケア・リトリート〔心身の疲れをとる静養〕、ピース・サークル、その他同様の集まりでは、実際にそこに先住民がいるかどうかにかかわらず、先住民にまつわるものとされる儀式が行われ、祭壇に供え物をする、精霊を部屋に呼ぶ、自分のことを戦士と呼びグループのことを一族と呼ぶ、ハーブを燻して浄化する（スマッジング）、自称「シャーマン」を崇める、「自分探しの旅（ウォークアバウト）」をする、向精神作用を得るためにハーブやヒーリングベル、シンギングボウルなどを使うといったことが実践されている。また先住民にまつわるとされる慣習は、輪廻転生のように東洋を連想させるものや占星術、瞑想などと合体されていることが多い。最近、こうした儀式に親しんでいる白人の一人に、先住民がいないグループにもかかわらず「なぜそのような儀式をするのか」と尋ねたところ、この辺りにも先住民はいるのではないかという答えが返ってきたが、この答えにはいくつか疑問がわく。その地域にいるのはどの先住民集団なのか？ そのグループはどの先住民のどういう儀式をやっているのか？ 圧倒的に白人が多い集団が、先住民文化にまつわる儀式を行うことを、その先住民たちは名誉に感じるだろうか？ そして今挙げた質問の答えを、そのグループの白人たちはどうやって知り得るのか？

毎年何百万という欧米の白人がメキシコ、中米、南米で先住民観光に参加している。エスノツーリズムは先住民に経済的な圧力をかけ、観光客が喜ぶような写真撮影やパフォーマンスをさせる。先住民とその生活環境は、欧米の白人の自己啓発・自己実現欲求を満たすために、エキゾチックな観光資源と化す。欧米人の利益のために「原始的な」人々をこのように利用することは、長い植民地主義の歴史の現代形といえる。エクアドルやペルーでは観光産業全体が、コロンブス以前の「本物の」慣習を体験したいという観光客向けに発達していて、熱帯雨林に分け入り、古代の精霊や魂の導き役とつながるためにシャーマンの下で幻覚作用のある植物を使う。皮肉なのは、金銭を払って伝統的な慣習を体験しようとする白人が欧米から訪れると、そうした慣習が根本的に変わってしまい、悟りを求める観光客が超越したいと望んでいる力関係そのものが維持されてしまうことだ。

理想化の一例として、最近人気の南米のアヤワスカ・リトリートを挙げてみよう。アヤワスカは悟りを求めるスピリチュアルで進歩的な白人の間で人気がある、精神活性作用を持つ植物の煮出し汁だ。健康情報サイト「ヘルスライン」には「この飲料は古代アマゾンの部族が精神的・宗教的な目的で使用していたもので、現在でもサント・ダイミなど、ブラジルや北米の一部の宗教コミュニティで神聖な飲み物として用いられている」[3]とある。だが天然資源の採取産業や文化の盗用によって、世界各地のアマゾンのような場所にある昔ながらの集落は壊滅しつつある。アヤワスカの使用が合法のペルーでは、イキトス一帯だけで百カ所ものリトリートがある。大半は先住民が運営しているが、中には白人の欧米人がこうしたツアーを運営し、利益を得ている場合もある。アマゾンに群がる大勢の白人は、アマゾンの保護活動にも携わっているのだろうか？　地元住民と継続的な関係を築いているのだろうか、それとも単にビジネスのためだけでそこにいるのだろうか？　彼らは自分たちが尊重していると主張する自然環境にどのような影響を与えているのだろうか？　観光産業に組み込まれている植民地主義的な力学について、何らかの批判的な考えを持っているだろうか？　自分の国の裏庭で起こっている先住民の闘争と結び付いているだろうか？

米連邦政府は五七〇の先住民集団を認定しているが、現在シアトルと呼ばれている私の居住地を先祖代々の土地としてきたドゥワミッシュのように認定されていない先住民集団も数多く存在する。全世界では九〇カ国、五〇〇〇の集団に属する約三億七〇〇〇万人の先住民がいると推定されている。先住民集団は非常に多様だ。また特定の先住民の価値観や慣習は、外部の人間に明らかになっていないことが多い。一方、先住民にまつわるすべての慣習が見習うべきものだとは言えないだろう。メソアメリカ［先スペイン時代の中米古代文明］の先住民文化の多くでは、人間が生け贄にされていた。他の部族との戦争が絶えない部族もあった。だが、スピリチュアルで進歩的な白人にとって「先住民」という言葉は、産業化に侵されていないあらゆるものの象徴であり、本物のしるしとして批判をはねのける護符となっている。私たちはある集団を理想化するとき、その集団を一枚岩だと考えてしまう。だが先住民の文化は多様であり、いかなる文化もそうであるように時間と共に変化し、進化していく。固定的で限定的な先住民のイメージを理想化することは、誤った単純化であり、行為者を否定している。もう一つの例は白人の進歩主義者が人にとって冒瀆行為だ。
特に好む仏教だ。仏教は基本的に父権的であり、例えばミャンマーでは民族主義的な仏僧がイスラム教徒に対する暴力を煽ってもいるが、こうした点を指摘することはスピリチュアルな白人にとって冒瀆行為だ。

おそらく私たち白人は、自分たちが歴史的に他者を抑圧してきたことや、今まさに地球上のすべての生命を破壊する瀬戸際にいることを目の当たりにすると、自分たちの白人性と関係を絶ちたくなるのだろう。そうする手段の一つが、先住民を憧憬の対象としたり模倣したりすることなのだ。しかしそうした理想化には、先住民の平均寿命は含まれているのだろうか？（二〇一七年時点で白人女性の八一歳に対し、先住民女性は七五歳）[4]あるいは先住民の貧困率は含まれているのだろうか？（二〇一九年時点で白人の七・三％に対し、先住民は二三％）アメリカとカナダでは先住民の女性が殺害されたり行方不明になったりする事件が多発しており、殺される確率は他の非白人女性の一〇倍だ。米疾病対策センター（ＣＤＣ）によると、先住民の死因の第三位は殺人である。二〇一六年、全米犯罪情報センター（ＮＣＩＣ）に報告された先住民女性の殺人・行方不明事件は五七一二件に上る。[5]中でも先住民の土地で、非先住民によって殺害される女性が最も多い。こうした虐殺に対する認識を高めようとする運動は広がっている。消費者向けに理想化された他国の先住民の暮らしを楽しむのではなく、そうした運動に参加できる機会はたくさんある。私たち白人は、たとえ最高の善意からであったとしても、自分たちの「体験」のために管理され購入された先住民文化を少しずつ消費することが、実際にはいかに彼らの暮らしを変えてしまっているのか、あるいはレイシズムを阻止することになっているのかどうか、自分がレイシストでないしるしと言えるのかどうか、自問する必要がある。

祭壇に何かを置いて霊を呼び寄せるような儀式をしている人々は、誰もがスピリチュアルだと当然のように思っている。だがそれが、世の中には目に見えない次元があり、死後も何らかの形で意識が存在し、宇宙には何らかの意志があるという仮定に基づいているとすれば、誰もがスピリチュアル**ではない**。すべての人がそうした信念を共有しているわけではないし、レイシズムを理解し、それに抗おうとしている場で、そうした信念を前提としたり押しつけたりすべきではない。

誤解のないように言っておくと、私はいかなる集団の伝統的な慣習も批判していない。また産業革命以前、資本主義の登場以前の持続可能型社会・経済への敬意や、自分たちの伝統に根ざした慣習やそれを実践する人々も批判していない。そのコインの裏である、工業化されたヨーロッパの資本主義文化が優れているなどという主張もまったくしていない。また多くの黒人、先住民、アジア人、ラテンアメリカ人などの非白人が、自らをスピリチュアルな存在として認識し、そうした実践を行っていることも理解している。私が批判しているのは、**白人の消費者が先住民をあまりにも単純化し、自らの消費が与える影響に責任を持たない**形で、伝統的な慣習を憧憬の対象として消費していることだ。

ところで私たち白人は、先住民のことは怖がらない（避けていることは確かだが）のに、アフリカ系アメリカ人に対しては反黒人意識（アンチ・ブラックネス）が発動して怖がったり避けたりするが、黒人に関しても、スピリチュアルな白人の進歩主義者が理想化し、崇めている側面がある。黒人からアフリカを連想し、アフリカは未開発地域とみなされているので、その角度からアフリカ系アメリカ人もまた憧憬の対象とされるのだ。例えば、黒人（特にアフリカ訛りのある人）をスピリチュアルな存在として見たり、シャーマンや預言者（オラクル）あるいはヒーラーとみなしたり、ブードゥー教を実践していると考えたり、純真であると同時に全知の存在だとみなしたりする。アフリカ系アメリカ人は物事の本質とより触れ合っているとか、神秘的で「魂に従っている（ソウルフル）」とか、秘密の知恵を持っているなどという見方もそうだ。さらにそのような知恵は学術的、知的なものではなく、直感的なものとされ、人種差別的なステレオタイプを強化している。

「魔法の黒人（マジカル・ネグロ）」とは、映画や本の中で、白人の主人公を助けるために登場する黒人キャラクターという脇役の定番（たいていは白人の作家／脚本家の創作）を指している。俳優モーガン・フリーマンが「神」として登場する映画や、『マトリックス』の預言者、『グリーンマイル』の超自然的な力を持つ囚人などを思い浮かべると、確かにマジカル・ネグロは白人の進歩主義者の心に響く。マジカル・ネグロは特別な洞察力や神秘的な力を持っており、囚人や清掃員のような低賃金労働に従事する人物として描かれることが多く、差別によって抑圧されたり傷ついていたりする。が、ある日突然、白人の主人公を助けるために現れて、そのために自分が犠牲になることもいとわずあらゆる手を尽くす。このキャラクターは忍耐強く、賢明な教えを授けてくれる存在で、その教えは非常にシンプルで「純粋」であるからこそ力強い。マジカル・ネグロは先住民と同様、大地に近い存在として描かれ、スピリチュアルな白人の進歩主義者の目に常に好ましいものとして映る。

だが、こうした美化のいずこにも対等な関係はない。異人種間の真の人間関係を築くことは、白人的な社会化や人種隔離に対抗するために不可欠だが、それは異なる人種の文化を憧れや消費の対象とすることとは違う。また黒人や先住民を自然界に近い存在（乱暴に言えば、より原始的な存在）とみなして持ち上げることは、同時に白人文化をそれよりも洗練されたものとして持ち上げることでもある。スパイク・リーが『バガー・ヴァンスの伝説』の映画評で指摘しているように、BIPOCの人々を理想化することでは制度的（システミック）レイシズムはなくならない。この映画では、マット・デイモン演じる落ちぶれた天才ゴルファーの前に、キャディとして黒人男性ヴァンスが聖霊のように現れ、主人公が心の闇を克服して再びゴルフをプレーできるよう指南する。舞台は一九三一年の米ジョージア州だ。スパイク・リーはこう批判している。「現実には、あちこちで黒人男性が去勢されたり、リンチされたりしていた時代だ。そんなときにどうして（黒人が）マット・デイモンにゴルフのスイングなんて教えようとするんだ？」[6]

　スピリチュアルな白人の進歩主義者が、今ここにあるレイシズムや白人至上主義を認めようとはせずに、私たちがまだ到達していない悟りの境地や新天地（レルム）に話を飛躍させ続けるならば、それはレイシズムの否認への加担だ。まだ見ぬ別の次元での私たちは一つかもしれないが、今、実際に生きている物理的な次元ではまったく一つなんかではない。このような理想化は、目の前のレイシズムの現実分析から白人を免責するだけではなく、その現実と闘おうとする人々を黙らせてしまう。そうした口封じにはしばしば、レイシズムに抗う人こそが分裂を引き起こしているという考えがにじんでいる。例えば保守的なキリスト教コミュニティでは、権威に異議を唱えれば「もっと懸命に祈りなさい」と諭される。それが非伝統的なスピリチュアル・コミュニティになれば、瞑想やヨガ、マインドフルネス、ポジティブ・シンキングなどによってネガティブなエネルギーを解放しなさいと言い換えられるだけだ。

「肉体と周囲を一体化させながら、透明で光り輝く根源的な意識としての自己を明らかにする」[7]ことを学んだり、「自分自身と周りのすべてが形を持たない、光り輝く統一された意識から成っていることを実感」したりできる[8]（誤字脱字以外はまま引用）と謳う白人が率いるリトリートで、自分のレイシズム体験について語ることを想像してみよう。ここで私が思い出すのは、ニューヨーカー誌に掲載された二羽のカモの風刺画だ。落ち込んでいるカモに向かって、もう一羽のカモがアドバイスする。「なぜ自分からわざわざカモになりに行こうとするのか、考えてみなよ[9]」

　スピリチュアルな白人進歩主義者の究極の例として、ある白人男性から私に届いたメールを挙げよう。彼は現世では白人だが、これまでの過去世では数え切れないほどさまざまな人種を生きてきたため黒人の経験がよく分かると言ってきた。そして自分の瞑想修養所には世界中の人が学びに来ていて、コミュニティの中にレイシズムは全く存在しないと明言していた。輪廻転生によって黒人の経験を理解しているという彼の主張が、黒人にどのように響くだろうと考えると、私は身がすくむ思いがした。果たして彼は、自分の主宰するコミュニティの中でレイシズムを経験した黒人の意見をどれだけ受け入れるだろうか？　自分の周りにレイシズムはないと言い切っている彼が（自分は差別体験を理解していると断言している点からも）、指摘を受け入れることはないだろうと私には思えた。つまり彼自身の主張とは裏腹に、彼のコミュニティはレイシズムについて問題提起しようとする黒人にとって敵対的な場所だと想像できる。

先住民やその他の非白人の儀式やシンボルを採り入れているスピリチュアルな白人の進歩主義者は、白人至上主義が私たちから奪ったもの、つまり「白人以外」とみなされる人々との共同体意識を求めているのかもしれない。だが残念ながら、レイシズムの構造分析をせずに共同体意識を求めても、そこにはつながりではなく分断しか生まれない。

Ⅶ 「恥」について語ろう

善良な白人の進歩主義者がいかにレイシズムを支えているかという点について明らかにしようとする中で、私たち白人が人種について語る際、どのようなナラティブならば容易に語れ、どのようなナラティブを避けたがるかを考えてみると有効なことに気づいた。私たち白人はなぜ「レイシズムの非が自分にあると思いたくない」というよりも、「どうしたらいいのだろう……白人であることが非常に恥ずかしい」という方が気が休まるのだろうか？ こんなにも多くの白人進歩主義者が「レイシズムに加担したくない」と主張しているにもかかわらず、人種間の不平等がこれほどまでになくならないことを考えると、こうした会話の中で私たち白人が自分自身を位置づけようとする主張が、実はレイシズムを擁護するよう機能しているのではないだろうか？

言説(ディスコース)・説話分析は言語の社会・政治的性質を理解することだけでなく、感情の社会・政治的性質を理解するのにも役立つ。私たちは感情とは自然なものであり、人間の内側のプライベートな場所から勝手に湧いてくるものだと考えがちだ。また感情は無条件のものだと捉えているがゆえ、額面通りに受け止めがちだ。とはいえ、すべての感情が肯定されるわけではない。なぜ、いつ、どのように表現されるか、そして誰が表現するかによって、感情に与えられる正当性は異なる。例えば白人男性が怒りを露わにしてもパワフルなリーダーだとみなされるかもしれないが、黒人男性が怒りを示せば脅迫的とみなされる。白人女性が怒りを露わにすればうるさいとみなされ、黒人女性が怒りを示せば攻撃的で自制心がないとみなされる。特定の感情をどのくらい長く持ち続けるかということも、その感情が表される文化によって決定づけられる。西洋文化では伴侶が亡くなれば悲しんで当然とされるが、悲しみが深すぎたり、いつまでも悲しみ続けたりしていると、その人の精神状態が心配される。つまり私たちは社会的影響をもたらす特定の方法で感情を表現し、解釈するよう条件づけられているのであり、感情は純粋に自然なものではないのだ。

レイシズムをめぐる白人の感情について考えるに当たっては、二つの要素がある。一つは感情そのものであり、もう一つはその感情の表し方だ。感情には、表現しやすい感情と表現しにくい感情がある。進歩的な白人とレイシズムについて討議すると必ずと言っていいほど、恥や罪悪感が話題に上る。罪悪感とは一般的に、自分が実行し、その責任を負う何らかの悪事に基づく感情だと理解されている。一方、恥とは、私たちが元々そうであり、変えられないと思っている何かに対して抱く感情だと理解されている。平たく言えば、罪悪感は悪いことをしたことに抱く感情、恥とは悪いあり方に対して抱く感情だ。私の観察したところでは、進歩的な白人はレイシズムを恥と思う気持ちは容易に表明するが、罪悪感の表明は躊躇する。また、さらに抱くことが多いはずの無関心や保身、恨みといった感情よりもよく恥を口にする。レイシズムをめぐる他の感情の多くとは異なり、なぜ恥は認めやすいのか？ 恥は私たち白人のレイシズムを弁明かつ正当化するからだと私は考える（なお、私がここで述べているのは、ソーシャルメディア上での徹底批判（コールアウト）の影響についてではない。それは人を辱めることを目的としている点で異なる。私が述べているのは、レイシズムについて学ぶという文脈において、恥が個人の進歩を妨げているという主張についてだ）。

恥のナラティブを検証に付すために、私はワークショップに参加した白人に互いに向き合ってもらい「一週間で見て、人種にまつわる恥を感じる時間は何パーセントくらいあるか？」という質問に対して、できるだけ正直な考えを話し合ってもらうようにしている。私自身この質問に答えてみると、正直なところ人種にまつわる恥を全く感じずに終わる日もある。感じる日でもおそらく一日のうち一〜二パーセント程度の時間で、それはたいてい人との交流か、レイシズムを扱った何かを読んで、異なる人種に直接触れたときだけだ。例えばうちからスーパーへ行こうとすると、ホームレスらしい先住民の男性が歩道で寝ている横を必ず通るのだが、ブロックの端からその姿が見えた途端、私はお互いの人種上の立場を強く意識する。自分が白人であることが突如、とても「はっきり」感じられ、私が誠実さを装った偽善者であることを彼は知っている、そして私の特権や快適さ、さらにはさまざまなリソースを利用できることまでもが、私と彼の立場の関係性、つまり彼に対する抑圧に依存していることを、彼は知っている

「はずだ」という思いがよぎるのだ。彼の前を通らなければならないことに私はびくびくし、彼と出くわすのを恐れている。その歩道を通る約二分の間、自分の人種に恥を感じるからだ。その恥がいっそう増すのは、彼の真横を通るときだ。私は自分が善良な人間で、レ、イ、シ、ス、ト、で、は、な、いことを示すために微笑みつつ、しかしこちらが差し出す気がないものを彼が要求してきて私を困惑させる隙を与えないよう、視線を長時間合わせないようにしている。だがホールフーズの店内に入った途端、私は美味しそうな食べ物に目を奪われて、彼のことは忘れてしまうのだ。

自分の人種を恥じる時間が少ないのは私だけではないと思うし、私のセッションに参加する白人のほとんどが一日のうち同じような割合だと報告している。これは白人であることが、人種をめぐる不快感を防ぐバリアになっていることを意味している。私が白人としての安全地帯より外に出るよう要求されることは滅多になく、出るとしても今述べたスーパーに向かう途上のような短時間であることが多い。異なる人種とそれ以上、持続的に関わることは容易に避けられるし、人生を通してずっと避けるよう警告されてきた。このような警告は、白人のみに隔離された学校や地域を「安全」で望ましい場所とし、黒人居住区を避けるべき「いかがわしい」場所とする私たちの物言いの中に暗に含まれている。しかし奇妙なことに、私のワークショップで進歩的な白人が前進できない障害として堂々と挙げるのは、圧倒的に「恥」だ。白人の日常生活において自らの人種に対する恥が表面化することはほとんどなく、しかもそれは簡単に回避したり無視したりできる儚く些細な感情でしかないにもかかわらず、レイシズムについて話す際にはすぐさま恥を口にする点は注視すべきだ。

白人にとって恥はいくつかの重要な点で、社会資本を提供すると思う。まず、恥を口にすることで共感を集めることができる。セルフケアばやりのこのご時世、私たちは恥は感じるべきものではないと考えている。恥は「私がしたこと」ではなく「私自身のあり方」に関わるものだが、セルフケア／セルフヘルプの考え方では「人は本来、善良」なので誰も恥じることはないとなる。そして、白人の善良さが強調される社会全体のシステムの中で（「良い」地域や学校といえば白人の居住区や学校を意味し、白人を理想的な人間の代名詞とするような）、白人の「私は本来、良い人間だ」という自己暗示（マントラ）は増幅される。そこで、無意識のうちに当然視していた白人は善良だという感覚に疑問を突きつけられると、まるで自分自身の核心を攻撃されたように感じるのだ。白人性（ホワイトネス）研究の専門家ミシェル・ファインは、このような道徳観の遮蔽（しゃへい）について次のように述べている。「白人であることは特権やステータスを生み、さまざまなリソースあるいは『疑わしきは罰せず』の原則、またはその両方のクッションで囲まれ保護されている。白人であることはゴシップやのぞき見を遮断し、代わりに尊厳を要求するのだ」[1]。白人の場合、そうした「守ってくれるクッション」なしの状態になることは滅多になく、そのような状態になるとしてもそれはたいてい、一時的に安全地帯の外に出ることを自分で選んだ場合だ。異なる人種と隔離された環境の中で、私たちは白人としての快適さを期待するようになるだけでなく、人種をめぐるストレスへの耐性も失っていく。恥を語ることは、安心感を求めて人に頼り、慰めや救いを引き出そうとする行為であり、突き詰めれば、自分の善良さを人に再認識してもらおうとする行為である。

進歩的な白人にとって、恥は社会的に正当とみなされ得るものであり（そうでなければ恥を口にはしないだろう）、私たち白人が他者を気にかけていること、共感していることの徴である。だからこそ白人は罪悪感よりもずっとたやすく恥を口にするのだろう。罪悪感は自分に何らかの責任があることを意味するが、恥は私たちを責任から解放してくれる。自分がしたことが問題である場合は、修復の責任を取らなければならない。だが、自分が何者であるかが問題だとすれば、それは変えようのないことなので、責任から解放される。

心理学者のジョセフ・バーゴは、恥と罪悪感の違いを次のように説明する。

> 多くの人が「罪悪感」と「恥」という二つの言葉を同じように使っているが、心理学的に見ると二つは異なる経験を指すものだ。罪悪感と恥が並存することもある――一つの行動から恥と罪悪感の両方が生じ得るが、前者が反映しているのは自分自身についてどう感じているかであり、後者は自分の行動が誰かを傷つけたという意識を伴う。つまり恥は自分自身に、罪悪感は他者に関するものである。[2]

罪悪感が対外的な言動に関するもので、恥が内的・私的な状態に関するものだとすれば、なぜ恥の方がより好まれるナラティブなのかが見えてくる。つまり自分以外の誰にも触れられないようにすれば、現状の自分の立場を守れるからだ（「個人的な経験」語りにも同様の効果がある。

「私の個人的な経験に過ぎない」という言い方を発動した時点で、それはプライベートなこと――私しか知り得ない、あるいは私にしか理解できない内面の話となり、それゆえ他人が異議を挟む余地はなくなる)。

二番目に、恥を感じているときには、私たちはなかなか前へ進めなくなる。恥は人を麻痺させがちだからだ。つまり前進しないことを恥のせいにして弁解することもできる。こんなに嫌な気分のときに何ができるだろう? 気持ちを整理しないと行動できないし、それには時間とリソースが要るという言い訳だ。むろん時間とリソースがあったからといって、私たちのほとんどは気持ちを整理することなどできないだろう。

白人であることを暴かれたと感じたときに(そう感じたときのみ)恥に浸れば、自分のことのみに集中し、自分が傷つけたかもしれない相手から目をそらせる。このように、恥には私たち白人の権力性を否定し、前進できないという口実を与え、自分こそが被害者だという感覚に浸ることを許す効果がある。アフリカ系アメリカ人の作家で活動家のベル・フックスとオードリー・ロードは、進歩的な白人がレイシズムや白人特権に抱く罪悪感は、自分自身に焦点を引き戻す自己中心性の一形態として作用すると指摘している。[3] そこでの恥の表明は白人性のパフォーマンスであり、自身の白人性に踏み込むサインではないとフックスは考えた。

フェミニスト作家で在野の研究者であるサラ・アーメッドはこう説明する。「白人であることを恥じる主体は、自らレイシズムを恥じ、その恥を表明することで、自分はレイシストではないと『示す』。恥を感じるということは、われわれは善人なのだ。白人であることを恥じる主体は、同時にその恥を誇りに思う主体でもある。申し訳なく思う（あれこれのことを）という言葉にはまさしく『自分は善良だ』という自己認識が含まれている」[4]。言い換えれば、悪いと十分感じることによって、自分自身の道徳性を示すと同時に保つことができる。アーメッドは、反レイシズムとは「人々を良い気分にさせること――より安心させ、より幸せに、より希望を持たせ、落ち込みを和らげるようなこと」でいいのかと問う。確かに反レイシズム教育の現場では、白人に「過剰に」非を感じさせると離脱してしまうのではないかという懸念が多大にあり、白人を会話の輪に参加させ続けるために多くの時間と労力が払われている。この懸念は恥のナラティブが登場する場面で特に高まり、恥を語る本人の気持ちが離れてしまわないよう、私たちは非常に慎重に進める必要がある。プレッシャーの掛けすぎだとみなされた場合、事態はとりわけ非白人にとって深刻だ。とにかくこのようにミーティングやワークショップといった公の場における恥の表明は、社会的なコントロール手段として機能し得る。するとファシリテーターは参加者を安心させることに必死になり、白人性に真っ向から挑むことを手控えてしまう。

白人が白人であることに対して抱く恥のもう一つの側面は、自分が人種を介して眺められることへの羞恥心だ。白人である私たちは、自分の人種に言及されることや、自分の人種が何か意味を持つかのように他人が話すことに慣れていない。白人という人種として他者から眺められるということは、私たち白人が客観的なわけでも、人間の普遍的な視点を代表しているわけでもないこと、つまり私たち白人の視点は特定かつ必然的に限定された視点であることを認めることになる。もしも自分の人種に何らかの意味を認めれば、特に人種間に不公平が存在する社会においてそれを認めれば、私が手にしているものはすべて単に努力や優秀さによって獲得したものではないというばかりか、自分の不当ささえ認めなければならない。例えば、白人であることによって私がどれだけ多くの人と競わずに済んだかは想像に難くない。このように白人という人種を介して人から眺められると、個人主義や実力主義といったイデオロギーが揺るがされる。個人主義が揺らげば、私は自分で願うほど特別でもユニークでもないことになる。さらには自分が組み込まれている文化やそこに流通している人種差別的なイデオロギーの影響からも逃れていないことになる。また実力主義を疑えば、自分が持つリソースや業績が私一人の努力だけで得られたものではなく、白人でなければあり得なかったはずの好意的な解釈や評価が付与される制度によって、かさ上げされた結果であることを認めることにもなる。このような現実に直面すると、自分のアイデンティティを成す重要な部分にも疑問が生じてくる。そして、自分の中の受け入れがたい真実ばかりか、他者からはそれがずっと見えていたという事実も直視しなければならない。私たち白人がそう見られたくないと思っているありようが、非白人からは見えているということに気づいたとき、私たちはさらし者にされたように感じ、当然の反応としてそこに羞恥心が生まれる。

　自分がレイシズムに加担していることを悟ったときに恥を感じるのは当然だが、恥は非常に耐えがたい感情だ。心理学者のビバリー・ダニエル・テイタムは、人種にまつわる白人の罪悪感と恥を「レイシズムの隠れた代償の一部[5]」と表現している。しかし人種をめぐるあらゆる感情と同様に、重要なのは私たちがその感情をどう扱うかである。罪悪感や恥をきっかけとしてより深い自己認識を得ようとするのか、それともレイシズムとの闘いから離脱するための言い訳とするのか？　罪悪感や恥をばねとしてレイシズムとの闘いに取り組むのか、それとも恥ずかしさのあまり他人に食ってかかるのか？　私たちに必要なのは恥から救われることではなく、自己イメージが否定されても崩壊しないだけの耐性を身につけることだ。恥という感情に溺れてばかりでは、その中を進むことができない。レイシズムに立ち向かうためには、心地の良い感情ばかりを享受することは許されない。

　文化評論家のジェイ・スムースは、さまざまな言動が他の人種に有害であることを見抜くためのより建設的な方法として「『したこと』をめぐる会話と、『何者であるか』をめぐる会話を区別する」[6]よう提案している。言い換えれば、彼がいうところの「言葉による魔の三角地帯（バミューダトライアングル）」に迷い込まないようにすることだ。つまり「あなたが言ったこと」をめぐって始めた会話が、「あなたはどんな人間か」という会話にすり変わらないようにすることだ。「あなたはどんな人間か（レイシストだ）」という会話はほぼ間違いなく、羞恥心から自己防衛、そして否定を招くだろう。そうではなく、レイシズム行為の責任を取らせることのみに的を絞るのだ。「あなたがどんな人間だろうと私は気にしない」とジェイ・スムースは結んでいる。「私が気にするのは、あなたが何をしたかだ」。恥とは「自分がどんな人間か」ということに対する反応であり、そこから「自分が何をしたか」「何をしているか」に焦点をシフトすることで、私たちは恥を乗り越えて償いの行動に移ることができる。

恥を感じているとき、私たちは善悪の二元論に引き込まれてしまう――私はレイシストで悪い人間だ、だからそれを恥じているといった具合だ。制度的（システミック）レイシズムはむろんどんな形をとっていても悪だが、私たち白人が自分たちの文化の中で人種差別的なメッセージの吸収を避けることは不可能だろう。それが表出したときの醜さを目の当たりにして自虐に陥るよりも、そうした社会化による結果に対し、どう責任を取るかに集中する方がはるかに有益だ。そのためには次のように自問してはどうだろうか。「制度的レイシズムに対する自分自身の社会化は、私の日常生活の中でどのような表れ方をしており、自分自身や自分の周り、自分たちの組織の中でそれを止めるためには何ができるだろう？」

罪悪感に関する「もう一つの」クロージングノート

> 罪悪感……それが変化につながるのであれば、価値はあると言えよう。そうなれば、もはや罪悪感ではなく、知識の萌芽となるからだ。しかし、たいていの場合、罪悪感とは無力感の言い換えにすぎず、コミュニケーションを断絶させる保身の別名であり、無知と現状維持をかばう装置、変化を阻む究極の壁である。
>
> ――オードリー・ロード[7]

この章では「恥」に焦点を当てているが、白人に罪悪感を「抱かせてはならない」という配慮は、レイシズムに関する議論の場で常に働いている。これまでも講演や執筆活動を通じてこの問題に対する立場を私は明確にしてきたが、改めてここで取り上げる必要性を感じている。

例えば英語学と言語学の教授であるジョン・マクウォーターは、社会学者のマイケル・エリック・ダイソンと共に私の著書『ホワイト・フラジリティ』について語った八分間のディベートの中で、この本は白人に罪悪感を抱かせるものだと批判した。[8] 彼は私が「できるだけ多くの白人がクローゼットに閉じこもり、白人性への加担について日々自責の念に駆られなければ、社会変革へ向かって前進できないという考え」を広め、「すべての白人がベッドから出たくなくなるほど罪悪感に苛まれないと変化は起こらない」と言っていると主張した。そして締めくくりに自責とクローゼットのたとえを再び持ち出し、白人に「毎朝クローゼットの中で自分を鞭打ちさせたがっている」本だと非難した。さらに彼は月刊誌アトランティックの批評で、私に「無垢な読者の考え方」を論じる場が与えられていることを嘆き[9]（無垢な読者とは何だろう？）、私の仕事は「アメリカの白人に口輪を着け、拘束衣を着せ、縛った上でクロロホルムをかがせている」と糾弾した。以上は言語学者の口から出た言葉だ。私の本の内容を誇張し歪めており、話にもならない。制度的レイシズムの実態と、その中における私たち白人の役割について認識を高めることは、無垢な白人に何か恐ろしい「思いをさせる」ようなことではない。

マクウォーターは白人でも進歩主義者でもないが、白人の罪悪感をかき立てることを懸念するのは彼だけではない（彼の懸念は特に極端なようだが）。他にも活動家や教育者に対し、白人に罪悪感を抱かせる戦略を用いるなと注意を促す人々は大勢いる。例えば英紙ガーディアンのオピニオンライターであるケナン・マリクは、二〇二〇年に世界で起きたブラック・ライブズ・マター（ＢＬＭ）運動について「これは変革の瞬間だ。罪悪感を引き出したり、罪悪感に浸ったりするのではなく、構造的な不正義と闘うためにこの機会を生かそう。罪悪感を引き出しても……不平等は解消されない[10]」と戒めた。この「引き出す」という動詞の使い方は注目に値する。なぜならば、これは話の焦点を罪悪感を抱く人々からそらし、それを感じさせる人々へと移し変えているからだ。

法学者のイアン・ヘイニー・ロペスは重要な著書『左に寄れ』（*Merge Left*）の中で、白人は自分たちが問題だと名指しされるメッセージよりも、連帯や共通の利害を語るメッセージにずっとよく反応するという研究結果を紹介しているが、まさにそうだと思う。その方が白人にとってずっと快適なメッセージだからだ。ＢＬＭ運動を立ち上げた一人、アリシア・ガーザとのインタビューの中で、ロペスはこう警告している。「レイシズムを白人の問題として語ると、当然のように多くの白人を遠ざけてしまう。『友人たる白人の皆さん、白人の特権や、あなた方がなぜ罪悪感を抱かなければならないのかについて話し合ってみましょう』と語り掛けたところでうまくいきません。必要な協力関係は築けません[11]」。私はロペスの仕事を評価し尊敬もしているが、白人は罪悪感を抱かなければいけないというメッセージを自分は用いないし、極めて対極である。それに人種をめぐる社会正義（レイシャル・ジャスティス）に関する教育分野で、罪悪感を引き出すことを戦略的アプローチとしている人物は見たことがない。むろん、白人はレイシズムにおける自分たちの役割と責任の現実を突きつけられれば、罪悪感を抱いて自らを閉ざし、それ以上の取り組みから身を引いてしまうかもしれない。戦略的メッセージ（ロペスの論点）は常に賢明に使用するべきだ。だが、そうしたことを踏まえても、白人に罪悪感を抱かせてはならないという警告は看過できない。私たち白人の誰かが罪悪感を抱く可能性を懸念して限界を設定するのではなく、こんなシステムは許せないと主張する私たち自身がそれをいかに支えているのかを正面から、誠実に見つめる白人の手助けをしたいと私は思っている。例えば、家父長制とそれが女性たちを傷つけている全容（日々の軽視から性的暴行やフェミサイドまで）を男性に認識させ、責任を取らせようとしているときに、家父長制において「男性が果たしている役割についてダイレクトに指摘するのは、男性を嫌な気分にさせるからやめるべきだ」と言われることを想像してほしい。あるいは「男性が女性との共通利益を見いだす手助けをする方が良いアプローチだ」と言われたらどうだろう。前者に対する私の答えは言うまでもない。後者については、男性が家父長的優位性のメッセージを内面化していることで生じている支配パターンにも取り組まない限り、女性との共通利益を見いだす位置に着けるとは思えない。そうした支配パターンは、男性が女性と一緒にさまざまなことに取り組む、まさにその中で発動されるからだ。女性たちの運動に男性たちが加わると何が起きるか、女性たちに聞いてみてほしい。白人がＢＩＰＯＣの人々との共通利益を認識するのは画期的なことだと思うが、それでも白人が内面化している優越感の問題に取り組む必要性は消えない。個人的な取り組みと連帯的な取り組みは同時に行うべきなのだ。

　白人による反レイシズム運動が最近、爆発的に広がっていることから見て、多くの白人が最初に抱いたであろう罪悪感に耐え、その中を前進できていることは明らかだ。罪悪感とは、たとえ故意ではなかったとしても自分が及ぼした害に気づいたときに、それを認める正常で健全な反応だ。私はこれまで何度も文章や講演で、多くの白人にとって罪悪感は正常な反応だが、それは一時的なものとして乗り越え、行動を促すきっかけとしなければならないと強調してきた。そうしなければ、罪悪感は単にレイシズムへの加担を弁解し、擁護する機能しか果たさない。

ほとんどの人にとって、不快な感情は抱きたくないものだ。だが白人が罪悪感を抱くかもしれないことを、そんなに恐れるべきだろうか? しかもレイシズムを堅持し、その恩恵を受けている白人の側が不快な思いをせずして、レイシズムをなくすことができるだろうか? 制度的レイシズムが非白人に与えるダメージと、白人が罪悪感を抱いた場合の不快感を同列に扱い、その不快感を「白人のレイシズムについて率直に語るのはあまりにハードルが高くて困難」な理由とする気だろうか? 私たち白人にとって白人至上主義とは、有無を言わさずそこに社会化されるしかなかったシステムであることを理解すれば、罪悪感に意味はない。立ち上がり、それを乗り越えていくのは私たち白人自身だ。

Ⅷ 「私にもトラウマがあります」という白人

過去に私が進行役を務めた、あるいは出席したことのある講座や活動家の集まり、地域のワークショップの多くで、白人の進歩主義者から必ずと言っていいほど上がるのは「トラウマがよみがえってしまい、これ以上、参加できない」といった意味合いの言葉だ。一般的にトラウマとは、恐ろしい出来事や危険な目に遭った経験から生じる深刻な精神的・身体的苦痛と理解されている。そうした出来事の影響は大きく、長期間にわたってショックや不安、怒り、悲しみ、身体的な痛み、睡眠障害、集中力の欠如といったダメージが生じる。中には人生を通じて、きっかけとなった出来事を思い出すたびにこうした反応が現れるほど深刻なトラウマもある。「トラウマ」は深い苦悩を表す非常に強い言葉であり、とりわけ人種をめぐるワークショップや講座、議論の場で白人が用いると強烈に聞こえる。

だが、職場でのセッションになるとこういう主張をあまり聞かない点に注目しておこう。おそらく職務上の適性という観点から深刻な事態をもたらしかねないからだろう。つまり多くの場合、生活がかかっているときにはその感情をコントロールできることを意味している。なのに問題意識が高いはずの白人の進歩主義者による「聖歌隊」の自主的な集まりでは、このナラティブがよく登場する。一方、そうした場で表面化し得る黒人や先住民にとってのトラウマは非常に異なるテーマであり、この章の後半で述べる。

私の経験では、自分のトラウマに関する主張が特に多いのは、社会福祉（ソーシャルワーク）を仕事とする人々やそれを学ぶ学生たちを相手にレイシズムを直接取り上げる授業やフォーラムなどだ。これまで社会福祉を教えるさまざまな学校で反レイシズムの講座を共同担当してきたが、そうしたコースで白人の受講生から、授業そのものが「トラウマをえぐる」と抗議されることがよくある。そのため私たち講師陣は、何らかの形で過去のトラウマを思い出すことはあっても現時点では安全であること、レイシズムについて学んだり議論したりすることで肉体的・心理的に危険なことは何も起きないということを絶えず伝えていかなければならない。とはいえ、こうした議論が彼らに不快感を抱かせるのは当然のことだ。だから私たちは、未来のソーシャルワーカーやセラピストとしてクライアントを適切に治療するためには、過去と現在の違い、他人のトラウマを知ることと自分のトラウマを知ることとの違い、安全と心地よさの違いを区別できるようになることが必要だと説明している。この区別と境界を打ち立てることは仕事上、深い動揺が伴う状況に数多く遭遇するメンタルヘルスの専門家にとって極めて重要な課題だ。

私のトレーニングは社会福祉分野のものではないが、ある明確な理由があって、社会福祉関連の教育機関で教えてきた。それは常勤で終身雇用が中心の白人の教授陣に、こういうコースを教える能力が欠如していたからだ。そのため、制度的(システミック)レイシズムとメンタルヘルス医療制度の関係を考えたときに、ソーシャルワーカーにとって最も不可欠で、最も教えるのが難しいと私が思うコースのほとんどでは、福利厚生も付かず、いつでも解雇される可能性のある低賃金の非常勤講師が教えていた。このこと自体、こうしたプログラムの多くにおける反レイシズムの価値観が見せ掛けでしかないことをよく物語っている。私はメンタルヘルスの専門家ではないので、レイシズムと闘わんとする中でトラウマに関する主張が現れるときに何が起きているのか、心理学的・精神医学的・治療的な分析はできないが、簡単な社会学的分析ならば提供できる。ある小さな白人学生グループのファシリテーターから受け取ったメールを見てみよう。

　このグループには、トラウマ体験に由来するメンタルヘルスの問題に苦しんでいて、そのために大学キャンパスにおけるレイシズムに対して声を上げられないことがあるという参加者が何人かいます。またグループ内でも、特に議論が激しかったり感情的だったりするときには発言できないと言います。過去のトラウマを、行動しない理由にさせないためのリソースを私はずっと探しています。

　このメールで気になった点が二つある。一つは、これまでにも述べてきたお決まりの現象で、白人がレイシズムに取り組もうとして集まったときに、その場にいない他の白人をいかに啓発するかが話の焦点となることだ。このグループが話し合った「キャンパスにおけるレイシズム」というのは、おそらく白人が誰かのロッカーに首つり縄を掛けたり［黒人へのリンチを連想させる］、BIPOCの人々が共有スペースで昼寝をしているところへ警察を呼んだり、BIPOCの学生を身体的に攻撃したりといった非常に露骨で明白な事例ではないかと思う。しかしキャンパスにはそのように露骨ではないマイクロアグレッションも常に無数に存在し、私たちもまたそれを生み出している。特に典型的なのは、教室での議論でレイシズム発言があった後の沈黙だ。

カナダ人の同僚から聞いた話をしよう。先住民の生徒が二人しかいない三〇人のクラスで、先住民の子どもを対象としたカナダの寄宿学校の歴史について議論していた。そうした寄宿学校は、先住民の子どもをヨーロッパ系カナダ人の文化に同化させるための政府系の宗教学校で、「子どもの内側にあるインディアンを殺す」こと、つまり文化的ジェノサイドを使命としていた。[1]子どもたちは家族やコミュニティから強制的に引き離され、三つ編みを切り落とされ、自分たちの言語を話すことを禁じられた。拷問、レイプ、虐待も横行した。一八七六年から一九九六年まで続いたこの寄宿学校制度の中で、六〇〇〇人もの先住民の子どもたちが死亡したが、カナダ政府は一九二〇年以降これらの学校における子どもの死について統計を取るのを止めてしまったため、実際の死者はもっと多いと思われる。さて、そのクラスの議論の中で白人学生が、カナダの白人は善意でそうした学校を作ったのではないか――英国では寄宿学校は非常に権威のあるものだ、と発言した。非常に有害で不誠実な発言だったが、教授を含めて誰も反論しなかった。先住民の学生が声を上げるしかなくなり、その二人のうちの一人が、それらの寄宿学校は使命として「子どもの内側にあるインディアンを殺す」と明言していたこと、そこで行われた拷問や虐待についての記録がよく残っていること（このクラスでもすでに学習していた）をクラスメートに改めて指摘した。国家的恥辱を実行した加害者たちの行為が善意によるものなのではないか、などという仮説は必要ないし、こうした学校を英国の資産階級の寄宿学校と同列に並べることにも何ら妥当性がない。他の白人学生や白人教授の沈黙は、先住民の学生たちにとって最初の発言ほど直接的なダメージではなかったかもしれないが、それでも最初の発言としっかり共謀し、教室の中に味方（アライ）がいないことを明らかにするものだった。沈黙は無であるどころか、多くを語る。

この大学の授業で表れたレイシズムは、ロッカーに掛けられた首つり縄よりもずっと一般的な類いのものだ。この日、先住民ではない二七人の学生は無神経な発言はしなかったものの、沈黙によって最初の発言を支持したのである。さて、メールの話に戻ると、白人学生の小グループにとって関心の最大の焦点は、自分自身のレイシズムへの加担を検証することではなく、他人の加担をいかに阻止するかという点だった。

このメールで顕著なもう一つお決まりのパターンは、学生や教授たちに介入を妨げさせるもの、つまり彼ら自身のトラウマだ。制度的レイシズムや白人至上主義が、黒人、先住民、ラテン系、アジア系、その他の非白人にとってトラウマをもたらすものであることに疑いの余地はない。そして私が『ホワイト・フラジリティ』で論じたように、白人の側には、非白人に対して行ってきたこと、また今も行い続けていていまだに向き合っていないことについて、一種の道徳的な集合的トラウマがある。しかしレイシズムについて学んだり、議論したり、あるいはレイシズムと闘うこと自体が白人にとってトラウマ的だとは思わないし、それによって身動きできなくなるほどダメージの大きい古いトラウマがよみがえるとも思えない。ではなぜ、トラウマを訴える主張が多いのか？

私は人種にまつわるトラウマの専門家で『祖母の手——人種をめぐるトラウマと心と体の修復への道のり』(*My Grandmother's Hands: Racialized Trauma and the Pathways to Mending Our Hearts and Bodies*) の著者である心理学者のレスマー・メナケムに相談した。レスマーは黒人男性だ。白人至上主義の身体的蓄積に関する彼の画期的な研究には、私をはじめ多くの人が多大な影響を受けている。その彼も、白人は黒人や先住民のトラウマについて聞いたり学んだりする際に、自分のトラウマのありようを議論に持ち込むことが多いという見解にうなずいた。そして私たち二人はこのパターンについて、それぞれの異なる視点からしばらく議論した。[2]

レスマーは、白人至上主義とそこから派生した人種ヒエラルキーの創出における黒人および先住民の関係を踏まえ（アメリカ大陸で先住民が虐殺され、その土地が奪われるまで、またアフリカ人が拉致され、奴隷にされるまでは異なる人種集団という概念はなかった）、自分のコメントを黒人と先住民に関するものに絞った。彼は『祖母の手』で、黒人と先住民の人種をめぐるトラウマの重要な側面を「ＨＩＩＰ」と呼び、歴史的 (Historical)、制度的 (Institutional)、世代間的 (Intergenerational)、個人的 (Personal) という四つに分けて説明している。[3] 歴史的側面とは、白人至上主義が数百年にわたって発展し、磨き上げられ、採り込まれ、広められてきたことを指す。制度的側面とは軍隊から医療、メディア、刑事司法、警察、金融、産業、教育、政府、宗教、科学に至るまで、あらゆる機関に白人至上主義が浸透していることを指す。これらの機関は相互につながり一体となって、社会全体で白人至上主義を支えるよう機能している。また組織の下部では白人が大多数と言えない機関もあるが、トップレベルは間違いなく白人が占めている（例えば米軍では、現役兵士の四〇％以上をＢＩＰＯＣの人々が占めるのに対し、統合参謀本部を構成する八人のうち七人は白人である）[4]。世代間的側面は、白人至上主義のトラウマがいかに世代を超え、数世紀にわたって黒人や先住民の身体に蓄積されているかという問題である。また個人的側面は、白人至上主義の文脈の中で、各個人の具体的な経験や反応、対処メカニズムが与える影響を指している。人種をめぐるトラウマはこの四つのレベルが絡み合いながら、絶えず作用している。白人である私が黒人や先住民に対するこれらの影響を語ることはできないが、白人が主張する人種関連のトラウマと、そうした主張がどのように機能するのかを考察する際の比較としてここに概要を記した。

もちろん白人が経験する抑圧のありようにも、ＨＩＩＰモデルが当てはまるものがある。例えば、家父長制もこの四つのレベルで機能しており、女性である私はそれぞれの側面において（シスでない場合や白人でない場合とは異なるが）家父長制の影響を受けている。ドメスティック・バイオレンス（ＤＶ）、性的暴行、虐待、トランス女性に対する暴力などは、ＨＩＩＰの四つの側面で機能する家父長制に結びついた深刻なトラウマ体験の一部である。また交通事故や飛行機事故、親やきょうだいの予期せぬ死、暴力を目撃したり受けたりすること、宗教上の排斥など、個人的なトラウマを引き起こす個別の体験もある。トラウマは現実に多くの人が経験しているもので、その誘因はさまざまだ。しかし白人は人種にまつわるトラウマについて直接的には経験していないし、ＨＩＩＰの四つの側面を絶えず経験しているということもない。一方、先ほどの教室にいた先住民の学生がトラウマを感じていたとすれば、その苦痛はＨＩＩＰの四つの側面すべてと明確に結びつけることができるだろう。逆に先に発言した白人学生が、先住民学生の指摘によってトラウマを感じたと主張しても同様に四つのレベルと結びつけることはできない。

白人は人種にまつわる直接的なトラウマを経験していないと書いたが、これに対して、自分は学校で唯一の白人生徒だったので、毎日のように黒人の子どもにいじめられていたと反論する人はいるだろう。私も何度も聞いたことのある反論であり、それがトラウマになることは認める。しかしそれは例外でもある。その学校や近隣地域の外では、あらゆるものが白人の優越性を示すメッセージを発しており、そのメッセージはたとえその学校の中でも、教師やカリキュラム、運営者、資金、学校がある場所、黒人生徒が多いことでその学校がどう見られているかといったことまで、さまざまな暗黙の偏見を通じて影響を及ぼしている。また白人にとってそうした状況は一時的であって歴史性はなく、大人になって居住地や学校の場所を主体的に選ぶようになれば、簡単に回避できるものだという違いもある（実際、私がこういう反論を耳にするのは常に、白人が少数という環境からすでに脱した人々からだ）。一方、非白人、とりわけ黒人と先住民に対しては白人至上主義がずっとＨＩＩＰの複数のレベルで作動し続ける。私たち白人が白人至上主義との対峙を回避するために自らのトラウマを用いることはできないし、すべきではないとレスマーは断言している。白人が持ち出す自らのトラウマは、また白人中心の状況を生み出し、個人的・集団的責任からの逃避として機能する。

レスマーは白人にとっての癒やしの道は、黒人や先住民を解放することではなく、白人至上主義を今後数世代で確実になくすために自分の子どもやその子どもたちに何を引き継ぐかということにあると強調している。つまり黒人や先住民の癒やしの道とは異なるのだ。他方、レスマーによると黒人や先住民は「白人身体（ホワイトボディ）至上主義という基準が私たち自身の心に取り込まれ、感情の表現や能力の発揮をフルにできなくさせているからくりを暴き、掘り起こす必要がある……白人身体至上主義と反黒人意識（アンチ・ブラックネス）が消滅し、私たちの子どもたちに引き継がれないようにするために」[5]。二つは異なる癒しの道であり、レスマーはこれを「身体性廃止論」と呼んでいる。「白人身体至上主義」や「身体性廃止論」は、レイシズムのトラウマは私たちの身体を基盤とし、私たちの身体に蓄積されているとレスマーが主張する中で生み出した造語だ。レイシズムは身体的な経験であり、だからこそ身体的なレベルで根絶されなければならない。レイシズムを知的に扱うことはできないと彼は論じている。

レスマーから見て、白人が白人至上主義について指摘されたときに自分が経験したトラウマ（多くの場合、他の白人から受けた）を持ち出すのは自己中心的で、レスマー自身のトラウマと並列させようとする行為だ。しかし白人は人種として違う立場にあり、自分たちの白人至上主義への順応を暴き、それと闘うという別のタスクがある。白人至上主義が私たち白人自身に及ぼしている影響は異なるもので、私たちの闘いを黒人や先住民など非白人の闘いと比較することはできない。レスマーの観察では「白人は自分を中心に据えることにとても長けている。その方法の一つが、これらの力学を同等とみなすことだ。レスマーが自分のトラウマについて話していいのなら、私だって自分のトラウマについて話していいでしょう、というわけだ」。しかし、そうして白人は自分を中心に据え直し、非白人の闘いを自分の側に取り込んでしまう。レスマーはまた、白人が自分のトラウマを持ち出すときはいつも個人レベルでだと指摘する。私たち白人は集合的トラウマについてはあまり語らない。

この文脈でのトラウマについて言説・談話（ディスコース）として考える中で、白人は人種をめぐる議論においてしばしば異論や批判を封じるための予防線として個人的な経験語りをすることに気づいた。例えば、私はこれを読んでいるあなたの経験（この場合、あなたのトラウマ経験）を知らないし、知ることもできないから、あなたは自分しかアクセスできない内面に引きこもり、私は締め出されてしまう。トラウマに関する言説は他者を寄せつけない一種の防護壁として機能する。これにより私たちは少なくとも二つの言い方で説明や責任を免れることができる。

一、私にはトラウマがあるので、自分も被害者であり、それゆえ加害者にはなり得ない

二、私にはトラウマがあるので、あなたの被害体験が理解できる。それゆえ私はあなたに寄り添っており、加害者にはなり得ない

こういう言動は、西洋的な自己概念の特徴である個人主義のイデオロギーに基づくものだ。

自らの言語、思想、感情、経験を各々の自己の「内側」に存在するものとみなせば、自己は社会的・相互関係的なものではなく、本人以外、誰もアクセスすることのできない非社会的・私的なものとなる。つまり経験は脱政治化される。「私の内面の世界には誰も立ち入れない、だから私個人の経験がとやかく言われることはない」のだ。しかし自己という概念は、それに意味を与える社会・政治的な力の外にあるわけではない。経験、言語、感情もそうだ。白人であることは集合的な経験である。私が白人なのは、社会的に割り当てられた「白人」と呼ばれる集団の一員として、他者によって条件づけられ、それに応じた扱いを受けるからだ。白人であることは共通体験であり、それは白人でない人々との関係性においてのみ成立する。白人がこれに挑戦するためには、他の白人と共にやはり集合的な経験として行うほかないとレスマーは忠告している。つまり私たち白人は、白人同士で反レイシズム・コミュニティを組織・構築する必要があるということだ。

　白人が反レイシズムの共同作業に集中するためには、自分たちのトラウマのありようをはっきり区別して分けることを学ぶ必要がある。それはトラウマを抑圧したり否定したりすることとは違う。確かに今現在トラウマに悩む人、あるいは未解決のトラウマを抱えている人は、人種をめぐる感情的に激しい議論の中でそれが刺激されることもあるだろう。もしも自分が壊れそうだと感じるときは、その場を離れ、専門家のサポートを求めるべきだ。反レイシズムの闘いを妨げるいかなる苦悩にも対処すべきだし、そうしなければ異なる人種との共同作業に有意義な形で関われないだろう。だが白人女性の涙が批判されるように、自分の苦悩について語るときは、私たち白人の行動が他者に及ぼす影響を考慮し、いつ、どこで、どのように持ち出すかが重要だ。私たちの多くは明らかに、そうした他者への影響を自覚できる。なぜならばトラウマを可視化することが自分のためにならないときには、そうしないからだ。繰り返すが、私が指摘しているのはトラウマによって深く傷つき動けない人々のことではなく、強い不快感とトラウマを混同する白人の進歩主義者についてだ。制度的レイシズムの現実に直面することは驚きや動揺、衝撃さえもたらすだろう。しかし、トラウマをもたらすかといえば、答えはノーだ。

白人の進歩主義者を自認しつつ何らかの理由で反レイシズム活動への関わりを恐れているとしたら、その恐れを克服する方法を見つける必要がある。白人同士のアフィニティ・グループは、その実践を始めるのに非常に適した場所だ。回避している限り、その問題は建設的な関与を阻み続ける。困難な作業ではあるが、その闘いの中に癒しがある。

レスマーは「きれいな痛み」と「汚れた痛み」を区別しているが、これは反レイシズム活動への参加がしばしば白人にもたらす辛い感情と、その感情を今あるトラウマの表れだとする混同を明らかにするために有効だろう。「きれいな痛みとは修復の痛みであり、自らが成長する力を高めることができる痛みだ……汚れた痛みとは、回避、非難、否定の痛みだ。人は自分の最も傷ついた部分から反応したり、残酷になったり暴力的になったり、あるいは肉体的・感情的に逃避しようとしたりするときに汚れた痛みを経験する。そして自分自身や他者に対し、さらに多くの汚れた痛みを生み出す」

努力すれば、反レイシズムに取り組む基本的なスキルや感情のスタミナが身についたと言えるときがやって来るはずだ。だが努力しなければ、「取り組んでいます」という言葉は言い訳にしかならない。反レイシズムの取り組みに終わりはないという意味で、私たちは全員、その途上にある。だが、もしもそのプロセスが何の変化ももたらさず、誰も気づかないのであれば、「取り組んでいます」といくら言っても「変化する気はありません」という意味になってしまう。

自らのトラウマに関する主張は、白人の心の脆さ（ホワイト・フラジリティ）が露呈する「よりソフトな」形態の一つと考えられるかもしれない。暴言を吐いたり怒ったりする自己防衛とは違うが、自分は被害者だという他者の同情を促す主張によって、自己成長につながる関わり合いを遮断しているのだ。白人の心の脆さの中でもこうした形態は、「安全な空間（セーフスペース）」を作ろうという呼び掛けに隠れて、その実、白人にとって居心地のいい反レイシズム活動を期待する場面でしばしば表れる。これによって、人種をめぐる対話は私たち白人にとって危険そうだから、最初に白人の安全が保証されなければならないという誤った通念ができ上がってしまう。そうなると人種差別の真の方向性が歪められてしまう。制度的レイシズムの現実とその中における私たち白人の役割を直視すれば当然、心はかき乱されるだろう。しかし白人は、レイシズムによる苦しみに耐えているのは誰なのかを見失い、その苦しみを自分たちの痛みに引き込んでしまってはならない。

IX　私たちは実はそんなに善良ではない

白人進歩主義者の善良さの上っ面を軽く引っかくだけで、そこには必ずといっていいほど恨みや憤り、軽蔑といった負の面が噴き出すのを私は見てきた。分別を失った救急通報の録音記録や公共の場でレイシズムに満ちた暴言を吐いている白人の動画などではそうした負の面が顕著に噴出しているが、白人の進歩主義者でも、白人としての立場をほんの少し指摘しただけで怒鳴られることがある。例えば本のプロモーションでロンドンを訪れた際に乗ったタクシーでのことだ。私は白人男性の運転手と和やかに話していた。共通点が多く、色々な話がつながったところで彼は「ロンドンで何をしているんですか」と聞いてきた。私は、本を書いたのでBBCのインタビューを受けたり、大学で講演をしたりしているのだと答えた。すると彼は本のタイトルを聞いてきた。私は心の中でため息をつきながら（さあ来るぞと思いながら）『ホワイト・フラジリティ』［原題のサブタイトルは『白人にとってレイシズムについて語ることはなぜこんなにも難しいのか？』］という本だと答えた。ただ自分の本のタイトルを言っただけなのだが、運転手は突然「レイシストだって言われるのはうんざりだ！」と怒りを爆発させた。そして政治的公正（ポリティカル・コレクトネス）さや特権やあれこれについて、これ以上とやかく言うべきではないという持論をまくし立てた。

彼が一息ついたところで、私が穏やかに「レイシストだと言われることがよくあるんですか？」と尋ねると、運転手は思い直したようで「えーと……いいえ」と答えて少し落ち着いた。続いて彼が憤然と語ったのは、自宅の近所の角に黒人男性が数人で立っていて、通り過ぎるたびに「ナイフで刺されるのではないか」と恐れているという話だった。まさしくこれだ！　私の本のタイトルがきっかけになって白人の心の脆さ（ホワイト・フラジリティ）が噴出し、長々と憤りをぶちまけた末、レイシズムに満ちたエピソードで締めくくる。「よくもレイシスト呼ばわりしてくれたな！　それなら、こっちも自己弁護のために、自分のレイシズムには正当な理由があることを見せてやる！」というお馴染みの反応だ。また白人に典型的な人種をめぐる関心の欠如、自分の知識に限界があることに対する謙虚さの欠如も指摘しておこう。ニューヨーク・タイムズ紙のベストセラーに選ばれた人種をテーマとする本の著者が、ＢＢＣのインタビューを受けるためにやって来て自分のタクシーに乗ったのに、彼はこのテーマに関する私の考えについて何一つ質問しなかった。

さて私の元にはインターネット上の荒らし屋（トロール）から脅迫的、女性差別的な言葉で侮辱しようとするどうしようもないメールが届くのはもちろん、進歩的な白人からも軽蔑的なメールが来ることがある。例えば第Ｖ章で取り上げたジョー・バイデンのコメント（一九七〇年代の人種隔離主義者たる白人議員の礼節を称えるもの）について、ＮＰＲのラジオニュース番組「ウィークエンド・エディション」のスコット・サイモンから短いインタビューを受けたときのことだ。[1]その三分間インタビューが放送された日、リスナーから次のようなメールが届いた。

今朝のWESAT（ウィークエンド・エディション・サタデー）でのスコット・サイモンとのインタビューであなたはこう発言しました。

「白人であれば必ず盲点がある」

それから

「七〇代の人たちの間では、ジョー・バイデンがそうであるように、残念ながら相も変わらぬ世界観が残っているようだ」

これらの発言で分かるのは、白人や高齢者がどうこうではなく、あなたの偏狭な心が持つ偏見です。

私は七五歳の白人男性として、あなたの愚かなコメントを個人的に受け止め憤慨しています。私はレイシズムというものの存在を知って以来（まだ一二歳だった頃から）、積極的にレイシズムと闘い始め、手を緩めたことは一度もありません。歳をとったからといって、私の世界観は昔のままではありません。それどころかいっそう左寄りになっているし、これからもさらにそうなるでしょう。

特に、私が軽蔑するあらゆるものを体現しているジョー・バイデンと同類扱いされるのは極めて不快です。

自分の考えを見直し、言葉遣いに注意するよう忠告します。

まるで保守系の白人でも簡単に書けそうなこのメールには、白人進歩主義者の問題点の多くが完璧かつ簡潔に表れている。加えてこの差出人は白人男性だが、このテーマに関して自分よりも知見のある白人女性を叱責しているところに、白人の傲慢さと男性の傲慢さ（白人の上から目線による説教（ホワイトスプレイニング）と、男性の上から目線による説教（マンスプレイニング））の両方が見事に交錯している。このメールから、人種について語る際の白人の暗黙の「ルール」をいくつか推測できる。

まずこのメールは私が行った白人の一般化に対して、不快感を示すことから始まる。彼が最初に憤慨したのは、白人であれば人種をめぐる問題において必ず盲点があるという私の主張だ。白人の謙虚さの欠如は日々目の当たりにしているが、人種をめぐる問題において全く盲点がないと言い切るほどの不遜さは私には想像もつかない。私が言いたかったのは単純なことで、白人という人種の立ち位置からでは、人種が介入する生活をめぐって見える側面と見えない側面、理解できる側面と理解できない側面が必然的にあるということだ。例えばアフリカ系アメリカ人の人種をめぐる経験は、白人のアメリカ人のそれとは異なる。アフリカ系アメリカ人として人生を経験するとはどういうことなのか、私には完全に知ることはできない。またアフリカ系アメリカ人にも、白人であることがどういうことなのかを知ることはできない（ただし、白人は人種をめぐって生じる流れに沿って進むのに対し、アフリカ系アメリカ人は逆らって進むので、多くの白人よりも深い洞察があることだろう）。社会のあらゆる側面に人種偏見が満ちていることを示す実証研究は豊富にあり、実際に私たちは人種によって異なる経験をしている。「白人であれば必ず盲点がある」という私の最初の指摘は、単に視点と謙虚さの問題だ。

さらにメールの差出人は「七〇代の人たちの間では、ジョー・バイデンがそうであるように、残念ながら相も変わらぬ世界観が残っているようだ[2]」という私の発言にも憤っている。もう少し明確に語ればよかったと思うが、「残っているようだ」という部分に私が込めたのは、七〇代の白人すべての世界観が相も変わらないのではなく、とにかくバイデンがそうであることを露呈したということだ。彼は自己防衛的な態度をとり、指摘に向き合うことを拒否し、自分の体には「レイシストの骨は一本もない」といった陳腐な文句まで披露した（ただし、最近のバイデンは反レイシズムの意識とスキルを大きく向上させる能力があることを示している）。とはいえ、メールの差出人にとって重要な問題は、私が年配の白人を一般化したことであり、そうする私こそがレイシスト（このメールがいう偏狭で偏見に満ちた人物）だと言いたいのだ。

白人の暗黙のルール1　白人のパターンを一般化しないこと。そうする人こそがレイシストだ

続いてメールの差出人は私の知性を侮辱し、私の専門性をまったく軽視している。彼がラジオで聞いたのは、街頭インタビューの意見ではない。私がコメントを求められたのは、人種をめぐる力学に関する研究が国際的に認められ、かつ実践上の専門家であり、このテーマについて幅広く執筆してきたからだ。しかし多くの白人同様、彼も人種の話題に及ぶと謙虚さを失い、

私が持っている専門知識を非常に短絡的に、見下した言い方で「愚かだ」として却下することを何とも思っていない。

あるテーマに関して誰でも言える意見、誰もが持ち得る意見と、そのテーマに関する知識に基づいた見解の違いを、空に関する私の意見を例に見てみよう。私は人生を通じてほぼ毎日空を見上げてきたし、空に何があるのかという基本的な知識ももちろんある。一番好きなのは星が出てくる夕暮れで、空の色を見て天気を予想できることもあるし、北極星や北斗七星、小北斗七星がどれかも分かる。学校で天文学を習ってから色々な文献を読み、天文学者カール・セーガンのテレビドキュメンタリー「コスモス」シリーズ（および最近のリブート版）も見た。おかげで、パーティーで宇宙学者と会ったときにはとても話が弾んだ。空の存在を意識している他の人々と同様、普段の生活の中だけで空に関するごく基本的な知識を蓄積し、「意見」も持つようになった。それでも私は空に関する自分の知識に限界があることを分かっている。だからもしも天体物理学者のニール・デグラース・タイソンが一般向けの講義をする機会があれば、好奇心と知的な謙虚さを持ってそれを聞きたいと思う。宇宙物理学の分野は日進月歩であり、科学者の間でも意見の相違があると承知している。だが、タイソン博士に質問することはあっても、彼の見識と自分の意見を同列に並べようとは思わない。もしも返ってきた答えを私が理解できないとしたら、それはタイソン博士のせいではなく自分の知識不足だと思う（念のためだが、私は自分とタイソン博士を比較しているわけでも、自分の分野ではタイソン博士と同等の専門知識があると言いたいわけでもない。ただ一般的な意見と、知識に基づいた見解の違いを分かりやすく説明しようとしている)。レイシズムは、主流(メインストリーム)の文化には白人が批判的に取り組む場がなく、したがって白人がある程度の知識を得るためには継続的な学びと取り組みが必要な非常に複雑な問題なのだが、残念なことに一般的にはそのようにみなされていない。さらに白人はレイシズムに関して、すべての意見を同等に扱う傾向がある。

批判的思考とは単に異なる意見を持つことではない。証拠、研究、実践、そして何層もの複雑さが絡む、より精通した視点を得た結果が批判的思考だ。意見はこうしたことが何もなくても持つことができる。意見を持つことには、実態の把握は要求されないのだ。かといって、そうした表面的な意見ならば強い感情は伴わないというわけではない。それどころか表面的な意見が非常に熱心に表明されることは多い。そしてまずいことにこの熱意ゆえに、同じく問題の理解が不十分な人々は表面的な意見を正当とみなしがちで、逆にその問題に精通する人々は対立や不毛な議論を避けたいがために沈黙してしまう。

白人の暗黙のルール2　レイシズムに関する自分の意見は誰の意見とも対等だ

さて、メールの発信者は一二歳にしてレイシズムの存在に気づき、以来、レイシズムと積極的に闘ってきたと述べて、自分がレイシストでないことを証明しようとしている。どういう闘いをしてきたのかは書かれていないが、想像するに彼が闘ってきたレイシズムは、彼自身の中には存在しないのではないだろうか。でなければ、もっと謙虚な姿勢を期待したいところだ。

私とレイシズムとの闘いは二〇年ほどになるが、だからといって自分自身のレイシズムが消えたわけではないし、たとえ故意でないとしても差別的な行為を決してしないわけでもない。多くの人がそうであるように、この男性もまたレイシストかそうでないかの二者択一で決めつけている。

さらに言えば、レイシズムに関する私たちの理解は常に進化している。例えばこの男性が一二歳のときには、人種が生物学的なものでないことは知られていなかった。またPOCという言葉も、ましてや「BIPOC」という言葉も使われていなかったし、「白人特権」という言葉に対する共通理解もなかった。私がバイデンについて指摘したい一つはこのことだ。過去数百年の中で、ほぼ間違いなく最も複雑で微妙で政治色が濃い社会的ジレンマと言えるレイシズムについて、バイデンは常に理解を深めていく必要があった。「私の体にレイシストの骨は一本もない」といった無意味な発言は成長しようとする努力がないしるしだし、私が受け取ったメールも同じだ。それどころかこの差出人は、自分がレイシストでないことは何十年も前に証明済みだと主張している。

白人の暗黙のルール3　レイシズムに反対していれば、その人物にレイシズムはない

次にメールの発信者は、自分が嫌っているバイデンのような人物と一緒にされることに不快感を示し、自分よりも進歩的でないと思える他の白人と距離を置こうとしている。だが、他の

白人のレイシズムを指摘することによって、自分を切り離せるわけではない。第Ⅱ章で述べたように、こういう距離の取り方は集団的な取り組みを困難にする。「バイデンが『分かっていない』人間だとしても、私には彼の前進を助ける責任も義務もない。もし彼が非白人を傷つけたとしても、それは彼の責任であり、私は無関係だ」――むしろ他の白人が無知であればあるほど、自分がいかに「気づいて」いるかを示すことができるという論理の根底には、善悪の二元論の枠組みがある。

白人の暗黙のルール4　白人の中にはレイシストもそうでない人間もいる。自分はレイシストではない、だから私の問題ではない

さて、メールの送り主が見下したような言い方で、私の考えを却下している点を見てみよう。彼は私のコメントを「愚か」と呼び、最後に「考えの見直し」を勧めつつ、言葉遣いに気をつけろと注意している。最後に「お嬢さん」と付け加えても良かったかもしれない。白人男性の専門家だったら、自分のコメントを「愚か」と言われることなど想像できないだろう。このメールの送信者が私を見下していることを表すこの「叱咤激励」は、実際には自分よりもそのテーマに関する知識を持つ女性に対し、そのテーマについて説明するという、男性の上から目線の説教（マンスプレイニング）の一種だ。作家のレベッカ・ソルニットはこの現象を「自信過剰と無知」が組み合わさったものとみなしている[3]。ここではいくつかのルールが露わになっている。

白人の暗黙のルール5　私は自分が知るべきことはすべて知っている

白人の暗黙のルール6　自分の意見は、その分野の専門家の意見と同等であるばかりか、むしろ優れている

白人の暗黙のルール7　自分が同意できない人間は軽蔑に値する

白人の暗黙のルール8　自分の社会的立場やそれが自分の反応に及ぼす影響、さらに自分の行動が他人に及ぼす影響を考慮する必要はない

メールの送信者の敵意や人を見下した態度もまた白人の心の脆さの表れである。白人であることで共通する何らかの意味があると示唆されただけで憤慨し、反論し、退けてしまう。白人の心の脆さは、白人的な世界観が揺るがされると発動されるが、実は優越感や特権意識から生じている。白人の心の脆さは、白人が非白人を支配する強力な手段なのだ。バイデンと同じように、この送信者も人種をめぐる自分の理解の限界を省みることを、憤慨しながら拒否している。

白人の暗黙のルール9　私は被害者であり、あなたこそ加害者だ

白人の暗黙のルール10　実は人に良い顔をする必要など全くない

多くの白人の心の内では、非白人に対する深い反感が渦巻いている（多くの男性が女性に対して抱いている反感がかろうじて覆い隠されているように）。そこには罪悪感と恥、優越感と軽蔑が入り混じっている。二〇一六年の米大統領選の前後に私たちは、非白人への反感が大々的に噴出する様子を目の当たりにした。非白人への反感といったときに連想されるのは、進歩的とはみなされていない白人たちのことだが、私たち進歩主義者の中にも確実にそういう感情はある。進歩主義者の方が罪悪感や恥は認めるかもしれないが、優越感や軽蔑心を認めることはいまだできていないし、そうする気もない。私は白人として、白人の優越性をひたすら発信する文化に育ってきた。同時に私の文化は、優越感に浸ることは悪いことだと戒めもする。それゆえ私たち白人の進歩主義者は記号化された間接的な方法で優越感を表出し、より受動攻撃的なレイシズムを行っているが、結果は同じである。

X 「私もマイノリティです」について
――人種差別以外の抑圧を経験する白人でもいかにレイシストたり得るか

革新的な変化を起こすべき真の対象は、私たちが脱出しようとしている抑圧的な状況だけではなく、私たち一人一人の奥底に根を下ろし、抑圧者の戦術、抑圧者の関係しか知らない、内なる抑圧者たる部分である。

――オードリー・ロード[1]

白人の進歩主義者には、自ら人種差別以外の抑圧形態を経験している、あるいは身近に差別の対象とされる人がいる傾向があり、それゆえ構造的不平等の現実をより認識しやすいのかもしれない。政治的スペクトルの左側に位置する人々には、非白人、クィア、ノンバイナリー、そしてしばしば労働者階級が多い。黒人、ラテン系、アジア系アメリカ人の有権者は圧倒的に民主党支持者が多く、アフリカ系有権者では八四%、アジア系では六五%、ラテン系では六三%となっている。[2]自分自身や身近な人の抑圧経験を、レイシズムを理解するための糸口にできれば理想的だが、白人の進歩主義者は逆に自分の抑圧経験を逃げ道としがちだ。私の知る限り、差別の対象とされるアイデンティティを持つ白人は、自分のレイシズムを指摘されたときに最も防御的で反発しやすい。

例えば私はフェミニストを自認しており、これまでの人生の大半を通じて家父長制と性差別(セクシズム)の不当性を意識してきた。家父長制と女性蔑視のとてつもない有害性については熱く、極めて詳細に説明できると思うし、実際にそうしてきた。しかし三〇代になり、子どもを抱えながら大学に通うまでは、自分自身がいかに他人の抑圧に加担し、そこから利益を得ているかという点については考えたこともなかった。白人であることがいかに女性としての私のアイデンティティを形成し、性差別経験に対するクッションとなっているかということなど、まったく顧みたことがなかったのだ。私は育ちが貧しく、ルームメイトと部屋をシェアせずに済むだけの生活費を稼げるようになったのは、シングルマザーとして三四歳で大学を卒業してからだった。だから階級差別の不公平さについては容易に語ることができた。しかし、白人であることが、私の貧困体験ばかりか、貧困から抜け出す方法をも方向づけた点には、思いを至らせたことがなかった。

私の両親は労働者階級だった。父は建設作業員で、母は雑役的な仕事を色々していた。私が二歳のときに両親は離婚し、母は私たち姉妹を一人で育てることになった。一九五〇年代後半から一九六〇年代前半にシングルマザーだった母には、ほとんど何のセーフティーネットもなかった。私には「うちは貧しかったけれど、愛情に満ちていたからそう感じなかった」という人が理解できない。貧困の痛みや屈辱は理屈抜きだ。貧困とは生々しく、「質素な暮らし」の類いなんかではない。病院や歯医者には行けないし、空腹、仲間はずれなどが現実に降りかかってくる。貧困のストレスによって、わが家は愛情どころか混沌に満ちていた。

私たちは頻繁に立ち退きを迫られ、年に四、五回は引っ越していた。家の中にある食べ物がオートミールだけという時期もあった。子どもの頃に医者や歯医者に行った覚えはない。私たちが病気になると母は、病院に連れて行けないのになんで病気になんかなるのと悲鳴を上げていた。車の中で生活しなければならないこともあったし、母が住む場所を探している間、何カ月も他の州の知らない親戚に預けられ、母や妹たちと離れ離れだった時期もある。小学四年生の時、衛生状態の悪い例として、担任にクラスみんなの前で手をつかみ上げられ、「家に帰ってお母さんに洗ってもらいなさい」と言われたこともあった。確かに私は汚かったし、車上暮らしが長くて風呂にも入っていなかったので、臭いもしていたに違いない。さらに母は白血病を患い、晩年の五年間は目に見えて具合が悪くなり仕事もできず、私たちの世話をする気力も失っていた。

私はクラスの女の子たちを眺め、彼女たちのようになりたくてたまらなかった。破れていない服がたくさんあって、キャンプに行ったり、習い事をしたり、パジャマパーティに加わったりしたかった。清潔で可愛い女の子たちと一緒にいたくても、自分は違うから無理だと分かっていた。うちは貧しく、私は不潔だった。つまり彼女たちと学校で一緒にいることも、彼女たちの家に行くことも、彼女たちと同じものを持つこともできないということだった。しかし私にとって貧困の本当の意味がはっきりと理解できたのは、七歳のある日、母に連れられてよその家に行ったときだ。大人たちが用事を済ましている間、私と妹たちはその家の子どもたちと遊んでいた。帰り際、ドアから一番後に出ようとした私の耳に、子どもの一人が母親に質問する声が聞こえた。「なんであの子たちはダメなの？」。彼女は文字通りこう聞いたのだ。「なんであの子たちはダメなの？」。私の足は釘づけになった。彼女の母親は何と答えるだろうか？私たちの何がダメなんだろう？　母親は唇に指を当ててささやいた。「シー、あの子たちは貧乏なのよ」

雷に打たれたような瞬間だった。私たちは貧しいのだということを悟っただけでなく、それが露呈していたことに対する衝撃だった。うちには確かにどこか問題があったが、それは他人から見れば隠しようのないほど一目瞭然で、その上、決して口にはできない恥ずべきことだったのだ。私がこうした経験を通じて内面化した恥を克服するために、階級構造の分析をできるようになるには何年もかかった。私の母、マリアンヌ・ディアンジェロは一九六七年、三七歳で亡くなった。私は一一歳だった。

自分の階級的な背景をここに記したのは、それが人種に対する私の考え方に深く影響しているからだ。私には幼い頃から、自分はアウトサイダーだという感覚があった。自分が貧しいこと、汚いこと、「普通」ではないこと、自分に何か「問題」があることを痛いほど感じていた。けれど私は自分が黒人ではないことも知っていた。私たち家族は社会の下層にいたが、はしごのもっと下には常に誰かがいた。「カラード」［有色人種の侮蔑的表現］という言い方は黒人を指すと知っていて、黒人は避けるべきだと思っていた。公共スペースで落ちていた菓子や食べかけの物に手を伸ばすと、祖母に「カラードが触ったかもしれないから」拾っちゃだめだと何度も注意された。

「カラードが座ったかもしれないから」座っちゃだめだと言われることもあった。その意味は明白だった。黒人が触った物は汚いと言いたかったのだ。皮肉なことに私こそ衛生状態が悪く、服は破れ、家がなく、虫歯だらけで、空腹で、一目瞭然の貧しさを全身にまとっていた。しかし祖母のような物言いを通して、私の意識の中に異なる人種という他者が形成され、その他者を通せば自分は「清潔」になれるのだった。

一〇代で家を出てからは必死に生きてきた。自分の行く手を見据えると、教育を受ける以外に貧困から抜け出す道は見えなかったが、その道を進もうという決断は無謀に思えた。人から賢いと言われたことなど一度もなかったし、学問の世界とは社会的にまったく無縁だったからだ。だが実際に足を踏み入れてみると、大学の学位というものは、人よりも賢い人間や人よりも努力した人間に付与されるわけではないことが分かった。大学へ行くということは「傑出した」結果ではない。大学へ行く機会とは、自分の内なる期待や外部のリソースを含む特権システムが交錯し、複雑に絡み合ってもたらされるものだ。学問の世界では、私の階級的に不利な立場を中和するのにレイシズムの後押しを受けた（そのシステムの恩恵を受けた）。恵まれた環境で育ったのでも、期待を背負ってでもなく、私は「型破り」の学生として三四歳で学士号を取得して卒業したがその間、白人であることは大学に溶け込むのに役立っただけでなく、それによって支えられもした。ほぼすべての教授、すべてのクラスメート、そしてカリキュラム全体が自分の人種を代表するものだったから、つまりそこに自分が含まれていたからだ。

貧しいことや白人であることに関して幼い頃に受け取ったメッセージを振り返ると、祖母や私は階級に基づく自分たちの恥を投影し、浄化し、貧困によって自分たちが切り離されてしまった主流(メインストリーム)たる白人文化に再び連なるために、黒人を必要としていたことが今では分かる。そして幼い頃に内面化した階級差別的なメッセージが、どのように私をレイシズムに加担させたのかを探るために私は今、自問している。例えば私は貧困の中で育った子どもとして、自分は愚かで怠け者で汚くて、勤勉な人々のリソースを奪う存在だと思わされるメッセージを常に受け取っていた。そうして内面化してしまったメッセージにしばしば沈黙させられ、今もそれと闘っている。こうしたメッセージを自分の内面から一掃する努力なしには、自分の認識に自信を持つことも、声を上げる「権利」があると感じることも十分にできない。ひいてはレイシズムが起きている社会的状況に恐れをなして、レイシズムを阻止できないかもしれない。そのような場面での私の沈黙は、たとえ内面化された階級的劣等感のせいだとしても、実際にはレイシズムに加担し、白人同士の結託を支え、結局は自分に利するものとなる。白人同士の結託は、私を沈黙させた階級差そのものを含め、さまざまな違いの境界線を越えて私を他の白人と結びつけ、再び彼らの側に連ならせる。つまり私が沈黙させられた理由にかかわらず（それがたとえ劣等感であっても）、白人同士の結託やレイシズムを支える働きをするのだ。

貧困層あるいは労働者階級として育った私たちの多くは白人としての特権を実感しにくいが、私自身の階級的背景はレイシズムとそれを自分がどう実行しているのかを学ぶ上で役立った。それでも結局は、そういう構造全体と共謀するよう私を社会化したのだ。貧困層や労働者階級の白人が、中流階級や上流階級の白人に比べて必ずしも人種差別が少ないわけではない（多いわけでもない)。ただ中流階級や上流階級とは異なる社会的立場から、異なる方法でそれを表現し、実行しているだけだ。

私は今も貧困の傷痕を背負っているが、その傷痕は今では内面的なものだけだ。とはいえこの傷痕は、自らが自分に値すると考えるものや、自分が属していると思う場所以上に強く私を規定している。そして不正に立ち向かおうとする私の能力にもマイナスに働く。自分は他の白人のように賢くない、価値がないと思っていては、レイシズムと闘う勇気を持てないからだ。私たちが白人として内面化している優位性を解消するには二つの絡み合う課題がある。一つは自分自身が内面化している抑圧に取り組むこと。つまり自分が属するステータスの低い集団の劣等性について受け取った社会的メッセージに基づく自主的な限界を取り払うことだ。

もう一つの課題は、レイシズム社会に順応させられた結果、自分が内面化してしまった優越感と向き合うことだ。私たち白人は意識的にも無意識的にも、自分は黒人よりも重要で、有益で、知的で、価値があると思い込んでいる。そういうメッセージを逃さず受け取っている。自分以外の白人が置かれている社会的立場の複雑さについてくまなく取り上げることは私にはできないが長年、さまざまな社会階級(また、さまざまな性自認、性表現、性的指向、国籍、宗教、能力的立場)の大勢の白人と人種をめぐる対話を進め、また私自身や他の白人のレイシズムについて黒人から数え切れないほどの話や指摘を聞いてきた結果、内面化された優越感にはいくつか非常に共通したパターンがあることが分かるようになった。それらのパターンはレイシズムの核心的な性質に由来し、白人同士が人種以外の社会的立場を超えて共有している。つまり私たち白人は人種以外のいかなる立場にもかかわらず、この社会において白人であることは非白人であることに「まさる」ことをある程度承知しており、このことは白人であることで現実に開かれている扉と相まって、私たちが経験する抑圧形態を緩和する役割を果たしている。しかし、自分が白人であることを意識した上で謙虚になることは、階級的恥辱に埋もれることとは違う。

もちろん私の階級的立場は、私がレイシズムとの結託を学んだ社会的立場の一つにすぎない。例えば、カトリック教徒の女性として育てられた自分は、いかにレイシズムとの結託を学んだのだろうかと自問したこともある。究極的かつ普遍的な権威である神が白人として描かれることは、白人としての自分の帰属意識や正当性をどのように形成したのだろうか？ イエス・キリストの人種や民族が努めて消去されていることは、私の人種意識にどう影響しただろうか？ カトリックの権威的立場にある人々がすべて自分と同じ白人であるにもかかわらず、カトリックは全世界の人々のための真の宗教であるという教えは、私の中にいかに自分の人種をめぐる優越感を生じさせただろうか？ 同時にカトリックの教義の下で権威を疑わないように――特に白人男性として描かれた神の代弁者たる白人男性の神父の権威を疑わないようにという条件づけは、いかにして私を沈黙させ、その沈黙によっていかに他の白人のレイシズムに私を結託させただろうか？

また、シスジェンダーの白人女性である私は、究極の美を体現しているのは白人女性だとする文化表象によって、いかに人種に基づく優越感を内面化しただろうか？ 女性の完璧さを示す重要な記号とされる白人性（ホワイトネス）を手にしていることは、私にとってどんな意味を持ってきたのか？　白人女性の問題を、全女性の普遍的な問題とする主流派フェミニズムの捉え方は、私の関心事にどのように影響してきただろうか？　それと同時に家父長制の下で、女性は男性よりも知性が低いとか、率直に物を言ってはいけないとか、男性に従うべきだとか、常に可愛らしく人に好かれる存在であるべきだと教えられてきたことは、どのような意味を持つだろうか？こうしたメッセージはどのように私を制度的（システミック）レイシズムに加担させるようになったのか？

　こういった自問によって私はより深く、より有効にレイシズムを分析することができている。そしてレイシズムを中心に据えることは、私自身の抑圧経験を否定するものではなく、むしろ私自身のあらゆる社会的立場の複雑さに向き合う深い方法だと気づいた。自分は差別の対象とされるアイデンティティを持っているから人種に由来する特権や優越感はないと考える白人には、自分が属するコミュニティにおけるレイシズムについて自問してみてほしい。例えば白人のクィアや白人のシス男性の間の反黒人意識（アンチ・ブラックネス）とはどのようなものだろうか？　東欧にルーツを持つアシュケナージ系ユダヤ人の反黒人意識とはどのようなものだろうか？　あるいは白人の障がい者として社会福祉制度を利用する際に、その制度内のレイシズムにも対処することなくして負担は軽減されるだろうか？

　また白人の進歩主義者に疑問を突きつける本書において、特に白人のフェミニストについて指摘せずにおくわけにはいかない。そう、私たち白人のフェミニストは、レイシズムを性差別の問題に変換することを止めなければいけない。もしも家父長制における自分たちの経験について話したいのならば（そして話す必要があるならば）、その経験に対する自分が白人であることの影響を認識する必要がある。最近、ハリウッドの脚本家グループのために行ったワークショップで、それを認識できない白人女性に会った。ワークショップが終わるとその女性は私のところへ来て「確かにおっしゃる通りですが……」と切り出し、ハリウッドに性差別がどれほど蔓延しているかという話を延々と語った。ハリウッドに性差別が蔓延しているのは明らかだ。その通りだ。一方、ハリウッドで成功している女性たちは、過去にさかのぼって圧倒的に白人ばかりであることも明らかだ。そのハリウッドの白人女性たちは歴史上、非白人の女性たちを擁護してこなかった。制度的レイシズムについて三時間にわたって議論し、振り返り演習を行い、数々の映画の中のレイシズムについて見たにもかかわらず、この女性は自分の白人性については何の気づきも語らなかった。自分の不遇さにばかり憤る彼女には、自らの白人性を受け止めることさえできないのではないだろうかと私は思った。これは特殊な出来事ではない。こうしたセッションの最中や終了後に、性差別こそが真の抑圧だと私に説く白人女性は少なくない。ハリウッドで働くアジア系、ラテン系、先住民、黒人の女性たちは、このことについて何というだろうか？　努力して探し、耳を傾けようとすれば彼女たちの声は聞こえてくる。白人女性と非白人女性の間には、女性としての普遍的な経験も女性同士の共感もないことを認識しなければならない。スピリチュアルな語りで言えば「みんな一つ」なのかもしれないが、私たちが実際に生きる、深刻に不平等な現実世界では間違いなく「みんな一つ」ではない。私は確かに家父長制の深刻な不当さに憤っている。しかし家父長制の下で苦しむことと、レイシズムを実行することは両立し得るのだ。

黒人女性であり、解放型リーダーシップと反レイシズムの実践に関するコンサルティングとコーチングを行っている企業「コミュニティ・エクイティ・パートナーズ」の創設者エリン・トレント・ジョンソンは、白人女性ばかりの部屋は、白人男性ばかりの部屋よりもはるかに危険な空間だと述べている。「白人男性からのサポートは、はなからまったく期待していない。白人性あるいは家父長制によって、見向きもされず、尊重もされなかった歴史があるからだ。白人男性が私を人間として、あるいはまっとうな女性として見てくれることなど期待していない」。一方、「白人女性の部屋では、女性同士の連帯にかすかな希望はあるものの、女性であることは暗黙のうちに白人女性であることを意味し、ここでは白人女性を快適にさせる方法を見つけなければならない。白人女性は自分の快適さが保たれ、それが私の快適さよりも優先されることを受動的に期待しているので、この部屋はいっそう脅迫的だ。そこには彼女たちの経験の方がより人間的で、よりケアが必要だとする暗黙の了解がある。そこでは私の身体そのものが脅威とみなされる」[3]

私は自分が白人女性であることを抜きにして、女性（シス女性）であることを語ることはできない。それは自分が貧しい白人だったことを抜きにして、貧しい育ちであることを語れないのと同じだ。そして事実、歴史的にも現在においても、白人女性が非白人女性を明確かつ一貫した方法で支援したことはない。白人女性がレイシズムの指摘を受け、白人の心の脆さ（ホワイト・フラジリティ）を激しく露呈させる出来事が度々起きるのは、フェイスブック上の「パンツスーツ・ネーション」

［二〇一六年米大統領選の際のヒラリー・クリントンの支持者グループ］のようなリベラル派のグループだ。

特に黒人のフェミニストは何十年にもわたって、白人女性のレイシズムを指摘してきた。法学者キンバリー・ウィリアムズ・クレンショーは、一九八九年に交差性（インターセクショナリティ）という言葉を生み出し、共同でその理論を発展させた。[4] 交差性とは、ヒエラルキー社会の中で私たちが占める社会的立場は複数あり、それら複数の立場が複雑に影響し合っていることを認めて対処する必要があるという認識で、クレンショーの研究は交差的（インターセクショナル）フェミニズムの発展の基礎となっている。彼女は次のように説明している。「交差性とは分析的な洞察であり、アイデンティティとそれが持つ権力との関係を考える方法である。元は黒人女性のために提唱された言葉であり、集団を構成する多くの人々が、彼らも一員であるとしながら彼らを代表していない集団の中で、不可視化されていることを明らかにした言葉である」

作家のアリス・ウォーカーは一九八三年、主流の白人フェミニストと非白人のフェミニストを区別し、フェミニズム運動内部の反黒人性を指摘するために「ウーマニスト」という言葉を生み出した。黒人フェミニストによる一九七七年のパワフルな共同声明「コンバヒー・リバー・コレクティブ・ステートメント」の中で、デミタ・フレイジャー、ビバリー・スミス、バーバラ・スミスは次のように述べている。「私たち黒人が置かれている状況は、黒人であるという事実を軸とした連帯を必要としている。白人女性であればむろん、白人男性との連帯は、人種差別における迫害者同士だという負の連帯でない限り必要としないだろう。だが私たちは、黒人男性と共にレイシズムと闘い、同時に性差別をめぐって黒人男性とも闘っている」[5]。黒人女性たちはフェミニズムの波が起きる度に絶えず指摘を行ってきた。そして彼女たちは、私たち白人フェミニストの分析や活動に交差性がないことを指し示すために「ホワイト・フェミニズム」という言葉を提示した。

白人のフェミニストは家父長制における疎外という直接体験を通じて、レイシズムに自分たちが共謀していることを理解するための強力な入り口を手にしている。その体験は出口ではなく、入り口としなければならない。では女性としての疎外体験をどのように用いれば、自らのレイシズムへの加担（自分が恩恵を受けているさまざまな抑圧形態の中でも特に）を理解し、それに抗うために役立てることができるだろう？　私は非白人から指摘を受けてそれが理解できなかったり、自分を守ろうと身構えたりしてしまうときには、頭の中で自分の役割を変えてみる。そして自分が今、受け取ったばかりの指摘に対して思ったのと同じことを、私が性差別を指摘した男性が大声で言っている場面を想像してみる。このように役割を変えることで、自分の考えのどこが間違っているかが明らかになる。

役割を変えて考えることで、根底にある力学が明らかになる例を見てみよう。とりわけ権力を持つ白人男性が、大勢でテーブルを囲んでいる会議室を想像してみよう。大企業のＣＥＯの集まりでもいいだろう。彼らには今、代表性をより高めるために女性を会議に加えるべきだというプレッシャーがかかっている。ＣＥＯたちがプレッシャーをどう感じ、行動に出るまでにどれくらい時間がかかるかは読者の想像に委ねるが、最終的にはあなた（女性）に会議への参加を打診してくる。彼らは特に自分たちの性差別に気づけるよう手伝ってほしいと言ってくる。

いや、そう直接的には言わないかもしれない。「女性の視点」が必要だとか、自分たちが書いた方針に性的偏見（ジェンダーバイアス）がないかどうかチェックするのを手伝ってほしいという言い方の方が一般的だろう。もちろん彼らがあなたの知的労働や感情労働に特別な対価を払うことはないが、あなたは会議への参加を同意するとしよう。

さて、会議室に初めて入ったあなたはどのように感じるだろうか？　自分がその部屋で唯一の女性であることを強く意識するだろうか？　この男性たちが持つ法的権威に裏打ちされた組織的権力をありありと感じ取るだろうか？　私だったら明白に見て取るだろう。もしも今後三カ月の間にこの会議室で体験する性差別をすべて書き留めるとしたら、そのリストはどのくらいの長さになるだろう？　そしてもしも手を挙げて、そのリストを彼らに公開したら、どんな反応が返ってくるだろう？　白人男性の心の脆さはどんな風に、どれだけ噴出するだろう？（想像しにくい場合は、性差別について男性に指摘しようとしたときに、それがうまくいったためしがどれくらいあるか考えてみよう）

そのリストに対する議論、否定、難癖、反論、軽視、疑念、不快感、沈黙といった反応（あなたの目の前でだけでも）に終始した会議の後、味方（アライ）だと思っていたのに会議中は沈黙していた男性があなたのオフィスへやって来て、あなたの言ったことに同感だという。そこであなたは彼に、それを知らせてくれたことには感謝するが、もし会議の場でそう表明してくれていたら、グループ全体にとっても自分にとってもずっと力になっただろうと言い添える。そして会議で発言しなかった理由を尋ねると、彼は「安全だと思えなかったから」だと答えた。

私はこのシナリオを想像することで、権力を持つ立場における安全さと快適さの違いを解き明かすことができた。そしてなぜ支配集団が「安全な」環境を要求することが、集団的暴力の真の歴史的方向を歪める不誠実な行為なのかということも分かった。こうした不条理さや侮辱的言動が見えたことで、レイシズムをめぐって単に議論をするだけなのに、安心できないとだめだとか、グループ内に安全な環境を作り出す必要があると主張する白人の物言いに立ち向かえるようになった。

今度は白人女性がテーブルを囲んでいる会議室を想像してみよう。彼女たちは役員に非白人の女性を必要としている。この部屋を黒人女性がどう感じるか想像できるだろうか？　白人女性による人種差別的な思い込みや、やりとりについて、もしも黒人の彼女が指摘した場合、先ほどと同じ力学が生じるのが分かるだろうか？　白人女性である私は、男性ＣＥＯの部屋で性差別を体験することもあるし、レイシズムをとどめさせている白人女性の部屋にいることもある。私たち白人女性がレイシズムと結託し、そこから恩恵を受けているのは確かであり、性差別を用いて自分たちのレイシズムを手放すまいとするのをやめなければならない。クレンショーが助言しているように「アイデンティティと権力が文脈によってどのように一体となって作用するかを理解すればするほど、変革を目指す私たちの運動が分裂する可能性は低くなる」。私はこの課題を「顕著さ（サリエンシー）」という観点から考えている。「この文脈ではどのアイデンティティが最も顕著で、それをどのように戦略的に用いることが可能か？」と問い続けることを自分に課している。

人種と階級の交差についてのクロージングノート

反抑圧関連の活動をしている進歩主義者の間では、後に続くすべての抑圧の下地を用意する「最初の」抑圧についてよく議論される。ある人々は、生まれた瞬間に「男性」か「女性」に振り分けられ、そのどちらかに対応した地位が与えられるのだから、抑圧の基礎にあるのは家父長制だという。またある人々は、すべての子どもは大人に支配されているから、原初的な抑圧は子ども差別（アダルティズム）だという。例えばアメリカでは割礼として、男児の身体の一部を本人の同意なしに切除し、永久的に変えてしまうことが日常的に行われている。あるいはどのような軸で人を分けても、それによってリソースを手にできる人とできない人に分かれるので、すべては経済あるいは階級に帰するという主張もある。私たちはあらゆる形態の抑圧と、それらがどのように現れ、交差するのか、そしてそれらを改善するためにどんな役割を果たせるのかを認識する必要があるが、どの抑圧が「原初的」なのかはっきりさせることが特に有用なのかどうか、私には分からない。ただし、レイシズムと階級差別の特殊な関係を理解することの重要性については論じておきたいと思う。

現在、一握りの人々に富が集中する状況はますます進行している。[6] アメリカは先進七カ国（G7）中、最も所得格差が大きい国だ。アメリカの富裕世帯と貧困世帯の格差は一九八九年から二〇一六年にかけて二倍以上に拡大している。一方、富豪が払う税金の割合は一九八〇年から七九％減少している。二〇二〇年三月時点でアメリカの富豪たちの総資産は計三〇八〇億ドル増加。[7] 富裕層の純資産は合わせて三兆二二九〇億ドルで、一九九〇年から二〇二〇年の間に富裕層全体の富は一一三〇％増加した。また新型コロナウイルスのパンデミックの最盛期に、米アマゾンのジェフ・ベゾスCEOの資産は二五〇億ドル増加した。三四九〇億ドルの融資プログラムを処理した銀行は、中小企業庁（SBA）の保証があったためほとんどリスクを負わなかったにもかかわらず、最大五％の手数料を徴収し、一〇〇億ドルの利益を得た。

　しかし、わが国のリーダーたちが私たちの注意をどこへそらせようとしているかといえば、それは異なる人種という「他者」だ。ドナルド・トランプが新型コロナを執拗に「チャイナ・ウイルス」と呼んだのは、それを目的とした戦略だ。階級闘争では、私たちの目を上流から下流へとそらすためにレイシズムが利用される。犬笛（ドッグホイッスル）レイシズム（レイシズムの存在を一見もっともらしく否定しながら、隠語的あるいは暗示的な言葉を使って人種差別メッセージを発信すること）は、階級闘争における一つのツールである。[8]

　クレンショーは、自然災害を利用して人種差別的なプロジェクトを推進するエリート層のやり方を「災害便乗型白人至上主義」という言葉で表現している。[9] 災害便乗型白人至上主義は二つの目的、すなわち黒人に対する継続的な抑圧と富の集中という目的を果たすもので、前者は後者のためのツールだ。最近では新型コロナのパンデミックで、私たちはまさにそれを目にしている。パンデミックを隠れ蓑として、過激な反移民法や有権者妨害（ボーター・サプレッション）、大企業のための減税や救済措置が加速されている。その一方で「生活必須職従事者（エッセンシャル・ワーカー）」は危険な環境で、しばしば保健医療や生活賃金［適切な生活水準を維持できる賃金］もまともにない状態で働くことを強いられている（生活必須職従事者の大半は、数世紀に及ぶ人種差別による風化作用（レイシャル・ウェザリング）で元々リスクを抱えている貧しいＢＩＰＯＣの人々だ）。

レイシズムは始めから、少数エリートへの富の集中を覆い隠す階級的プロジェクトとして利用されてきた。この目的を果たすためには、白人の一般大衆に非白人に対する反感を抱かせるのが効果的だ。精神科医のジョナサン・メッツルは著書『死にゆく白人性――レイシズム政治がアメリカ保守地帯を殺す』（*Dying of Whiteness: How the Politics of Racial Resentment Is Killing America's Heartland*）の中で、非白人に対する反感によって、ミズーリ州では銃所有権を拡大する法案が加速され、テネシー州では医療費負担適正化法（アフォーダブルケア）（ＡＣＡ、通称オバマケア）が妨害され、カンザス州では学校教育や社会サービスの財源削減につながったことを検証している。その結果どうなったかというと、銃による自殺が増え、平均余命は短くなり、退学率は上昇している。この本には肝臓病で死にかけているテネシー州の「トレバー」という白人男性が出てくる。もしもトレバーがもう一つ上の州に住んでいたら、ＡＣＡによって命が助かる可能性のある治療を受けられただろう。しかし、テネシー州はこの医療保険制度改革を阻止していた。それでもトレバーはこう言った。「オバマケアを支持したり、それに登録したりなんて絶対にあり得ない。死んだ方がマシだ。メキシコ人や福祉の女王（ウェルフェア・クイーン）［福祉を利用する女性に対する蔑称。ロナルド・レーガン元米大統領は「生活保護を悪用し贅沢な暮らしを送っている女性がいる」という話を捏造して「福祉の女王」と呼び、社会福祉予算の削減を正当化した］なんかのために、自分の税金を使われたくない」[10]。トレバーの話は「犬笛レイシズム」にいかに効果があるかを示している。同時に、アメリカの白人にとって本当の最善の利益は、白人至上主義者のプロパガンダを拒否することだという事実も示している。

私は、階級差別に集中して取り組めば、同時にレイシズムに対処できるとは主張しない。メツルが論じているように、非白人に対する反感は、貧しい白人に階級的な抑圧を受け入れさせ、それに耐えさせるよう仕組まれているものであり、両方同時に取り組むしかない。法学者のヘイニー・ロペスも著書『犬笛政治――記号化されたヘイトメッセージによるレイシズムの再編成と中流階級の崩壊』(*Dog Whistle Politics: How Coded Racial Appeals Have Reinvented Racism and Wrecked the Middle Class*)の中で、貧困層や労働者階級の白人を説き伏せ、企業にとっては有益だが彼ら自身にとっては有害な逆進的な政策を支持させることに何度も成功してきた政治エリートたちは、階級格差から生じる不満が人種憎悪に向くよう誘導してきたし、これからもそうするだろうと論じている。[11] こうしたビジネスモデルはエリート以外のすべての人々に有害だが、とりわけ黒人を含む非白人が被る打撃は大きい。レイシズムを放置し、レイシストたちの操作に踊らされる状況が続く限り、私たちは経済的不公正を根絶できない。

公民権研究者のジョン・A・パウエルによる「選択的普遍主義(ターゲティッド・ユニバーサリズム)」という概念は、人種を中心に据えた分析の一例だ。[12] 選択的普遍主義とは、特定の目標に焦点を当てれば普遍的な目標にも対処できるが、普遍的な目標に焦点を当てても特定の目標には対処できないという考え方だ。例えば「学力格差」と呼ばれるものを例にとってみよう。白人と非白人の両方を含む一〇〇人の生徒が、いくつかの障壁のために学業で成果を上げられずにいるとする。白人の子どもと非白人の子どもの両方に共通の障壁、つまり普遍的な障壁に取り組む場合は、白人の子どもの助けにはなるが、非白人の子どもにとっては部分的な助けにしかならない。なぜなら、非白人の子どもたちにはさらに、白人の子どもたちが直面していない制度的レイシズムに由来する障壁があるからだ。一方、非白人の子どもたちを中心に据え、彼らが直面する障壁に対処すれば、同時に白人の子どもたちが直面する障壁にも対処することになる。分析の中心に人種を据えれば、犬笛レイシズムによる操作やホワイト・フェミニズムといった問題ある力学を遮断することが可能なのだ。

XI 進歩的な白人こそが、より有能なレイシストとなる落とし穴

自分の過去について自分自身に真実を語れない人は、その過去に囚われ、自己発見の牢獄の中で身動きが取れない。こうした麻痺状態にある人は、自分の弱さも強さも評価することができず、実にしばしばその二つを取り違える。

――ジェームズ・ボールドウィン[1]

私たちが深々と組み込まれている白人至上主義というシステムを考えると、そのシステムに取り込まれずに存在するものなどあり得ないだろう。それならば白人の進歩主義者は、このシステムの内側からどのように責任を果たしていけるのだろうか？ ここでは、反レイシズムのツールを用いることで、人種間の不平等を減らすどころか、かえって効果的に再生産することになってしまうという落とし穴について語ろうと思う。言い換えれば、反レイシズム教育は、白人をより有能なレイシストたらしめるのだろうか？ ジョージ・フロイドのリンチ死事件とそれに対して巻き起こった世界的な抗議行動を受けて、白人の間で反レイシズムへの関心が高まっている中で、この点は特に重要である。そういう関心の高まり自体は心強い。だが一方で、

レイシズムを緊急に「解決」しなければという焦りばかりが先立ち、レイシズムの構造的な性質や私たち白人自身の共謀については表面的で浅い理解しかない白人が多数放置されている。そうした焦りは、その場しのぎの解決や安直な答えを求めさせがちだ。これまでは一度もレイシズムに取り組んだことがなかったのに、「解決策」や「最良の実践例（ベストプラクティス）」を示す講演を四五分間でやってほしいという組織が数え切れないほどあるが、単純な解決策や彼らが想像するゴールラインなど存在しない。

（少しだけ）事情通によるレイシズム

社会学者のエレン・ベリーは職場の多様性プログラムに関する研究の中で、多様性とは矛盾と折り合いをつけるために生まれた象徴政治の一形態だと述べている。つまり、リベラルな組織にとって「レイシスト」であるとみなされることは望ましくないが、同時に組織のエリートたちには、従来の人種差別的な権力構造を変える気はまったくないという矛盾だ。こうしたプログラムは多様性の重要さを認めながらも、大きな文化変容やプログラムの変更を断固拒んでいる。[2] 人種間の公平性に関する研修を行う企業は増えているが、そうした研修が有意義な効果をもたらすためには、サポートと持続的な取り組みが必要だ。研修後にも継続的な教育やリソースの提供がなければ、参加者が一時的に意欲をもっても、レイシズムを指摘すべきではないという圧力や、その圧力に伴う見返りの方がそれをしのぐ。反レイシズム教育の目的は、白人が問題ある人種間の力学に目を向けることができるように（あるいは認めることができるように）すること、そしてそれへの関与をやめさせることだが、そのためには継続的な自省、教育、関係構築、実践が必要だ。意識が高まれば、白人は世界を救おうと走り出すかもしれないが、それだけではまだ何の戦略もスキルもない。

　レイシズムは社会の中で制度化されているため、組織がいわゆる「人種中立的」なポリシーを掲げても、人種に基づく不公平は依然生じるだろう。このような組織内の「人種中立的」なポリシーには、大学の学位、服装規定、薬物検査の義務化、犯罪歴のチェックなどについて、人種にかかわらず誰に対しても同じ要求をすること、人種に基づくデータ収集をしないことなどが含まれる。だが、こうした「人種中立的」なポリシーは、実施と評価における暗黙の偏見を考慮していない。例えば二〇一八年に行われた調査では、薬物検査に引っ掛かった場合、黒人が受ける影響は白人に比べて非常に大きいことが分かった。薬物検査によって懲戒処分あるいは解雇処分を受けたという回答は、白人で四・四％、黒人が九・二％で、黒人は白人の倍以上となっている。[3] また薬物検査を頻繁に行っている業種の労働力は、圧倒的にＢＩＰＯＣの人々が多い。アメリカ人口のうち黒人は一二・三％、ヒスパニック系は一二・五％だが、二つを合わせて米軍ではほぼ三〇％、輸送・倉庫労働者では三九％、医療労働者では三〇％を占めている。

　組織が体裁上、平等性向上委員会を設けたり、時々研修を行ったりしている場合、その成果を正当化する根拠はより洗練されるかもしれないが、結果は同じだ。例えば、組織のトップが人種の多様性を欠いているのは「リーダーシップ・パイプライン」［次世代のリーダーを組織全体で安定的に育成する仕組み］の問題だという話をよく耳にしないだろうか？　非白人は制度的（システミック）レイシズムや教育格差のせいで

「リーダーシップ・パイプラインを通ってこない」、つまり元々そこにいないから、有力な候補が見つからないという開き直りのような理由づけだ。あるいは「稀な才能と高い教育水準を持つ非白人がいても、どこもそうした人物を欲しがるのでなかなか見つからない」という言い方もよく耳にする。あるいは「さまざまな選択肢を持つ人物だったら、教育みたいな儲からない分野には来ないだろう」といった言葉も聞く。こうした言説（ディスコース）・説話は一見、構造的な不平等を認めているようでいて、実際には不正確なステレオタイプに基づいたものであり、ＢＩＰＯＣの人々を大いに侮辱している。その上、データを見れば単に事実に反していて、リーダーシップ・パイプラインの問題ではなく、偏見の問題であることは明らかだ。

自信過剰

現在、多くの職場では「平等（エクイティ）」「多様性（ダイバーシティ）」「包摂（インクルージョン）」といった言葉を組み合わせて「Ｄ・Ｅ・Ｉ」とか「Ｅ＆Ｉ」といった頭文字が付いた委員会を設けている。具体的な名称や用語の並びは色々だが、要は人種を強調せずに白人が脅かされない範囲で、あらゆる人種グループを含めることのできる間接的な名称になっている。言い換えれば、組織名称やその説明の中で、人種間の平等（レイシャル・エクイティ）や人種をめぐる社会正義（レイシャル・ジャスティス）、制度的レイシズム、白人性（ホワイトネス）などに言及していなければよいのだ。そうした委員会のメンバーに期待されているのは、レイシズムを議題から排除するか、少なくともレイシズムに関する深い追及を困難にする目的で、あらゆる形態の抑圧を取り上げることだ。非白人の従業員は本人の関心やスキルの有無にかかわらずランダムに、こうした委員会の責任者を任命されることがよくある。その根底には「人種が絡む仕事」は非白人の領域で、それ以外のことはすべて白人がカバーすれば良いという前提がある。このように非白人は、多様性に関する課題のために用意されたわずかな席以外、座る資格はないという暗黙の了解がある中、果てない試練をくぐり抜けなければならない。私はかつてある市の平等推進課長の求人に応募したことがある。最終候補に残ったのは私ともう一人、黒人の男性だった。そして、その男性を選んだという連絡をよこした彼らは、多様性関連のポジションに黒人が就くことが重要だと考えたからだと説明し、代わりに近々その部署全体の統括責任者のポジションが空くので、ぜひ私に応募してほしいと言ってきた。彼らは多様性推進課には黒人を必要としつつ、彼の資質はそのポジション以上のものではないと考えたようだ。一方、私には統括責任者の経験がないにもかかわらず、全部門を率いる資質があると考えたのだ！　ここでも人種や多文化に関する問題は非白人の領域とみなされ、「普通」の問題は白人の領域とみなされている。

逆に多様性関連の委員会に参加する白人の場合、任命されるにしても自発的に参加するにしても、反レイシズムの取り組みの経験は大して問われず、単に関心があればいいという場合が多い。ただし白人の場合、関心があれば多様性推進委員会に限らず、他のあらゆる委員会に参加することができる。組織が多様性推進委員会を設置することには大賛成だし、強力な推進者や効果的な委員会は確かに存在する。しかし同時に、私がこれまで会った中で最も妨害が激しいゲートキーパー的な白人たちもまた、平等推進の仕事に関わる人々だった。彼らは平等推進に関わっているからこそ、レイシズムの指摘に対して最も防御的な態度をとり得る。自分は「意識の高い人間」だというアイデンティティへの執着が強ければ強いほど、私たちは自らとレイシズムの共謀パターンを認めることにいっそう抵抗を感じるからだ。そして自分のレイシズムのパターンを指摘されると、自らの誠実さ（クレデンシャリング）を誇示する行動に出て、そうした委員会に参加していること自体を証拠に挙げて反論する。だが果たして、自分が人種差別をすることなどあり得ないと証明できる、あるいは何かが証明していると考えるとき、私たちは本当に「分かって」いるのだろうか？

反レイシズム活動への参加は、白人にとって「スタイリッシュ」なもの、強い感情や興味深い洞察を消費可能なほどほどのボリュームで与えてくれるクールなものになり得る。参加すれば用語には精通するが、そうした用語は実際にはほとんど意味がない。多くの白人が「自分に白人特権があることは分かっている」と簡単に言うのを聞いてきたが、口先だけで実際の行動は何も変わらない。例えば異なる人種が入り混じった討論の場で、一人の白人ばかりが話していることがある。やがて、その場を独占していることが明白になると、当人は「おっと、会話を独占してしまっていますね！」と大声を上げ、それに続いて笑いが起きる。そしてまた、その人物が会話を独占し続ける。私はこれを「問題なし」戦略と呼んでいる。問題ある行動だと認めてさえおけば、それで許されると思っているようだ。だが、自分の行動に問題があると自覚できるのなら、なぜ次のステップに進んでそれを止めないのだろう？

ジャーナリストのエリン・オーブリー・カプランは、ジョージ・フロイド殺害事件後のアメリカの白人たちの「目覚めの瞬間」は、始まりであって終わりではないと釘を刺している。継続的な取り組みによって維持されるかどうかで、その目覚めがどれほどの意味を持っていたのかが明らかになるだろう。彼女はこう記している。「レイシズムとは、その受益者の生活が楽になるように設計されているという意味で、便益の一形態であり……抑圧の犠牲、つまり黒人について全く考慮する必要がないという現象だ。反レイシズムは、その真逆、「関与」を必要とする。真の反レイシストは、すべての人の日常生活のあらゆる面に影響する法的・社会的な新しい政策や慣習によって、白人が不便を被ることを要求する」[4]。白人は自分たちが宣言した価値観を、何世紀も経ていまだ行動と一致させていない。ブロガーのラシダ・キャンベル＝アレンは「親愛なる白人たちよ――反レイシズムはトレンドではない」という記事で、「ジョージ・フロイドの死は、目覚ましのアラームではない。一六一九年〔英領アメリカのバージニア植民地に連れて来られた最初のアフリカ人奴隷の記録がある年〕以来、ずっと同じアラームが鳴り響いているのに、無知と特権が何度もスヌーズボタンを押してきたのだ」と述べている[5]。そして反レイシズムとは「内省、行動、学び、気づき、そして建設的な批判に耳を傾けることを生涯続けることだ……衝撃を受けるだけでは十分でない。そうしたときに、言葉よりも行動で示す必要がある」と忠告している。「語るよりも示す」べきだという教訓は、白人が反レイシズムを実践するさまざまな場面で重要だ。

判断を委ねる

講演やワークショップの後にありがちな白人の質問の一つが「しかし、非白人の指摘の方が間違っていて、実はレイシズムでなかった場合はどうなるのでしょうか？」というものだ。この質問の見事なまでの自己本位ぶりと否認性を少し見てみよう。例えば、出生時の生存率や平均余命は人種ごとに一定予測できるという厳しい現実について取り上げた講演の直後に、非白人がレイシズムだという指摘が違っていたらと懸念する白人がいるのだ。アメリカで過去四〇〇年にわたって綿々と続いてきた制度的レイシズムや黒人差別による悲劇――先住民の虐殺に始まり、アフリカ系アメリカ人に対する三〇〇年にわたる拉致・奴隷化・拷問・レイプ・残虐行為から現代の大量投獄や警官による処刑、多数の先住民女性の失踪や殺害、白人（ホワイト）ナショナリズムの台頭、メキシコ国境での親子の引き離しと収監、あらゆる面で深刻な人種に基づく不平等――の証拠を何時間もかけて示した後に、なぜこんなにも多くの白人から最初に出てくる言葉が「もしもレイシズムではなかったら？」なのだろうか？ そういう質問が多いというだけで、私たち白人がいかに近視眼的で孤立していて、どれだけレイシストかということがまざまざと示されている。

第一に、異なる人種による交流について人種を度外視することは、異なる性別同士の交流から性別を度外視するのと同じくらい不可能だ。私も人種や性別について絶えず意識して考えているわけではないが、潜在的には常に意識のどこかにあり、それは交流の中で起きるあらゆる出来事に影響する。社会化というものについての理解があれば、このことは常識のように思えるし、暗黙の偏見に関する数十年に及ぶ研究がこの見解をしっかり裏づけている。例えば私が誰かと口論しているときに相手が声を荒らげた場合、その人物が属する社会集団に対して私が持つ先入観や、互いの社会集団の間に有害な過去があるかどうかといった要因によって、その効果は変わってくる。男性が声を荒らげた場合は、女性が声を荒らげるよりも怖く感じるだろう。一方、女性の場合は、黒人女性が声を荒らげた方が、白人女性がそうするよりも怖いと思うかもしれない。また私が何を話すか、どのように話すかさえも、誰に向かって話すのか、そして私が自分と相手の構造的立場をどう意識しているかによって変わってくる。例えば、親しくない男性に向かって月経の辛さについて話すことはないが、相手が女性だと知り合い程度でも、私は簡単にこの話題を振ってしまう。このような力学が働く以上、何らかの交流をどう認識するかという点において、人種やジェンダーが全く関係ないということはあり得ない。

第二に、私が何かを見て、それがどう人種差別的なのか分からない、あるいは理解できないとしても、それは信頼できる基準にならない。白人である私はレイシズムを見ないように、理解しないように社会化されているからだ。レイシズムは私に向けられるのではなく、私から生まれるのだ。よって人種差別的な社会における私の立場からでは、レイシズムを完全には理解し得ない側面が必然的にあるだろう。もちろん私は以前よりもはるかに多くのことを理解するようになり、それをさらに深める努力は常にできるし、そうすべきだ。しかし、場合によっては与えられた指摘をただ素直に受け入れ、修復に専念すべきだ。

すると私たち白人は「判断を委ねる」ことのジレンマに陥る。白人はこれまで述べてきた力学をすべて説明した後でさえ、非白人は誇張しているだけではないかとか、素行の悪さをごまかす口実ではないかとか、明らかに間違っているのではないかといった言葉を発するのだ。

「彼らは私のことを誤解していたんじゃないか」「彼らは本当にその求人の条件を満たしていなかったんじゃないか」「今は木ではなく、森に注目した方が戦略的ではないか」といった具合にだ。時には仕事の成果のように決まった線から譲れない場合もあるだろう。だが、ほとんどの場合は、判断を委ねればいいのにそうしないだけではないだろうか？　ＢＩＰＯＣの人々は数世紀にわたって白人にレイシズムの否認を止めさせようとしてきたのであり、彼らは間違っていないのに、私たち白人がひたすらそれを認めてこなかったのだ。そうした中で、なぜあえて「もしも」と架空の例外を持ち出そうとするのだろうか？　それに、仮にレイシズムの指摘が誤りだということがまれにあった場合でも、ＢＩＰＯＣの人々の判断に従えば、白人の優越感や傲慢さを健全に遮断できる。いずれにせよリスクを被るのは私たち白人のプライドだけだ。

私の仕事を批判する人の一部は、何がレイシズムに相当するかという判断を非白人に委ねようという私の助言を誤解している。非白人は決して間違っていない、間違うはずがないと私が思い込んでいると解釈する人がいるのだ。だが非白人の視点も多様なのは当然であり、そんな風に考えること自体がばかげて見える。ＢＩＰＯＣの人々から受け取る批判がすべて一〇〇％正しく、それに従うべきだと私が思っているというのだろうか？　どうしてそんなことがあり得るだろう？　私が日々、ＢＩＰＯＣの人々から受け取る意見には相反するものもあり、そのすべてに従おうとしたら身動きが取れなくなってしまうだろう。ＢＩＰＯＣの人々の中には、私から見て根本から違うと思う意見を持つ人もいるし、白人と同じように個人的な問題やうまくいかない面を抱えている場合もある。むろん何を受け取り、どう対処するかは私自身が自分で決定することだ。非白人の判断に委ねるべきだと私が言っているのは、反レイシズムのリソース集「アンチレイシズム一〇一」の文脈の中でだが、そこで私が一緒に取り組んでいるのは、白人であることの意味をまったく考えたことのない白人、自分の人種が自分の人生に及ぼしている影響について答えられない白人、異なる人種との人間関係をまったく（あるいはほとんど）持っていない白人、制度的レイシズムに関する教育をほとんど受けたことのない白人たちだ（白人の大多数はこれらすべての項目に当てはまる）。自らの人種について自覚していない白人（特にレイシズムを悪意ある行為に限定して考える白人）は、非白人の視点が正当かどうかを判断する立場にはない。

さて、分析が深まり、スキルアップした段階での私のアドバイスは、受けた指摘を振り返って役立つものを受け取り、残りを手放すことだ。経験があっても、この判断は難しいことがある。私はそういうとき、学びと経験が豊富な白人の同僚や、コーチングをしてもいいと申し出てくれている非白人の同僚に相談している。また他の白人にも同じやり方をアドバイスしている。もちろん最終的な分析では、自分で意見や批判の価値を検討し、何を受け入れ、何を手放すか決めなければならない。ＢＩＰＯＣの人々に判断を丸投げするのでは、失敗が彼らのせいになるような不誠実な関係性による一種のソフトなレイシズムになってしまう。

謙虚さの欠如

人種をめぐる社会正義を求めて積極的に活動する進歩的な白人こそが、人種差別による危害を及ぼす機会が多く、またその害をいっそう効果的に及ぼす危険がある。私たちファシリテーターは日頃から見知らぬ人々が集う場を訪れ、レイシズムについて率直に話しているが、その多くはさまざまな人種が集うグループだ。私を含めて白人のファシリテーターはその場に、他の白人と同じパターンを持ち込んでいる。願わくば私たちの仕事がもっと個人的なもので、及ぼす害の程度も頻度も少なければいいのだが、私たち自身、自分たちの人種差別的な条件づけから逃れていない以上、そう想定することはできない。私たちファシリテーターは確固たる自信を持ってセッションを進行しなければならないが、その気負いと自信ゆえに耳を傾けず、会場の中にせっかくいるエキスパートを無視してしまうこともある。うまくやれていると満足したとき、私たち自身の人種差別的な条件づけは容易に顔を出す。

　最近の例で、私自身の謙虚さの欠如について考えてみよう。私を招いて、白人の心の脆さ（ホワイト・フラジリティ）に関する講演をしてほしいと言ったグループは、主にＢＩＰＯＣの人々で構成され、黒人女性のチームがリーダーだった。私は事前にリーダーたちと会い、彼女たちがさまざまな分野で人種間の平等を促進するためにリーダーシップを発揮してきた経験の広さ、深さについて聞いていた。またこのグループは定期的にミーティングを行い、深いコミュニティ意識を築いていた。メンバーにとっては、白人に課題を設定されるのではなく、また白人性の文化に乗っ取られていると感じることもない、希少かつ貴重な空間となっていた。

　このセッションは私が通常行っている講演よりも小規模で、より親密な雰囲気の中で行われた。私はメンバーのほぼ九割がＢＩＰＯＣの人々であることを了解しつつ、数人いた白人のメンバーに焦点を定めた。長年さまざまなグループやスキルレベルの人々と人種をめぐる社会正義の活動に携わってきたリーダーたちは、このグループは特別だと言っていたが、私にはそのグループの白人が他の多くの白人よりも進歩的だとはあまり思えなかった（私には「自分と同じ人種」を一番よく知っている自信があった）。それでいつもの講演と同じように、そのグループでは少数派だった白人の参加者に向けた内容にしたのだ。そしてこの白人向けのアプローチをＢＩＰＯＣの人々は歓迎してくれるはずだという思い込みを検討しないまま、前置きとして何をどのように取り上げるか話し、用語の概要を説明した。冒頭で自分のアプローチの根拠を十分示せたと感じながら、続けて白人の心の脆さについて講演した。

序盤に非白人の男性から質問が上がったが、私は講演が終わるまで質問を保留してほしいと頼んだ。これは白人が多数を占める講演で私がよくするお願いで、その目的は白人の参加者が戸惑いや曖昧さに耐える能力を身につけられるようにするためであり、また私自身がデリケートな内容を一通り語り終えて、質疑応答のための枠組みを用意するためだ。だが、このときは白人が多数を占めるグループではなかった。私は彼が沈黙させられたと感じていることを察知し、自分の行動に問題があったことを認識したが、その感覚を封じ込めてしまった。やるべきことに対して、時間は限られている。私は続行した。終了後、フロアからの質問を受けつけた時点で発言は一つもなかった。参加者は私に気のない拍手を送り、ランチ休憩となった。

休憩から戻ると小グループに分かれてセッションを行い、それから再び全体でまとめをした。空港へ行くまでに一時間ほどあったので、私を呼んでくれたリーダーチームの一人と報告がてら散歩に出かけた。私たちは友人同士で継続的に交流があり、数年間一緒に働いたこともあった。彼女は私がＢＩＰＯＣの人々をひどく怒らせてしまったと言い、それについて詳しく説明してくれた。私は驚いたが、最初は冷静にオープンに受け止めた。指摘はもっともだと感じたが、依頼された通りのことを話したのだから、快く受け止められなかったのは私のせいではないとも思った。

しかし空港へ向かう車の中で振り返る時間を持つと、自分のミスがはっきり見えてきた。空港に着いた頃にはすっかり取り乱し、後悔と屈辱感で打ちひしがれていた。私は依頼されたことを話したのではなく、自分が話したいことを話したのだ。白人として、ＢＩＰＯＣの人々でいっぱいの部屋で！　そのグループやリーダーたちに対していかに無礼だったかをはっきり悟ると、まるで自分が詐欺師のような気がした。数時間もすると恥じ入るあまり身動きもできず、ただ家に帰りたい、二度と人種についての話はしたくないとまで思った。しかし、家に隠れ続けて一生レイシズムについて口を閉ざすという選択肢はなかった。私を呼んでくれた彼女と向き合う気まずさを避けたいという強いためらいを押しのけ、きちんと話をして修復を求めるために電話で話す日取りを決めた。そしてそれまでの間、経験豊富な白人の同僚たちに支えられながら自分の気持ちを整理した。私がどこで失敗したのかを一緒に一つずつ確認し、今後もっと良い判断を下せるようにするための戦略を話し合った。

私を呼んでくれた相手との電話では、彼女がより詳細な指摘をしてくれ、私はできる限り率直に耳を傾けた。彼女がいうことをよく理解した上で反省し、さらに二人で私がどうすべきだったのかを話し合った。私は謝罪し、改善を約束した。また、この指摘をメモして私をサポートしてくれたサークルに持ち帰り、今後の活動の参考にした。さらに私が質問を遮ってしまった参加者にも連絡を取ることができた。彼は快く、私に謝罪と修復のための対話の機会を与えてくれた。時間が経つにつれ、私は自分の過ちを受け入れ、学んだ教訓を生かして前へ進んだ。しかし、その教訓がＢＩＰＯＣの人々を傷つけた上で得られたものであることは今も後悔している。きちんと終えることができたとも、全員が納得したとも言えない。私が与えたダメージは、私が帰ったら終わり、ではなかった。

振り返ってみると、私が普段一緒に取り組んでいる人々とこのグループには多くの違いがあり、それが異なるアプローチを取るべきサインだったことが今でははっきりと分かる。だが残念ながら、私は注意を払わなかった。また、リーダーチームが「このグループはこのテーマに精通している」と言っても、耳を傾けることも信じることもしなかった。ＢＩＰＯＣの人々が大半を占め、黒人女性が率いているグループに対し、私は部外者なのに彼らが何を求め、何を必要としているかを判断できると自信をもっていた。そして彼らの前に立ち、傲慢にも二時間にわたって白人性について講義したのだ（なんという皮肉だろう！）。彼らが私から何を聞きたがっているのか尋ねることもせず、ましてや彼らから自分が何を学べるかということなど考えもしなかった。私は自分が訪れた場所の文化の規範に適応しようとも、彼らの言葉や用語を学ぼうともせず、ただ自分の言葉や用語を一方的に伝えただけだった。質問のある聴衆がいることに早くから気づいていたにもかかわらず、最後まで質問やコメントを受けつけなかった。私は柔軟性に欠け、他者との関係における白人としての自覚に基づいて学びに役立つ判断を戦略的に下すこともしなかった。異なる人種間の交流の中で違和感を覚えつつも、確認することも耳を貸すこともしなかった。また私を招いてくれた相手であり、一緒にファシリテーターをしたこともある、貴重な視点を共有できる黒人女性をこのセッションに含めなかった。私はグループのメンバーの質問を黙殺し、彼らの専門的な見解を侮り、私が訪れるまでは白人の支配から免れていたこの貴重な空間で、まさしく彼らを白人の支配にさらした。どんな文脈に置いても不適切な教授法だったが、このセッションの文脈における影響は深刻で、まさしくレイシズムそのものだった。

さらに私は、白人にこうした指摘をしなければならないという非常に難しい立場に、自分を招いてくれた黒人女性を置いてしまった。私たちは友人だったが（今もそうだが）、私の中にある白人支配のパターンにこれほど直面したことはそれが初めてだった。黒人と白人の間には差別の歴史が深く横たわっており、彼女から見て、私が反論したり、矮小化したり、報復したり、許しを与えるよう圧力をかけたり、彼女を加害者に仕立てたり、「不当な扱い」を抗議したり、関係を完全に断ったりしないという保証はどこにもなかった。文字通り「白人の心の脆さ（ホワイト・フラジリティ）」に関する本を書いたからといって、私自身の脆さがなくなるわけではなく、それどころか自分の中にそれを認めたからこそある程度、白人の心の脆さを理解しただけだったのだ。私たち白人はレイシズムを指摘されると、自分が受けたショックでいっぱいになり、その指摘をしてくれたBIPOCの人々が払う代償を認識さえしない。白人の心の脆さはもっぱら、BIPOCの人々が指摘を無効化されたり放置されたりすることを恐れて指摘自体をしないよう、抑えつける機能を果たしている。私を招いてくれた彼女はあえて自分の真実を語るために、白人から大小さまざまな不当な扱いを受けた自らの過去を返ることを強いられた。このようにワークショップが終わった後も、影響は長く尾を引いた。修復を求めて会話するたびに、引き続き彼女に感情的・知的・精神的労働という負担を強いることになったのだ。

もしもあの日に戻ってやり直せるとしたら、改めたいことがたくさんある。まず、リーダーたちの話をゆっくり時間をかけて聞き、そのアドバイスを講演に反映させる。それから白人とは講演後、小グループでのセッションで直接一緒に取り組める機会があると分かっていたのだから、講演では参加者の大半を占めるＢＩＰＯＣの人々のニーズや関心事を中心に据える。またとても親密でつながりが深いグループだったので、彼らの前に立つのではなく、彼らと一緒に座る。そして自分が使う言葉や用語について説明するよりも、彼らが使っている言葉や用語の意味について詳しく説明してもらう。ＢＩＰＯＣの人々は白人の心の脆さについて、私が分かっていない部分も含めて熟知しており（生まれてこの方、白人の心の脆さの矢面に立たされているのだ）、そのことを踏まえて、このテーマについて彼らが私から聞きたいことは何かを、推測するのではなく尋ねる。そして彼らの見解や助言を受け入れ、尊重し、彼らの経験や事例、洞察について尋ねる。柔軟な態度で質問を歓迎し、聴衆の関心に従ってセッションの方向性を決める。自分の言動に人種差別的な問題があると感じたら、それを放置して突き進むのではなく、その感覚に耳を傾け確認する。また自分を呼んでくれたホストとセッションを共有し、異なる人種間の連帯と謙虚さの模範を示す。非白人に敵対的な外の世界から避難できる場所として設計された貴重な空間に身を置く光栄に謝意を示し、ゲストとしての立場をわきまえ軽く踏みとどまる。

自己満足に陥って注意を怠れば、その瞬間に必ずや後退して白人の習性が顔を出し、非白人に危害を及ぼしてしまうことを私は思い知ってきた。何が必要かをＢＩＰＯＣの人々に尋ねず、彼らが話しかけたときに耳を貸さず、信じず、頑なに自分の話したいことを押しつけ、彼らがもたらす助言や見解に関心を持つことも、それらを考慮することもせず、上から見下し、黙らせ、支配する、そういう白人の習性だ。

注意を払うということは、用心深く振る舞うこととは違う。あの日の私に間違いなく必要だったのは、用心深く振る舞うことではなく、聴衆を尊重し、相互の関係を意識し、白人として謙虚に向き合うことだった。私はレイシズムについて長年の経験から熟知している善意の進歩的な白人だという自意識をもちながら、たった二時間のうちにこうした危害を及ぼしてしまった。私たち進歩的な白人が日々、職場や平等のための委員会などで何をしているか振り返ってみよう。ここに記したようなことが、まさに白人であることそのものの権力性であり、それを食い止めるための警戒を怠ってはならない。

XII 優しさは勇気ではない
――反レイシズムの価値観をいかに言行一致させるか

白人が考えたこと、感じたことを語ってくれるというのは、私たちにとってもう過去のことなのです。そんなことはもう、どうでもいいのです。私たちはあなた方が何をするか、見たいのです。どんな人生を送っていますか？　違いは何ですか？　あなた方は芝生の上にプラカードだののぼり旗だのを立てていますが、あなた方の家の中には誰がいますか？　そしていないのは誰ですか？　あなた方は責任や痛みを負っていますか？　率直に言って、私は時間を無駄にしたように感じています。あなた方がよくよく考えてくれるよう、私はすべてを出し尽くしたのに、あなた方は何もしなかった。だから、もういいのです。

――アニカ・ナイラ[1]

優しさは心地よい。優しさは快適だ。優しさは一般的には歓迎される。しかし、優しいだけでは反レイシズムとは言えない。優しいからといって、白人がレイシズムのとがめから免除されることはない。優しさはレイシストでないこと（ましてや反レイシストであること）の証明にもならない。優しさの文化は、その文化がレイシズムと無縁であるしるしにはならない。レイシズムとの闘いは勇気、献身的な取り組み、自らの言動への責任を必要とするが、優しさはそうしたことを要求しない。

勇気

白人はレイシズムを指摘されるといかに感情的になり自己防衛に走るか、お分かりいただけただろうか？ 私はこの感情の爆発を「白人の心の脆さ（ホワイト・フラジリティ）」と名づけたが、それは自己防衛的な反応であるだけでなく、自然なプロセスの一部とも言える。白人の心の脆さとは、拒絶だ。自分の世界観が広がるかもしれないさらなる関わりを遮断し、自分の主張に固執して、わが世界観を守らんとする姿だ。白人の心の脆さには、それ以上の指摘をさせないために相手を威嚇し、退却させる効果がある。それは成長を妨げる自己肯定の力場として機能する。

白人の心の脆さの源は一つではなく、複数の要因が絡み合っていると思う。まずは第Ⅱ章で取り上げた個人主義だ。白人は個人主義を持ち出すことで、私たち皆がたゆたう文化領域から自らを除外し、自分はあらゆる社会・政治的パターンに当てはまらないユニークな例外であると主張する。そのようにして白人は、自分がかけがえのない個であると主張すると同時に、すべての人を代弁し、すべての人の主張の妥当性を判断できる人類の客観的な代表であるとも主張する。また、何世紀にも及ぶ差別に対する罪悪感も白人の心の脆さの一因だし、白人の優位性を指摘されれば、能力主義という神話の嘘が暴かれることへの憤りも相まっている。また私たち白人は人種についてオープンに話すことをタブー視し、それゆえ人種が話題に上ると躊躇し、不安になり、特に異なる人種が混ざった集団においてはそれがいっそう顕著になる。人種差別をするのは悪人だけだという考えは、白人の心の脆さの重要な軸であり、そこに制度的（システミック）レイシズムに対する無知や、自分たちの無知な意見に価値があると考える傲慢さが一体となっている。そしてこれらすべては、私たち白人が子どもの頃から内面化している白人至上主義という基盤の上に成り立っている。白人至上主義、つまり白人は他の人種よりも優れた人間であり、それゆえ今持てるものを手にしているという信念だ（ただし決してそれを直接認めることはできない）。白人の精神性においてこれらの力学が集束すると矛盾が生じるが、自分たちの立場を守る方法に合理性は必要なく、ただ機能さえすればよい。

　白人至上主義はいたるところに存在するため、私たちにはほとんど見えない。それでも私たち白人は根源的なレベルで、アメリカをはじめとする西洋志向の社会では、白人である方が有利なことを知っている。そして非白人に憧れる一部の白人を除いておそらくほぼすべての白人が、非白人に対し優越感を抱くようになる。この思い込みを変え得ると思わなければ、私は今の活動に取り組んでいないはずだが、まずはこれが間違いなく出発点だ。もしも「優越感」という言葉は言いすぎだと思う読者は、人種隔離に対する白人の安心感や、異なる人種間で人間関係を築くことに対する白人の無関心、非白人の経験の正当性を客観的に判断できるのは自分たちだと考える白人の傲慢さなどについて考えてほしい。あるいは私たち白人の「慈善活動」

や宣教活動の恩着せがましい善意について考えてほしい。あるいは映画や雑誌やファッションモデル、職場の従業員、リーダー、自分の学校や近所で出会う人種がどれくらい多様か、あるいは多様でないか考えてほしい。「平等な権利には賛成だが、格差是正措置には反対だ」という主張の背後にある思い込みについて考えてほしい。あるいはあなたが人生において吸収してきたアフリカのイメージや、黒人と犯罪性を結びつけるイメージについて振り返ってほしい。それでもあなたは白人として例外的だというのならば——人種ごとに隔離された生活をしたことがなく、異なる人種とさまざまな真の人間関係を持ち、自分自身の中に白人の優越感を示すしるしを何も見いださないというのならば——制度上の白人優位、文化表象、支配、そして白人至上主義文化の中で非白人を排除する政策などから受けてきた恩恵が、今までの生涯を通じていかに自分を形成してきたか振り返ってほしい。

白人至上主義は、白人にとって非常に現実的な物質的・心理的利益をもたらす。その利益追求は飽くことがなく、それだけに投資分を保護する力も強大だ。私たち白人の内側からそれに対抗するのは非常に難しく、ましてや非白人の側から対抗するのはなおさら難しい。したがってレイシズムとの闘いには、避けられない反発や報復、あるいは沈黙したり加担したりすれば得られる誘惑的な見返りなどを前にしても毅然とした態度をとれる、個人と社会の両方の勇気が必要とされる。だが優しさは勇気ではなく、抵抗に直面する私たちを支えてはくれない。

生涯にわたる取り組み

これまで述べてきたように、人種をめぐる社会正義（レイシャル・ジャスティス）を実現する取り組みに終わりがあるなどと考えてはならない。レイシズムが一切存在しない状態に到達する人など誰もいないし、仮に個人が白人至上主義の力から解放され、人種差別的なことを考えたり、言ったり、行ったりしない完全に調和のとれた生き方を見いだせたとしても、社会は依然、白人性（ホワイトネス）を私たちに投影するだろう。つまり私たちが白人至上主義社会の中で、白人として世界を歩き、白人として反応し、白人であることの恩恵を受けることに変わりはない。私たち自身が暗黙のうちに行っている制度的レイシズムへの加担と、他人の加担に異議を唱えたときに遭遇するだろう抵抗を考えると、支援のシステムの構築は戦略的に行わなければならない。理想的には複数のレベルのサポートがほしい。

継続的な学習

私たちは本、映画、ディスカッション、会議、コミュニティグループ、ワークブック、社会運動などを通じて継続的に学ぶ必要がある。ソーシャルメディアやインターネットが発達した今は、これまで以上に優れた学習リソースにアクセスできる。これだけ環境が揃っているのだから、白人の無関心と決別し、これらのリソースを生かさない手はない！

人種は社会・政治的な構成概念であるがゆえ常に変化している。権力システムは永遠に不変ではなく、常に挑戦を受け、それに適応していく。言語もまた社会・政治的なものであり、常に進化している。私たちが使用する言語とは、私たちが他者をどのように見て、どのように応答するかを決める思考やイメージを伝えるものであり、私たちの認識が研ぎ澄まされるにつれて言語も鋭くなる。疎外されている集団の場合は、可視性を増すにつれ、自分たちをどう自己認識するか、そして他者がその集団をどう認識すべきかを自己決定するようになる。私が子どもの頃は米国の主流（メインストリーム）の白人社会で「ネグロ」や「オリエンタル」といった言葉を使うことが容認されていたが、今日では多くの人がこれらの言葉を不快なものだと認識している。男性、女性といった二択的な性のカテゴリーは解体されつつあり、人称代名詞はもはや自明ではない。文化が変容し、進行するプロセスの中で通説が覆されると、私たちにはそれについていく努力が必要だ。私たち白人が慣れ親しんでいる言葉に疎外されている人々が合わせるのではなく、私たち白人が進化すべきだ。

白人は人種をめぐる部外者ではない。レイシズムや反レイシズムに関する白人の声や視点は極めて重要なのに、私たちはたいていパズルの欠けたピースになってしまっている。非白人の視点だけを論じるのでは、レイシズムは白人と無縁の問題だという考えを強化することになり、これは本書で述べてきたさまざまな理由から問題である。ただし私たち白人の学習の基礎は、非白人の声や視点に根差していなければならない。異なる人種と隔絶した状態でレイシズムを理解することは決してできない。

真の人間関係を築く

私が白人としての自らの社会化に挑戦するために取り組んだ最も重要な方法の一つは、人種を超えた真の人間関係を築くことだ。それまでの人生ではそうした関係を築ける要素が全くなかった。子どもの頃は都市部の貧困層として育ったが、上昇移動するにつれて、人種統合された空間からはどんどん遠ざかっていった。白人が人種を超えた関係を築こうとする場合、ほとんどは自分の居心地の良い領域から出て、新しい不慣れな環境に身を置く必要がある。これは白人がすでにコントロールしている理事会や委員会、礼拝堂などに後から非白人を招くという通常のアプローチとは異なる。そうした「付加的」な多様性へのアプローチでは、白人は自分の意識を広げる努力を全くしないし、人種を乗り越えるスキルも戦略も身につかない。実際、私たち白人はＢＩＰＯＣの人々を敵対的な環境の中に招き入れておいて、彼らが去ることを選択したときにそれを見て落胆し、うろたえるのだ。

では、人種を超えた真の人間関係とは何だろう？　それは私たち白人がうわべの多様性をアピールするために引き合いに出す、仕事上のちょっとした知り合いのことではない。真の人間関係は、私たちが雇用したり生計を支配したりしている相手とは構築できないし、身近にいる非白人にただ飛びついて得ることもできない。それらはモノ化の一形態である。真の人間関係とは相互の利益に基づき、時間をかけて発展し、維持され、対立が生じたときにも放棄されない。

人種を超えた真の関係を築くことによるポジティブな結果として二つ重要なことがある。一つはＢＩＰＯＣの人々が日常的に経験しているレイシズムの捉えにくさ（白人から見た場合の捉えにくさ）がよりよく見え、理解できるようになることだ。オープンで謙虚な姿勢で注意を払い、耳を傾ければ、目を見張るような圧倒的な学びが得られる。レイシズムを理解するために質問を浴びせたり、教えを請うたりする必要はない。注意を払えば、はっきりと分かる。もう一つポジティブな点は、つながりを感じ、互いの人間性が分かり、そして不当な行為の証人となったときに、いっそう大きな意欲と勇気を持てることだ。

サポートの輪

白人の中には、ＢＩＰＯＣの人々はレイシズムについてどこか間違っていると考え、それを正当化する人々がいる。ちょっと探せばあっという間に五〇人ほど見つかるだろう。ＢＩＰＯＣの人々は過剰に反応している、人種カードを使っている、何にでも人種を持ち込む、今の私たちよりも多くの権利を手にしているといった主張をする人々だ。こういう人々は、私たちが人種をめぐる新たな洞察を試みているとき、理解に苦しんでいるとき、あるいは自己防衛しようと身構えているときに相手にすべき人々ではない。私たちは人生を通してずっとこうした反論を聞いてきたし、これ以上それを補強される必要はない。反レイシズムの枠組みに加わって経験の浅いうちは、こういう反論を受けると自信が揺らいでしまう。こうした言説・説話（ディスコース）にさらに反論するスキルがないと、強く主張する能力＝（イコール）論拠の強さであると誤解し、降伏しかねない。

そうした人々ではなく、反レイシズムの観点から高い分析能力を持ち、また自らの内面における取り組みの経験がある白人の仲間による支援の輪を持つことが重要だ。困難に立ち向かうために、すぐに連絡を取り合える白人の仲間がいることは非常に有益である。私自身の話をすると、互いに深く尊敬し合っている黒人の同僚と衝突した直後に、友人であり同僚でもあるクリスティーヌ・サックスマンに相談したときのことは忘れられない。意図せずして黒人の同僚を貶めてしまったことで私は取り乱し、自分の感情を整理する助けを必要としていた。クリスティーヌは私に修復する必要があるとはっきり告げた上で、思いやりと理解を持って接してくれた。私が感情を吐露し、その衝突におけるレイシズムの作用について考えを深めるために、サポートの場を提供してくれたのだ。まさしく彼女が言うところの「愛ある責任追及」だ。[2] 反レイシズムにおける「愛ある責任追及」とは、見捨てられるリスクのない中で自分をさらけ出し、自分の人種差別のパターンを認めることができると同時に、自分が表明している価値観と実践の一致という反レイシズムの基準を貫くよう求められることだ。

また親密な関係の中で問題や課題について話し合えるＢＩＰＯＣの人々との輪を持つことも非常に重要だ。白人にとって、非白人に自分をさらけ出すことはいっそう勇気が要るし、自らの言動に対する責任もいっそう重い。さらに自分の内面のプロセスが相手の負担にならないようにすること、あるいは自分を許すよう相手を追い込まないようにすることが必要なので、いっそう難しい面もある。だが真の人間関係が築かれていれば、落とし穴に慎重に注意する限り、そうした葛藤について話し合うこともできるはずだ。またパーソナルコーチとしてこうしたサポートを提供し、専門家として報酬を得ている人たちもいる。私はもしも自分たちのサポートの輪に非白人のプロのコーチがいなければ、BIPOCの友人や同僚に協力してもらう際、それに費やす時間と知識の対価を支払うべきだと考えている。これについては「説明責任（アカウンタビリティ）」の項で詳しく説明する。

アフィニティ・グループ

第V章でアフィニティ・グループという手法を紹介した。同じ人種上のアイデンティティを持つ人々が定期的に集まり、自分たちのグループに特有の課題に取り組むというものだ。白人のアフィニティ・グループは、白人自身がレイシズムを常に監視し、レイシズムへの社会化に対抗し続けるための重要な手段だ。自分たちに白人としての集合的体験があることを認め、受け入れられるかどうかは、自分はユニークな個人（あるいは「単に人間」）であるがゆえに人種の力学の及ばないところにいると考える傾向をなくすために重要だ。白人としてこの目的に特化して意図的に集まることは強力な対抗手段になる。

反レイシズムのための教育や組織化を行っている私たちの多くは意識向上、癒やし、継続的なスキルアップのためのかけがえのないツールとしてアフィニティ・グループを考えている。読者の地域でもすでに白人のアフィニティ・グループがあるかもしれないし、自分で立ち上げることを検討してもいい。効果的なのは大きすぎず、定期的に集まり、上手な進行が行われているグループだ。ただし反レイシズムのスキルや意識を深めるためにそうしたグループに参加しても、グループ内で白人の心の脆さ（ホワイト・フラジリティ）が現れないとは限らない。むしろ、白人の心の脆さによるパターンは必ず現れる。例えば、「社会は～であるべきだ」というような一般論に広げて話を自分から遠ざける、自分以外の白人の苛立たしいパターンばかりを取り上げる、一部の人が議論を支配し残りの人たちは沈黙している、やる気をそぐような消極的な態度を取る、互いに「出し抜こう」とする、誠実さ（クレデンシャリング）を誇示するなどは白人の心の脆さの典型だ。だが優秀なファシリテーターがいれば、こうしたパターンを指摘して止めさせた上で、それを学びの機会として活用するだろう。

説明責任（アカウンタビリティ）

反レイシズム活動の内部における説明責任（アカウンタビリティ）とは二つのことの理解、すなわち自分の価値観を行動で示す必要があること、その行動はＢＩＰＯＣの人々に対して責任の持てるものでなければならないことの理解だ。自分がうまくやれているのかどうかは一人では判断できない。私が自分のことを「味方（アライ）」と呼ばないのはそれが理由だ。いかなる時であれ、私が味方として行動できているかどうかを判断するのは非白人の人々だ。味方としての支援（アライシップ）とは、一度達成されたらそこから変わらないような静的な状態ではない。この意味では、味方としての支援は名詞というよりも動詞として考えた方がいいだろう。私はある時は味方として行動するが、別の時には自分の快適さやレイシズムへの加担を選択しているかもしれない。しかもその加担を最も認識しにくいのは自分であり、また自分の加担こそ認識しないよう強力に包囲されている。それゆえ味方としての支援で説明責任を負わないものは存在しない。

説明責任を果たすには、信頼、透明性、そして行動が必要だ。責任を果たそうとする白人として、私は常に自分の確信を疑い、「どうすれば自分がやっていることについて把握できるだろう?」と自問し、チェックしなければならない。その方法はいくつかあるだろう。例えば、信頼関係のある人々に直接聞く、反レイシズムの枠組みを持つ他の白人と話す、ＢＩＰＯＣの人々が要求とニーズを明確に書いたものを読む（そうした仕事は簡単に見つけることができるし、人種をめぐる社会正義に携わる教育者の多くはウェブサイトに優れたリソースリストを用意している）、ＢＩＰＯＣの人々がオンラインクラスやワークブックで提供しているエクササイズに参加するなどの方法がある。そして自分がずれていることに気づいたら、その状況を改善するために必要なことを全力で行う必要がある。反レイシズム活動の経験と実践を積んでいけば、どの指摘を残し、どれを手放すべきか、より思慮深く判断できるようになる。

以下に私の説明責任の果たし方の基本を挙げる。大半はこれまでの章ですでに詳しく論じているので、ここでは便利なよう簡潔にリスト化した。このリストがすべてを網羅しているわけでは決してなく、例えば学校や近所付き合い、子育て、家族との会話、あるいは政府や企業、非営利団体といった職場やコミュニティなど、さまざまな場面での説明責任に焦点を当てた良いリソースはたくさんある（ぜひ調べていただきたい）。ここに挙げるのは私の実践のごく基本のみだ。

1 自分の収入の何パーセントかを、ＢＩＰＯＣの人々が率いる人種関連の社会正義団体に寄付する

2 ＢＩＰＯＣの人々が率いる人種関連の社会正義活動に参加し、自分の時間や労力を提供する。そうした組織で自分はゲストの立場であることをわきまえ、ＢＩＰＯＣの人々の耳を傾け、彼らのリーダーシップに従う。必要な物事を決める決定権を奪ったり、勝手に決めたりしてはいけない

3 催しを開催する際にはＢＩＰＯＣの人々が参加しやすい環境を整え、資金援助を必要とするＢＩＰＯＣの人々にはそれを利用できるようにする。催しで得た収益をＢＩＰＯＣの人々が率いる人種関連の社会正義団体に寄付する

4 ＢＩＰＯＣの人々の仕事やサービスを宣伝する。ＢＩＰＯＣの人々に仕事を回す。ＢＩＰＯＣの人々が運営する事業やサービスプロバイダーを探し、選ぶ。可能なときは、ＢＩＰＯＣの人々と共に有償の仕事をする

5 あなたの考えに影響を与えたＢＩＰＯＣの人々の仕事に敬意を払い、機会あるごとにそのことを言及する

6 非白人の説明責任（アカウンタビリティ）パートナーとの関係を築く。説明責任パートナーとは、信頼関係を築いた上で、レイシズムの問題についてあなたをコーチし、課題を話し合い、共に考え、あなたを批判する役を引き受けてくれた人を指す。友人や同僚もなれるが、説明責任

パートナーははっきり定義された透明性のある役割だ。また非白人の説明責任パートナーには、費やす時間に対価を支払うべきだ。彼らが友人でもある場合は対価を受け取らないかもしれないが、説明責任パートナーの仕事は無給労働であってはならないと心得るべきだ。対価の支払いを断られた場合は、代わりに人種関連の社会正義団体で寄付に適したところがあるか尋ねてみよう。それで相手から提案がない場合は、自分で調べて選べばよい（1参照）

7 反レイシズム分析に長け、白人同士の説明責任パートナーを引き受けてくれる白人と関係を築く。白人の説明責任パートナーは、個人的な信頼関係を築いた上で、レイシズムをめぐるあなたの自己防衛や当惑を解消する必要があるときに耳を傾けてくれる人々だ。彼らはあなたが感情を整理し、説明責任を果たし、必要に応じて修復を行う準備を手助けしてくれる。ただし、このために白人の友人に対価を払うことは私はしていない（しかし高度な分析力と深い経験を持つ白人の中には、プロとして有料コーチングを提供している人々もいる）

8 白人のアフィニティ・グループに参加する

9 自分の学習は終わったと決して思わないこと。人種をめぐる社会正義に関する教育を行っているフォーラム（集会、ワークショップ、講演会など）に参加し続けること。ＢＩＰＯＣの人々が書いたものを読み続け、学ぶこと。ＢＩＰＯＣの人々が提供するオンラインクラスの受講も有効だ

10 レイシズムに関する白人の沈黙を破る。職場、社交の場、礼拝の場所、組織などで反レイシズムが常に徹底されるようにする

11 イブラム・X・ケンディは、「人種に基づく不公平な結果をもたらすあらゆる方針」は、レイシズムに基づく方針だと定義している。あなたが属する組織の方針をチェックしよう。もしもその方針が非白人に不公平な結果を生み出していたら、議論の場に戻して解決する努力を続けよう。個人の変革は、構造的な変革につながらなければならない

12 人種をめぐる社会正義のために活動している組織やグループに参加する。また他の白人に参加を呼び掛ける。私たち一人一人が、日々の個人的な交流の中でレイシズムによる害を減らしていくことは非常に重要だが、制度的レイシズムの構造を変えるという究極の目標に常に目を向けていなければならない

13 人種をめぐる社会正義のための活動に関するリストやガイド、ツールを公開しているオンラインリソースに登録する

14 自分の強みを見つけ、人種をめぐる社会正義の活動にそれを生かす。私たちは教育者、オーガナイザー、戦略考案者、サポートスタッフ、法律の専門家、講師、ライター、聖職者などを求めている

特に、非白人が白人至上主義の社会を生き抜くために行っている知的・感情的な労働は、対価が必要な労働であるとみなすところから始めなければいけない。さまざまな委員会や理事会、

諮問委員会や組織などで「多様性」を確保するために非白人の参加を要請する場合、彼らの時間と労力に対する報酬を払うべきだ。また、もしもそうした役職がすでに有償のものだった場合、非白人で同じポジションに就く人々にはより多くの報酬を払うべきだ。非白人は私たち白人とは異なる見解を持ち、私たちに欠けている視点を提供してくれるからだ。さらに非白人が自分の見解を他者に語ることにはしばしば危険が伴うことを考えると、これは非常に特別なスキルが必要なリスクの高い仕事だ。ＢＩＰＯＣの人々がもたらしてくれるものに報酬を払うことで、私たち白人がその価値を理解していることを示そうではないか。しかしそれでも私たち白人は暗黙の偏見や内面化した優越感によって、自分たちが欲している視点を低く評価してしまうことがある。私たちは決してこれで良しと思ってはならない。悲しいかな、世の中は正義へ向かって勝手に進んでいくものではなく、継続的な闘いが必要なことは現在の政治情勢が証明している。そしてたとえ大なり小なり勝利を収めても、その先には常に挑戦が待ち受けている。

　人種差別的な社会の中で、白人として反レイシズムに則った生き方をするにはどうすればよいか？　これについてもケンディはこう導いてくれる。「『レイシスト』の反対は『レイシストでない』ことではない。レイシストの反対は、反レイシストだ[3]」。反レイシストは能動的だが、「レイシストでない」は受動的であり、レイシズム社会における受け身の態度はすなわちレイシストである。私にとって反レイシズムに則った生き方とは、自分がこの世界を見る目、自分がこの世界でとる行動に反レイシズムのレンズを組み込むことだ。反レイシズムとは、自分が関心を持ち便利だと思えばいつでもつけ足せるようなものではない。レイシズムは常軌を逸した状態ではなく、標準的な状態として常に作動している。だから反レイシズムのレンズも常時作動させ、さまざまなことを変えていかねばならない。自分の人生を誰と共に過ごすか、誰とつながるか、何を見るか、何を気に掛けるか、何について話すか、何について読むか、何を買うか、どのように働くか、何を感じたいか、何を証言できるか、どのような不快感に耐えられるようになるか、どのようなリスクを引き受けるかといったことを変えていかねばならない。

作家のイジョマ・オルオは重要なことを思い出させてくれる。「反レイシズムの素晴らしさは、レイシズムから解放されたふりをしなくても、反レイシストであれることだ。反レイシズムとは、自分自身の内なるレイシズムを含め、あなたが見いだすあらゆるレイシズムと闘う決意であり、それこそが唯一、前に進む方法だ」[4]。説明責任を回避することはいくらでも容易な中で、反レイシズムとは外部からのプレッシャーだけに頼らないことを意味している。私が求めているのは、レイシズム社会の中で「レイシストでない」というだけでは自分が落ち着かないような状態だ。反レイシストとしての行動とは「私はどうすべきか?」という問いに対する答えであり、それは優しさでは補えない。

スタディガイド

この章では、各章のテーマごとに考察と議論を行うための質問を用意した。読者は自分の答えを日記のように記録すると便利だろう。読者同士、あるいは学習グループで討論することを想定し、私が「リハーシング（リハーサルをする）」と呼んでいる白人に共通のパターンを避けるように質問は設定されている。リハーシングとは、レイシズムが話題となる度にいつも同じような意見や証拠の提示、決まり文句、エピソード、議論などを持ち出すことである。リハーシングには白人の言動としていくつかの働きがある。自分の意識の高さの証明、他の白人に説教や指導をする機会、自分がすでに持っている意見の強化、リスクを負うこと・弱みを見せること・心を開くことの妨害などだ。リハーシングを通して発せられる主張は断定的かつ閉鎖的なものになりがちで、他者が批判や異議を唱えることを難しくする。リハーシングをやめ、自分が慣れ親しんだナラティブを捨てて新しいレンズを付け替えない限り、私たちに成長はない。

レイシズムは非常に複雑な問題であり、主流（メインストリーム）の社会では、それに対応するスキルを身につけ、きめ細やかに取り組むための準備ができない。私たちはレイシズムをめぐり単に意見を述べるところを越えて、その意見が自分で思うほど確かな情報に基づいていない可能性を認識する必要がある。ここに挙げる質問は、読者の意見や賛否を問うものではなく、各章の内容をより深く理解し、課題に取り組めることを企図している。質問全体の目標は、反レイシズムのレンズを通してさまざまな概念を理解し、表現し、用いる練習をすることだ。理解することと同意することはイコールではないし、同意する必要もない。例えば、制度的(システミック)レイシズムという概念を却下する前に、この概念を明確かつ理路整然と説明することができているだろうか？　すべての白人はレイシストだという考えには同意できないと言い切る前に、この考えを反レイシズムの枠組みから説明できるだろうか？

ディスカッショングループに参加している読者は、意見を述べるよりも理解を深めることの方がはるかに難しいことに気づいているだろう。だが、その難しさこそが、私たちが成長すべき方向を指し示している。またこの取り組みの中では、ディスカッショングループの誰かのリハーシングに気づいたときに、戦略的な介入が求められる。討論の参加者は、自分がリハーシングをしたくなる衝動や、他の参加者に代わって発言したくなる気持ちと闘っているとき、自分自身に何が起きているか気づけるだろう。そこで少し落ち着き、呼吸を整え、耳を傾け、自己防御を乗り越え、白人同士の結託を断ち切ることを練習できる。またグループ内の力学や、リハーシングがその力学にどのように影響するかについても注意を払うことができる。これらはすべてレイシズムの作用をめぐる洞察力を得て、白人性(ホワイトネス)を遮断する機会を生み出す豊かな源だ。ここにすべての章に当てはまり、必要に応じて議論を深化できる質問を挙げておこう。「この章であなたにとって特に難しいと感じたことはありましたか？ もしあった場合は、賛成か反対かではなく、何が難しく、それはなぜなのかを議論してください」

本章の質問は白人に向けて書かれている。非白人の読者にとっては本書が皆さんの生きた経験をしっかりと認め、「より口当たりのいい」形態のレイシズムを克服するために有益な洞察を提供できることを願っている。またここに挙げる質問を用いて本書について議論することに関心がある非白人の読者は、必要に応じて「私たち」を「白人」に置き換えて進めていただきたい。

グループディスカッションの進め方については、オズレム・センソイと筆者による『ホワイト・フラジリティ・リーディンググループ・スタディガイド』(*White Fragility Reading Group Study Guide*, https://www.beacon.org/assets/pdfs/whitefragility readingguide.pdf.) を参照されたい。

Ⅰ「善良なレイシストとは？」に関する質問

1 レイシズムが現れる四つのレベル――制度的、文化的、対人的、個人的――のそれぞれについて、いくつか例を挙げてください。その上で、それら四つのレベルの間にどんな関係を見いだすことができますか？

2 「白人の感情的な脆さ」は人種をめぐり、構造的にどんな結果をもたらすでしょうか？

3　著者は「白人であることが人生形成に与えた影響」について白人が振り返るときに見られる三つのパターンを挙げています。この三つのパターンと、そこに示されている白人性について議論してください

4　46～47頁のリストにある自分を振り返るための質問で、あなたの答えにはどのようなパターンがありましたか？

5　著者は、白人中心の組織が人種をめぐる議論を行う際のガイドラインは、①人種間の力関係を考慮せず、②白人の経験を誰にでも共通する普遍的な前提とし、③白人に不快な思いをさせないよう非白人を管理する役目を果たしていると指摘しています。それぞれの指摘について議論し、例を挙げてください

6　著者はイブラム・X・ケンディの「『レイシスト』の反対は『レイシストでないこと』ではない」という言葉を引用しています。ケンディはどんなことを意味しているのでしょうか？

7　著者は「善良であればレイシズムはない」という考えにどのように異議を唱えていますか？

Ⅱ「白人を一般化して語ることはなぜ良しとしていいのか？」に関する質問

1　個人主義のイデオロギーとは何ですか？ 社会の主流（メインストリーム）を成す文化における個人主義のイデオロギーについていくつか例を挙げてください

2　普遍主義のイデオロギーとは何ですか？　社会の主流を成す文化における普遍主義のイデオロギーについていくつか例を挙げてください

3　白人の集合的体験に焦点を当てることが、レイシズムと闘う上でなぜ重要なのか、著者の主張を要約してください

4　共通体験としての白人性について、いくつか例を挙げてください

5　著者は次のように問い掛けています。「私たちは全員、一個人として見なされるべきだという主張は（特にレイシズムをめぐる議論の文脈で）どう作用するのか？　個人主義というイデオロギーは、どのような力学を擁護し、覆い隠すのだろうか？」。著者の主張を参考に、あなたならばこの質問にどう答えますか？

6　白人が「自分はレイシストではない」と主張するときによく挙げる根拠について、いくつか例を挙げてください。それらの例に対し、「白人であることは、その根拠の経験の仕方にどう影響するか？」という質問を当てはめてみてください

7　あなたが自分はレイシストではない（または他の白人よりもレイシストでない）として挙げる根拠にはどんなものがありますか？　質問6と同様、「白人であることは、その根拠の経験の仕方にどう影響するか？」という質問を当てはめてみてください

Ⅲ 「聖歌隊はいない」に関する質問

1 著者はレイシズムについてどのような定義を用いていますか?

2 黒人や非白人と親しい白人が、それでも人種差別をし得るのはなぜですか? この質問に答える際、あなたが人種差別をどのように定義しているか、考えてみましょう

3 著者は85〜86頁で、職場に蔓延するレイシズムのパターンをリストアップしています。あなたはこれらのパターンについてどのように考えますか?

4 88〜90頁に、レイシズムについて意識が高いと自認する白人が実践すべき重要なスキルや視点のリストがあります。この中であなたが実践している自信のある項目はどれか、話し合ってください。また実践するのが難しい項目についても、なぜ難しいのか、どうすれば実践できると思うか、話し合ってください

5 94〜97頁に、白人の進歩主義者に見られがちな「分かりにくい」レイシズムがリストアップされています。進歩的な白人の間で実際にこうした例を見たことがありますか? また、この中にあなたがとったことのある言動はありますか? あなたがその言動を変えるためには何が必要ですか?

6 白人の「自分は聖歌隊の一員だ(レイシズムについてよく分かっている)」という感覚が信用できないのはなぜですか?

7 反レイシズムの取り組みに終わりがあると思わないことが重要なのはなぜですか?

Ⅳ 「優しさの問題」に関する質問

1 「優しさ」や「善意」は人種差別をしていないしるしだと考えることの問題点について、いくつか例を挙げてください

2 アニカ・ナイラは、白人の進歩主義者の優しさが、黒人女性である自分にもたらす影響を二つの方向から分析しています。挙がっている例の妥当性について意見やコメントをするのではなく、これらの例をあなたがどう解釈するかについて話し合ってください。また、白人が黒人に108〜109頁のような「優しさ」を求める場面を実際に見たことがありますか?

3 あなたのグループの中で、アニカ・ナイラの分析リストについて、どうしても意見を言わずにいられなかった人はいますか(例えば、どの項目に同意でき、どの項目に同意できないといった意見や、彼女の言っていることは誤解だと説明する必要を感じたなど)? もしもそうした意見を言わずにいられなかったとしたら、そこに表れているのは白人性のどんなパターンでしょうか?

4 質問3の答えが「はい」だった場合、そこに表れた白人性のパターンについて素直に認めたとき、グループ内で何が起きましたか? あるいは質問3への答えが「はい」だったのに、誰も白人性のパターンを認めなかった場合、それはグループにどのような影響

を与えましたか？

5 序章にあるレスマー・メナケムの言葉「白人の体が人間らしさの標準だとすれば、黒人の体は非人間的で、人間らしさとは真反対のものということになる。基準から遠い色ほど人間らしさが劣るとみなされる」について話し合ってください。あなたの日常生活の中で、白人の体が人間らしさの基準とされている例にはどんなものがありますか？ また、その基準は白人のアイデンティティをどのように形作っているでしょうか？

6 このレスマー・メナケムの言葉を、レイシズムの解決策としての「優しさ」という文脈で考えてみましょう。「優しさ」は人種差別をしていないしるしであるという考えに対し、この言葉はどのように疑問を投げ掛けるでしょうか？

7 「優しさ」は、実際にはどのような形でレイシズムを擁護し、支える機能を果たし得るでしょうか？

8 白人至上主義もまた私たちの「本心」にあるものなのかもしれないという考えについて掘り下げてみましょう

V 「進歩的な白人の言動」に関する質問

1 言説・談話（ディスコース）分析とは何ですか？

2 レイシズムをめぐる文脈でいう「言動」とは何ですか？

3 「誠実さの誇示（クレデンシャリング）」という概念について話し合ってください。どのような例がありましたか？ あなた自身が用いたことのあるものはどれですか？ 制度的レイシズムを理解している人々にとって、誠実さの誇示はなぜ説得力を持ちにくいのでしょうか？

4 第Ⅴ章の小見出しとなっている進歩的な白人のさまざまな言動の中で、読んでいて一番深く考えさせられたものはどれですか？

5 自分以外の白人の言動で見たことがある言動はどれですか？

6 あなたが自分で身に覚えのある言動はどれですか？

7 「権力を持つ側の沈黙は、権力の行使である」という著者の言葉は何を意味していますか？

8 言動が及ぼす影響が、その言動をとった本人の人種によって異なるのはなぜですか？

9 「つまり、自分のありとあらゆる言動に注意する必要があるのですか？」と聞いてきた人に対し、制度的レイシズムや反レイシズムの実践の枠組みを使って何と答えますか？

Ⅵ 「宗教は信じない、けれどスピリチュアル」に関する質問

1 スピリチュアル・コミュニティにおいて、白人性はどのような形で現れているでしょうか？

2 著者は、この章が白人の進歩主義者の間で最も議論を呼ぶだろうと述べています。それはなぜだと思いますか？

3 著者は、あるウェブサイトから「世界を代表するスピリチュアル・ティーチャーたちが

生み出すエネルギーの集合体が、何百、何千という参加者と結合することですべてを超越し、必ずや人類の意識を変革する」という言葉を引用し、これは白人至上主義の一例だと指摘していますが、それはなぜですか？

4　「白人の人種枠（レイシャル・フレーム）」という概念について話し合ってください。主流文化における例をいくつか挙げてください

5　黒人や先住民を「単純化」するとはどういうことですか？　映画やテレビで見られる例をいくつか挙げてください

6　先住民を単純化することなく、尊重するにはどうしたらよいでしょうか？

7　映画やテレビにおける「魔法の黒人（マジカル・ネグロ）」の例を挙げてください

8　白人が肉体を超越しようとするのは「まさしくカラーブラインドとして機能している。つまり基本的に他の人種とは隔離されて暮らしている（集会や学習のために異なる人種のコミュニティを訪れる場合を除き）肉体的に同質な集団が、レイシスト的なヒエラルキーの頂点に立ちつつ、肉体は関係ないと言っている」という著者の主張について議論してください。あなたは著者が言っていることをどう理解しますか？

Ⅶ　「『恥』について語ろう」に関する質問

1　罪悪感よりも恥の方が、白人の進歩主義者にとって表明しやすいと著者は指摘していま

す。それはなぜでしょうか？

2 白人の進歩主義者が人種をめぐる怒り、恐れ、恨みなどよりも恥を表明することが多いのはなぜでしょうか？

3 「社会資本」とは何を意味していますか？

4 人種をめぐる恥が白人に提供する社会資本にはどのようなものがありますか？

5 著者は、自分がスーパーへ行く途上で恥を感じる場面について語っています。あなたは自分にも同じようなことがあると思いましたか？

6 「恥」と「謙虚さ」の違いは何ですか？

7 白人が恥を固定化させず、克服する方法にはどのようなものがありますか？

8 白人が罪悪感を抱くことがそんなに懸念されるのはなぜですか？ その懸念や罪悪感そのものは、レイシズムを支える、あるいはレイシズムと闘う上でどう機能していますか？

Ⅷ 「『私にもトラウマがあります』という白人」に関する質問

1 白人が自らのトラウマを軸にして反レイシズム活動をするとき、個人主義のイデオロギーはどのように作用するでしょうか？

2 白人のトラウマを中心に据えたり、あるいは白人のトラウマを非白人のトラウマと同等視したりすることなく、白人が現実に持っているトラウマを認めるにはどうすればよいでしょうか？

3 白人のトラウマは「よりソフトな」形態の白人の心の脆さ（ホワイト・フラジリティ）として、どのように機能し得るでしょうか？

4 「白人は人種にまつわるトラウマについて直接的には経験していないし、HIIPの4つの側面を絶えず経験しているということもない」という記述について議論してください

5 反レイシズム活動において、個人的な経験語りが、白人の主張をそれ以上の異議や批判を寄せ付けない予防線として働くという考察について議論してください

6 「経験が脱政治化される」、あるいは逆に「経験が政治化される」とはどういうことでしょうか？

Ⅸ 「私たちは実はそんなに善良ではない」に関する質問

1 異なる人種に親切だった白人が、何かが期待に添わなかったことで親切でなくなったのを見た（あるいは自分がそうなった）例について話し合ってください

2 白人の暗黙の「ルール」のそれぞれに目を通し、これらのルールに基づく白人の反応の例について、どこで、どのように見たか話してください

3 自分の体には「レイシストの骨は一本もない」という言葉について考えてみましょう。この言葉が意味するレイシズムはどのように定義されているでしょうか？ この言葉の

根底には、どのような意味の枠組みがあるでしょうか？

4 白人の優位性を執拗に伝える文化の例にはどのようなものがありますか？

5 著者がこの章で紹介しているメールに目を通し、このメールの根底にある思い込みについて、あなたが気づいたことを話してください

6 著者は、自分が受け取ったメールには性差別（セクシズム）があると指摘しています。どういったところが性差別だと思うか話し合ってください

X 「『私もマイノリティです』について」に関する質問

1 交差性（インターセクショナリティ）という概念について話し合い、あなた自身の言葉で説明できるよう練習してください

2 人種以外で自分にとって重要なアイデンティティ（年齢、能力、性自認など）について考えてください

・そのアイデンティティへの社会化の結果、自分の言動にはどのようなパターンがあると思いますか？

・そうした言動パターンによって、あなたはどのようにレイシズムに加担していますか？

・反レイシズムの取り組みは、そうした言動パターンを断ち切ることにどのように役立つと思いますか？

3 白人が「自分は貧しいので／貧しい育ちなので、特権はありません」と言った場合、あなたは反レイシズムの枠組みを用いてどのように応じますか？

4 白人が「私は性差別／同性愛者差別／ユダヤ人差別／身障者差別（など）を経験しているので、レイシズムの経験がどういうものか分かります」と言った場合、あなたは反レイシズムの枠組みを用いてどのように応じますか？

5 白人が「真の抑圧は階級だ」と言った場合、あなたは反レイシズムの枠組みを用いてどのように応じますか？

6 制度的レイシズムに基づく社会で、白人はどのような損失を被っているでしょうか？

Ⅺ 「進歩的な白人こそが、より有能なレイシストとなる落とし穴」に関する質問

1 私たち白人が人種差別をより効果的に広めていると著者が指摘するそれぞれの方法について話し合ってください。また、こうした力学が働いているのを見たことがあれば、その例について話してください

2 著者は、用心深さと思慮深さをどのように区別していますか？

3 自己満足に陥らないようにするために、どのようなサポート態勢を取ることが可能でしょうか？

4 「リベラルな組織にとって『レイシスト』だとみなされることは望ましくないが、同時

に組織のエリートたちは、従来の人種差別的な権力構造を変える気はまったくないという矛盾」を調整するために生まれた象徴政治の一形態が多様性であり、職場の多様性プログラムは「多様性の重要さを認めながらも、大きな文化変容やプログラムの変更を断固拒んでいる」という社会学者エレン・ベリーの分析について議論してください。そうした多様性プログラムは、どのように変化を拒んでいるのでしょうか？ 変化のない状態を打破するにはどのような戦略が必要でしょうか？

5 ＢＩＰＯＣの人々が私たち白人の言動について率直な指摘を行う際に背負うリスクとは何ですか？ その指摘を受けて、私たち白人が行動を変えられることを示すには、どのような方法がありますか？

6 何がレイシズムに相当するかという判断について、白人はなぜしばしば非白人が誤っている可能性を懸念するのでしょうか？ この懸念はどのように機能するでしょうか？ 著者は、非白人にその判断を委ねることについてどのような指針を示していますか？

7 ＢＩＰＯＣの人々のグループに対して著者自らが実行したレイシズムの例について議論してください。著者はどのような失敗をしましたか？ さまざまな段階で、どのように違う行動をとることができたでしょうか？

8 この章であなたが特に難しいと思ったことはありますか？ もしもあった場合、賛否は抜きにして、何が、なぜ難しかったのかを話し合ってください

XII 「優しさは勇気ではない」に関する質問

1 レイシズムについて何をすべきかという問いに対し、白人が答えを見つけるにはどのような方法がありますか？

2 人種差別の対象となっている人々を「助ける」ことを焦点とした場合の問題点は何ですか？ そうした焦点の当て方には、どのような思い込みがあるでしょうか？

3 私たち白人が、レイシズムに対する自分自身の加担に取り組みの焦点を移した場合、会話のあり方や結果としての行動はどのように変わるでしょうか？

4 著者は自らが実践している説明責任（アカウンタビリティ）の果たし方の基本を挙げています。これについて話し合ってください。この中にあなたがすでに実行していることはありますか？ あなたにとって簡単にできそうなことはどれですか、またそれはなぜですか？ 逆により難しそうなことはどれですか、またそれはなぜですか？

5 非白人を対象化（オブジェクティファイング）したり、多様性を満たすための形だけの存在として利用したりすることなく、真の人間関係を築くにはどうすればよいでしょうか？

6 説明責任を果たし続けるために、どのような種類のサポートを用意することができますか？

謝辞

本書を執筆するに当たり私を支え、導き、またこの仕事に貢献してくれたすべての人々……エディー・ムーア、スタン・ヘンケマン、ダーリーン・フリン、デボラ・テリー、ヴィクトリア・サントス、アンジェラ・パーク、マイケル・エリック・ダイソン、シェリー・トチュルク、クリスティン・サックスマン、ジェンナ・チャンドラー・ワード、エリザベス・デネヴィ、キャシー・オベアー博士、ジャクリーン・バッタローラ、デビー・アービング、カーリン・キン、エイミー・バーテイン、コリン・ビーヴァン、ジェーソン・トーウズに深く感謝します。多くの時間をかけ、安全な境界を確保するために多くの感情労働をしてくれたシモーネ・ロスラニェック、あなたの手が私の背中を支えてくれているのを感じます。ビーコン・プレスの編集者、レイチェル・マークスに感謝します。信頼し、尊敬している人物と一緒に仕事ができるのは本当に素晴らしい経験です。そしてビーコン・プレスの広報担当者、ケイトリン・マイヤー。私が必要とするときにいつも傍らから知恵と励ましをもたらしてくれることに感謝します。非常に有能で忍耐強いエージェント、ディステル・ゴドリッチ&ブーレのロレーヌ・E・アブラモにも感謝します（イジョマ、紹介してくれてありがとう）。

解説

出口真紀子

なぜ、北米の白人を想定して書かれた『ナイス・レイシズム　なぜリベラルなあなたが差別するのか?』を日本社会に住む私たちが読む必要があるのか。それは、日本人がアジア諸国の中での「白人」だからである。多少乱暴な比較であることは重々承知の上だが、日本人は、アジアにおいて人種・民族的ヒエラルキーの頂点に立っている[1]。また植民地支配の歴史における加害国としての立場も欧米の白人と類似しており、加害の対象となった人々と今も同じ国に共存していながら、歴史をきちんと学ばず、加害性と向き合っていない人が圧倒的多数派である。文化・歴史的背景の異なるアメリカの白人に向けて書かれた『ナイス・レイシズム』をそのまま日本社会に応用するのは確かに難しいかもしれない。しかし、本書は、日本における日本人、特にリベラルを自称する人々（自分を含む）にとって、まだまだマジョリティ性の特権を持つ自分自身と向き合わなくてはならないことを示唆してくれる貴重な本だと思っている。

『ナイス・レイシズム』は二〇一八年に出版された『ホワイト・フラジリティ　私たちはなぜレイシズムに向き合えないのか?』（明石書店、二〇二一）に続くディアンジェロの二冊目のベストセラーである。『ホワイト・フラジリティ』では多くの白人がなぜ、白人であることの意味について考えることができないのかといった問いに答え、白人が陥りやすい思考を分かりやすく丁寧に解体してくれている。二五年以上、白人に反レイシズム教育をしてきたディアンジェロは、白人の多くが人種差別を「意図的な悪意ある個々の行為」と定義づけることで、自分自身はレイシストではない、と免責されると考えたがる思考プロセスを長年見てきた。

白人が「白人であることの意味」を語れないこと、それはつまり、マイノリティ側のことを理解するなど到底不可能であることを意味するとディアンジェロは言い切る。二〇二〇年五月にアフリカ系アメリカ人男性のジョージ・フロイドが白人警官によって殺害され、ブラック・ライブズ・マター（BLM）運動に再び火がつくと、アメリカのベストセラー書籍のリストにレイシズムに関する本が一〇冊以上並ぶというこれまでにない現象が起こった。その中でも、ディアンジェロの『ホワイト・フラジリティ』は、白人にとっておそらく耳の痛い話であろう指摘を次から次へと突きつけているにもかかわらず、上位を維持していた。

本書『ナイス・レイシズム』でディアンジェロは、「人種差別には当然反対です」「人種差別をなくすためにできることはしたい」と言い切るリベラルな白人のメンタリティに切り込んでいく。つまりディアンジェロは、『ホワイト・フラジリティ』で彼女が伝えきれなかった善意あるリベラルな白人にメスを入れるのである。リベラルを自称する白人アメリカ人は、礼儀正しく「ナイス」であり、いつでも笑顔で、差別にはもちろん反対します、と積極的に反レイシズムの勉強会やワークショップを開催する。

本書の冒頭のエピソードでドキリとした箇所があったので紹介する。それはディアンジェロの友人であり同僚でもある黒人女性キャロリンが、ある反レイシズム学習会に唯一の人種的マイノリティとして参加していたのだが、次回のセッションの講師役を白人男性メンバーに頼まれるというところから始まる。キャロリンは、引き受けるべきかどうか散々迷い、ディアンジェロに相談した結果、ディアンジェロも一緒に参加し見守るという形で、講師役を引き受けた。当日、唯一の人種的マイノリティとして緊張と不安と闘いながら必死で準備をしたキャロリンのプレゼンテーションに対して、白人の参加者全員がみせた態度をディアンジェロはこのように綴っている。

それなのに今、目の前で悠然と椅子に座り、キャロリンの努力の成果を易々と受け取っているメンバーたちの姿は、植民地主義の象徴のように見えた。このグループの姿勢を突き詰めればこうだ。「われわれはあなたを観察し、理解しようと努めています。そのために、あなたが働いている間は眺めています。われわれはあなたの仕事の成果を受け取り、検討します。何を残し、何を却下するか、検討に値するかしないかを決めるのはわれわれです。われわれはあなたの知識を欲していました。だから、あなたを連れてきたこの組織に感謝しています。しかし、もしもあなたが連れて来られなければ、自分たちからこうした機会を求める努力はしなかったでしょう（これまでもそうしたことがなかったように）」

（11〜12頁）

いかがだろうか。ディアンジェロの鋭い分析を読んで、居心地が悪くなったのは私だけだろうか。職場で定期的に開催されているダイバーシティ&インクルージョン研修で一生懸命講義をしてくれるマイノリティ当事者を歓迎はしても、どこか消費するだけで終わってしまうマジョリティ。あるいは、マイノリティ当事者が教育してくれなければ、わざわざ自分たちで勉強する努力をしない「良い人」なマジョリティ。「植民地主義の象徴」という表現を用いたことで、実際どちら側に権力があり、どちら側に決定権があるかが明確に伝わってくる。歴史の加害性と「今」の状況とを結びつけた視点も目から鱗であった。

しかし、ディアンジェロの批判の矛先はそこにいた白人参加者だけにとどまらない。もう一歩踏み込み、その場にいた白人である自分自身の立場と姿勢はどうだったのか、を問うていくのである。冒頭の反レイシズム勉強会の例では、ディアンジェロはキャロリンの「味方（アライ）」として急遽参加したわけだが、キャロリンがさらされている状況の大変さに共感しながらも、「良い白人」としてマイノリティの彼女を助ける側にいた自分にすっかり満足していたことをもう一度批判的に見つめ、掘り下げていくのである。

リベラルな日本人に置き換えると……

ディアンジェロのこうした過去の自分の「よかれ」と思ってやった行動を、厳しく自問する姿勢は最近の日本でも見られる。清田隆之氏の『さよなら、俺たち』（スタンド・ブックス、二

○二〇）のように過去の加害の経験を赤裸々に描き、振り返り、分析し、内省する動きが見られるようになってきた。本書の随所で記されるディアンジェロの自己分析と自己批判を読む度に、私は過去の傲慢で無自覚だった自分、自分の勘違いな行動を次々に思い出すのである。私を含む、リベラルを自称する人にとって、ディアンジェロのプロセスは決して他人事ではないはずである。そして彼女は良きロールモデルでもある。私自身、自分の過去のどんなに些細な言動も見逃さずに直視し、言語化し、可視化することで、次からの自分の行動に反映しなければならないと本書を読んで痛感した。そして、今まで自分がそうしたことを避けてきたことに対して、逃げずに向き合うべきだと踏ん切りがついたように思う。

マジョリティである、リベラルな日本人にとっては、指摘されて痛いけれど、自分自身の特権を可視化し、マイノリティの人々に向ける目線を再考するという本当の意味でのリベラリズムの必要性を強く感じる本であるはずだ。本書について「これは欧米の白人の話なので、日本社会には関係がない、無関係だ」と言い切ることができない理由は明白であろう。リベラルな日本人がこうした批判的な眼差しを我が身に向けるとき、思い描くべきマイノリティは、外国人や性的マイノリティといった様々なマイノリティ性を持った人々は当然として、日本人が植民地支配をしてきた対象である在日朝鮮人、アイヌ、沖縄・琉球人なのである。

昨今、日本でも無意識の偏見（アンコンシャス・バイアス）をテーマにした研修が企業や自治体で取り入れられはじめた。韓国のベストセラー『差別はたいてい悪意のない人がする』（大月書店）の邦訳本も二〇二一年に出版された。このように、たとえ個人において悪意がなくても、レイシズムを温存・持続させる社会構造が存在する以上、その社会で生きる人々は知らず知らずの内に偏見を学び、差別を行っていくという理解は、リベラル派の日本人の間でも少しずつ浸透しつつある。

自分の特権性と向き合う難しさ

ディアンジェロは社会学者であり、本著では様々な歴史的な事象や統計などを用いて構造的な差別の実態を示しながら、リベラルな白人たちの抵抗の形の具体例をたくさん取り上げて、差別問題の根深さを分かりやすく解説してくれている。

しかし、ふと考えた。ディアンジェロが説いていることを本当の意味で理解できる人がどれほどいるのだろうか、と。というのは、アメリカのカウンセリング心理学者であるジャネット・ヘルムズの白人人種的アイデンティティ発達理論[2]を私は必ず講演や授業で紹介しているが、これは白人が自分自身の白人性とどれだけ向き合っているかを六つの発達段階で示す理論で、この発達段階をある程度進まないと人種の問題への理解には限界があると考えているからだ。

例えば白人の人種的発達理論における初期段階の「接触」にあたる白人は、制度的人種差別や自分自身の持つ白人特権に対して無自覚であるため、ディアンジェロの本を読むと気分を害するだけでなく、ディアンジェロこそがレイシストだ、と言うであろう。真ん中あたりの「疑似独立」の段階にいる白人は、自分自身の白人性に向き合おうと努力はしているが、ディアンジェロの本を読むと、「こんなに白人であることで責められたら、せっかくレイシズムに反対する気だったのに、やる気が激減する」と苛立ちを示すだろう。

このように、読み手がどの程度自身の白人性と真摯に向き合っているか、そしてそのことにどれほど時間と労力を割いているかによって、指摘されていることを社会的枠組みの中で理解できるか否かが左右される。だが、これはディアンジェロに対する批判ではない。自分自身の持つ特権に気づかない段階にある人々は、特権に気づいている人々とは世界観・リアリティが異なるので、そうしたものを共有していない読者に同じ理解を求めることはなかなか難しいと感じるのである。

言い換えると、ディアンジェロの著書を本当の意味で理解するにはかなりの修行が必要であるということだ。実際に欧米のメディアの書評を読むと、ディアンジェロに対する抵抗が前面に出た攻撃的なものが多いと感じる。これが今のマスメディアの世界を作っているマジョリティ・リベラルな白人が到達できる理解の限界かと思ってしまう。リベラルを自称するメディアで働く人たちの多くは、ディアンジェロに何を言われているか、その言われていることにどんな背景や意図が含まれているのかを正確に読み取れる力がまだ備わっていない可能性についても、理解する必要がある。

したがって、もしこの本を読むにつれ、しだいに白人たちに同情してしまったり、何度も特権を突きつけられて疲弊してしまう人は、ときどきは休憩しながら、諦めずに読み続けてほしい。このような学びはじわじわとゆっくり時間をかけて吸収することが求められる。焦らずに長期戦で挑んでほしい。また本書は「白人」を対象に書かれているので、自分が白人でなければ距離がとれるので、その距離を利用して、まずは他人事として読むのもいいかもしれない。

白人たちが見せる抵抗の形

白人たちの多くは、自分はあくまで「個人」であり、「白人集団」といった人種的カテゴリーに入れられることを極端に嫌う傾向がある。こうした集団的な特権を有している側が集団的な優位性と向き合いたくない、という心情は第Ⅱ章「白人を一般化して語ることをなぜ良しとしていいのか？」に登場するスーとボブの例で垣間見ることができる。「私たちは皆、互いを単なる個人として見るべきだと、ボブも私も思っています」（63頁）とワークショップの休憩中にディアンジェロに宣言した件である。「お互いを単に個人としてみれば差別の問題は解決する」という安易な結論を、自信をもって語る白人というのも、私自身多く見てきた。

白人と個人主義のエピソードから、私は一九八〇年代のアメリカでの大学時代を思い出した。キャンパス内の寮が同じで親しい友人、ヘザーという白人女性と寮のカフェテリアでよく一緒に食事をしていた。あるとき食事中に私が、カフェテリアでアジア人同士が一緒に座っているのか、白人がどれほど混ざっているのかという話を始めた。するとヘザーに「マキコは私のことを白人だという風に見ているの？　私はマキコのことをアジア人として見てない、マキコとして見ているよ」と言われた。そのとき私は、なぜ自分はヘザーのように人種を除いた形での「個人」として人を見られないのかと自分を責め、恥じ、ひどく落ち込んだのである。私は白人が多数の環境の中でアジア人マイノリティとして育ってきたことで、アジア人が群れることを白人が嫌うことを知っていた。そして、「ほらみろ。あんたたちの方から私たち白人を避けているではないか」とアジア人が逆に差別的であると濡れ衣を着せられることを恐れていたため、どの場でも、「ここではアジア人は固まっていない」と安堵したり、「あっちではアジア人同士で固まっている」と不安に感じたり、と常に人種のバランスに目を光らせていたのだ。

ヘザーは、白人であるがゆえに、そもそも自身の白人性に無自覚でいられる特権を持ち、人を「個人」としてのみ見ていると思い込むことができるが、人種的マイノリティであった私は、白人という強者側の眼差しを強く意識しながら、「アジア人」として生きざるを得なかったのだ。それぞれの人種的なカテゴリーに起因する人種認識に大きな違いがあるという視点を、当時の私たちはまだ持てていなかったのである。そして、この認識の違い、つまり個人主義と白人性の連関とその重要性ゆえに、「だから、個人主義の話は第Ⅱ章にもってきたのです」と、ディアンジェロはあるインタビューで話していた。[3] 彼女は個々の白人の個性は認めながらも、白人の集団としてのパターンがあることを可視化する必要性を説いている。

第Ⅴ章の「進歩的な白人の言動」も、私自身の中に思い当たるエピソードがある。私がアメリカの大学院に通っていた二〇〇一年から二〇〇五年頃にかけて、心理学研究科に在籍していた大学院生たちが定期的に勉強会を開いていた。その仲間にインガという白人女性がいて、私たちは大学院同期で同年代で、意気投合して仲が良かった。あるとき、インガと私の間でレイシズムが話題となり、「もし私がレイシストな言動をしたら、マキコは当然私に指摘してくれるわよね？」と、彼女は私に明るく聞いた。私は、言葉に詰まった。彼女は私が「もちろんよ！　だって私たちの仲じゃない」と言ってくれると期待していた様子だったが、その瞬間私はレイシズムに関して、インガとの間に少し距離を感じていたことに気づいてしまったのだ。インガは確かにリベラルで正義感に溢れ、当然あらゆる差別に反対している。でも、インガが過去に人種の問題について発言しているのを聞いて、モヤっとしたことが何度もあり、私の中でどこか警戒していたのだということにその瞬間、気づき、悲しい気持ちを覚えたのだ。と同時にインガが、当然のように私が「もちろんよ！」と言ってくれるだろうと示した「自信」についても、「やっぱりマイノリティ側がマジョリティ側にレイシズムのことをそう簡単には正直に話せないという気持ちが分からないんだ」とも感じた。白人としての人種的マジョリティ性を持っている側と、人種的マイノリティ性のある自分との力関係の非対称性を感じたのである。仮に私が彼女に「いや、待って。それってあなたが想像する以上にマイノリティ側にはリスキーなことを要求しているんだよ」と言うことができたとしても、彼女がその言葉を素直に受け入れる保証もない。今でもインガを思うとこのエピソードがまず浮かぶので、私の中ではまだこのときの会話に折り合いをつけることを求めているのだろう。

この二つのエピソードは、どちらも日常の会話の中で、白人アメリカ人の「友達」からの悪意のない言葉で、人種的マイノリティとしての私の心が傷ついた今も忘れられない経験なのである。彼らにとっては、悪意どころか、善意で私への興味から生まれた質問だったとも言える。しかし、私は言葉にできないモヤモヤした気持ちになり、彼らとどこか距離を感じてしまい、若干絶望をもしてしまったのである。そしてこれは、裏を返せば、私も日々何気ない会話の中でマイノリティ性のある人に対し、このような言動を繰り返しているということでもある。被害者側として語ってきたが、加害者側として向き合うことは様々な覚悟を要する。だが、やらなくてはならないことなのだ。

日本におけるマジョリティ側の心構え

『ナイス・レイシズム』では、『ホワイト・フラジリティ』には一切登場しなかった交差性（インターセクショナリティ）の概念が第X章に取り入れられている。これは主に非白人女性による白人フェミニストへの批判の文脈で用いられているが、ディアンジェロ自身が貧困層の出身、女性、レズビアンという交差するマイノリティ・アイデンティティを有するがゆえの難しさを、貧困層であることで受けた差別、そして貧困層出身者であることで内面化した深い恥の気持ちなど、心の痛むエピソードとともに紹介している。さらにもう一つ興味深い点は、ディアンジェロが本の後半で『ホワイト・フラジリティ』への過去の批判に回答しているところである。批判が無理解から来ていることから、その問題点を指摘している。

また、最後の章はスタディガイドとなっており、「『優しさ』や『善意』は人種差別をしていないしるしだと考えることの問題点について、いくつか例を挙げてください」といった、各章について自分に問いかけなければならない問いを紹介し、読者自身がその章を自分ごととして落とし込むためのガイドとなっている。教育者がワークショップなどで実際に活用できるツールとなっており、「これから何をすれば良いのか」と尋ねる読者への有効な手引きとなるだろう。

しかし、反レイシズムの道は想像以上に険しい。ディアンジェロは、「白人の学生や従業員、コミュニティのメンバーを数週間、数カ月、数年かけて教育しようと試みた経験がなければ、制度的レイシズムの現実を認めさせるために何が必要かは知り得ない」（18頁）と語っている。二五年間、無知・無自覚・無関心の白人に対して差別に関する教育・啓発を行ってきたディアンジェロにしか言えない言葉だ。しかし、そうした知見もいとも簡単に著者自身のバイアスの結果だと一蹴されてしまうのは、差別については誰もが「自分の感覚は正しい」と思って生きているからであろう。差別や人権についての研究は一目置かれても、実際に人々の認識と行動を変えようとすると、抵抗に遭うのである。

ディアンジェロは、自分が白人であることの立場について、オードリー・ロードの言葉「主人の道具では、主人の家は決して壊れない」を引用している。彼女は、白人として変革しようとしている構造の内側にいることと、内側から抗うことのジレンマに自覚的である。また、白人がこうして声を上げることで、白人の声の方がマイノリティの声よりも届きやすく、白人性が強化される点についても自覚的である。

私にとって「白人性を薄める」とは、白人として社会化されることに抵抗することだ。

つまり白人であることに基づいた抑圧的な態度や無知、また無知ゆえの傲慢さをなくし、レイシズムの指摘に対して自己防衛的に振る舞ったり、レイシズムに沈黙したり、加担したりしないことだ。（略）白人は中立性を欠いているにもかかわらず、レイシズムについて語るときに概してより客観的で正当であるとみなされやすい。（略）白人であることで与えられる信頼と手段をレイシズムに抗するために活用しないでいることなど私には受け入れられない。（20頁）

私自身、二〇〇九年に日本に帰国したとき、人種・民族的マジョリティであることがこれほど生きやすいのかと、日本人特権を痛いほど実感した。これが、白人がアメリカ社会で感じている白人特権の感覚なのだろうと思って生きている。「アジアの中の白人」である日本人として、日本でやるべき仕事はたくさん残されている。ディアンジェロは白人特権を使って二冊の本を書き、様々なところで活躍している。私も日本人特権を使って、これから内側からの介入をしていきたい。

［註］

1　日本人は、他のアジア人と比較し、肌の色が明るい方であるという特徴も、白人と同様の人種的カラーリズムと言える。カラーリズムとは、シェードイズムとも呼ばれ、「肌の色に付随する文化的な意味合いに基づいて、同じ人種であるはずの人々が異なる扱いを受ける偏見や差別の一形態」を指す。多くの場合、文化の違いにかかわらず、肌の色の濃い人が最も差別される傾向にある。

2　Helms, J. (1990, 1993). *Black and White racial identity: Theory, research, and practice.* Greenwood Press.

3　Dr. Robin DiAngelo Discusses 'Nice Racism' BNC News, 2021, https://www.youtube.com/watch?v=zJIcPgUvPkI.（動画）

4. Erin Aubry Kaplan, "Everyone's an Antiracist. Now What?," *New York Times*, July 6, 2020, https://www.nytimes.com/2020/07/06/opinion/antiracism-what-comes-next.html.
5. Rashida Campbell-Allen, "Dear White People: Antiracism Is Not a Trend," *PGR Sociology @ Newcastle University*, June 22, 2020, https://blogs.ncl.ac.uk/pgrsociology/2020/06/22/dear-white-people-anti-racism-is-not-a-trend.

XII　優しさは勇気ではない

1. Anika Nailah, 著者との Zoom インタビュー , December 22, 2020.
2. Saxman, 著者との会見。
3. Kendi, *How to Be an Antiracist*.
4. Ijeoma Oluo, Twitter, July 14, 2019, https://twitter.com/IjeomaOluo/status/1150565193832943617.

X 「私もマイノリティです」について

1. In Lorde, *Sister Outsider.*
2. "Trends in Party Affiliation Among Demographic Groups," in *Wide Gender Gap, Growing Educational Divide in Voters' Party Identification* (Washington, DC: Pew Research Center, March 20, 2018), https://www.pewresearch.org/politics/2018/03/20/1-trends-in-party-affiliation-among-demographic-groups.
3. エリン・トレント・ジョンソンから著者へ。
4. Kimberlé Crenshaw, "Demarginalizing the Intersection of Race and Sex: A Black Feminist Critique of Antidiscrimination Doctrine, Feminist Theory and Antiracist Politics," *University of Chicago Legal Forum 1989*, no. 1, article 8 (1989): 139–67.
5. *The Combahee River Collective Statement*, 1977, Women's and Gender Studies Web Archive, Library of Congress, https://www.loc.gov/item/lcwaN0028151.
6. Katherine Schaeffer, "6 Facts About Economic Inequality in the U.S.," FactTank, Pew Research Center, February 7, 2020, https://www.pewresearch.org/fact-tank/2020/02/07/6-facts-about-economic-inequality-in-the-u-s.
7. Jack Kelly, "Billionaires Are Getting Richer During the COVID-19 Pandemic While Most Americans Suffer," *Forbes*, April 23, 2020, https://www.forbes.com/sites/jackkelly/2020/04/27/billionaires-are-getting-richer-during-the-covid-19-pandemic-while-most-americans-suffer.
8. Kelly, "Billionaires Are Getting Richer During the COVID-19 Pandemic While Most Americans Suffer."
9. Kimberlé Crenshaw, "Under The Black Light: The Intersectional Failures That Covid Lays Bare," African American Policy Forum, March 25, 2020, available at https://www.youtube.com/watch?v=OsBstnmBTaI.
10. Jonathan Metzl, *Dying of Whiteness: How the Politics of Racial Resentment Is Killing America's Heartland* (New York: Basic Books, 2019).
11. Ian Haney López, *Dog Whistle Politics: How Coded Racial Appeals Have Reinvented Racism and Wrecked the Middle Class* (New York: Oxford University Press, 2015).
12. John A. Powell, Stephen Menendian, and Wendy Ake, *Targeted Universalism: Policy & Practice* (Berkeley, CA: Haas Institute, May 2019), https://escholarship.org/uc/item/9sm8b0q8.

XI 進歩的な白人こそが、より有能なレイシストとなる落とし穴

1. James Baldwin, "The Creative Process," 1962, in *The Price of the Ticket: Collected Nonfiction, 1948–1985* (New York: St. Martin's, 1985).
2. Ellen Berrey, *The Enigma of Diversity: The Language of Race and the Limits of Racial Justice* (Chicago: University of Chicago Press, 2015).
3. Liz Posner, "Why Mandatory Drug Tests at Work Are Fundamentally Racist," *Salon*, March 27, 2018, https://www.salon.com/2018/03/27/why-mandatory-drug-tests-at-work-are-fundamentally-racist_partner.

4. Jennifer Eberhardt, *Biased: Uncovering the Hidden Prejudice That Shapes What We See, Think, and Do* (New York: Viking, 2019).［山岡希美訳『無意識のバイアス――人はなぜ人種差別をするのか』明石書店、2020年］
5. 次掲書に引用されている。Bessel van der Kolk, MD, *The Body Keeps the Score: Brain, Mind, and Body in the Healing of Trauma* (New York: Penguin, 2015).［柴田裕之訳『身体はトラウマを記録する――脳・心・体のつながりと回復のための手法』紀伊國屋書店、2016年］
6. Pablo Mitnik and David Grusky, *Economic Mobility in the United States* (Pew Charitable Trusts/Russell Sage Foundation, July 2015), https://web.stanford.edu/~pmitnik/EconomicMobilityintheUnitedStates.pdf.
7. Nikole Hannah-Jones, "We Are Owed," *New York Times Magazine*, June 30, 2020, https://www.nytimes.com/interactive/2020/06/24/magazine/reparations-slavery.html.
8. Jacqueline Battalora, *Birth of a White Nation: The Invention of White People and Its Relevance Today* (Houston: Strategic Book Publishing and Rights, 2013).
9. Keeanga-Yamahtta Taylor, *Race for Profit: How Banks and the Real Estate Industry Undermined Black Homeownership* (Chapel Hill: University of North Carolina Press, 2019).
10. Taylor, *Race for Profit.*
11. Nikole Hannah-Jones, "How The Systemic Segregation of Schools Is Maintained by 'Individual Choices,'" *Fresh Air*, NPR, January 16, 2017, https://www.npr.org/sections/ed/2017/01/16/509325266/how-the-systemic-segregation-of-schools-is-maintained-by-individual-choices.
12. Neil deGrasse Tyson, Twitter, May 15, 2018, https://twitter.com/neiltyson/status/996488935369916416.
13. Kendi, *How to Be an Antiracist.*

Ⅲ　聖歌隊はいない

1. "Ian Haney López and Alicia Garza: How The Left Can Win Again," Commonwealth Club of California, November 14, 2019, YouTube, https://www.youtube.com/watch?v=daHZbDbT12w.
2. Michael W. Kraus, Ivuoma N. Onyeador, Natalie M. Daumeyer, Julian M. Rucker, and Jennifer A. Richeson, "The Misperception of Racial Economic Inequality," *Perspectives on Psychological Science* 14, no. 6 (2019): 899–921, https://journals.sagepub.com/doi/full/10.1177/1745691619863049.
3. John Raible, 1994, http://web.cortland.edu/russellk/courses/hdouts/raible.htm.
4. Kendi, *How to Be an Antiracist.*
5. Beverly Daniel Tatum, *Why Are All the Black Kids Sitting Together in the Cafeteria? And Other Conversations About Race* (1997) (New York: Basic Books, 2017).
6. Kendi, *How to Be an Antiracist.*
7. "The History and Dictionary Meaning of Racism," Merriam-Webster, https://www.merriam-webster.com/dictionary/racism, accessed January 6, 2021.
8. Annie Reneau, "Using the 'Dictionary Definition of Racism' Defense Is a Sure Sign You Don't Understand Racism," *Upworthy*, July 17, 2019, https://www.upworthy.com/pulling-out-the-dictionary-definition-of-racism-is-a-surefire-sign-that-you-dont-understand-racism.
9. Faima Bakar, "The Way You Define Racism May Stop You from Seeing It—So What

8. Anti-Defamation League, *New Hate and Old: The Changing Face of American White Supremacy: A Report from the Center on Extremism*, https://www.adl.org/new-hate-and-old.
9. Michael Edison Hayden, "Neo-Nazi Website Daily Stormer Is 'Designed to Target Children' as Young as 11 for Radicalization, Editor Claims," *Newsweek*, January 16, 2018, https://www.newsweek.com/website-daily-stormer-designed-target-children-editor-claims-782401.
10. Tess Martin, "So You've Been Called Out: A White Person's Guide to Doing Better," *Medium*, March 22, 2020, https://tessmartin.medium.com/so-youve-been-called-out-a-white-person-s-guide-to-doing-better-91849 3706c49.
11. James Baldwin, *The Fire Next Time* (1963) (New York: Vintage, 1992).［黒川欣映訳『次は火だ――ボールドウィン評論集』弘文堂新社、1968 年］
12. KIRO 7 News Staff, "Issaquah School District, Teen in Picture Respond to Racist Photo," KIRO 7 News, updated April 3, 2019, https://www.kiro7.com/news/local/issaquah-school-district-responds-to-racially-insensitive-photo/936127384.
13. Derald Wing Sue, *Microaggressions in Everyday Life: Race, Gender, and Sexual Orientation* (Hoboken, NJ: John Wiley & Sons, 2010)［マイクロアグレッション研究会訳『日常生活に埋め込まれたマイクロアグレッション――人種、ジェンダー、性的指向：マイノリティに向けられる無意識の差別』明石書店、2020 年］; Camille Lloyd, "Black Adults Disproportionately Experience Microaggressions," Gallup, July 15, 2020, https://news.gallup.com/poll/315695/black-adults-disproportionately-experience-microaggressions.aspx.
14. Carol Anderson, *White Rage: The Unspoken Truth of Our Racial Divide* (New York: Bloomsbury, 2016).
15. Melissa Phruksachart, "The Literature of White Liberalism," *Boston Review*, August 21, 2020, http://bostonreview.net/race/melissa-phruksachart-literature-white-liberalism.
16. Heather McGhee, *The Sum of Us: What Racism Costs Everyone and How We Can Prosper Together* (New York: Penguin Random House, 2021).
17. Cited in "Term Limits," BoardSource, https://boardsource.org/resources/term-limits, last updated August 16, 2019.
18. McGhee, *The Sum of Us*.
19. Ibram X. Kendi, *How to Be an Antiracist* (New York: One World, 2019).［児島修訳『アンチレイシストであるためには 』辰巳出版、2021 年］

Ⅱ　白人を一般化して語ることはなぜ良しとしていいのか？

1. Wendy Hollway, "Gender Differences and the Production of Subjectivity," in *Changing the Subject: Psychology, Social Regulation, and Subjectivity*, ed. J. Henriques, W. Hollway, C. Urwin, C. Venn, and V. Walkerdine (London: Methuen, 1984), 227–63.
2. Jane Flax, *The American Dream in Black and White: The Clarence Thomas Hearings* (Ithaca, NY: Cornell University Press, 1998).
3. この例は著者の以下の論文に一部基づいている。Robin J. DiAngelo, "Why Can't We All Just Be Individuals?: Countering the Discourse of Individualism in Anti-racist Education," *InterActions: UCLA Journal of Education and Information Studies* 6, no. 1 (January 2010), retrieved from http://escholarship.org/uc/item/5fm4h8wm.

註

はじめに

1. Sherene Razack, *Looking White People in the Eye: Gender, Race, and Culture in Courtrooms and Classrooms* (UK: University of Toronto Press, 1998).
2. Audre Lorde, "The Master's Tools Will Never Dismantle the Master's House" (1984), in *Sister Outsider: Essays and Speeches* (Berkeley, CA: Crossing Press, 2007), 110–14.
3. Sandra E. Garcia, "BIPOC: What Does It Mean?," *New York Times*, June 17, 2020, https://www.nytimes.com/article/what-is-bipoc.html.
4. David Bauder, "AP Says It Will Capitalize Black but Not White," *AP News*, July 20, 2020, https://apnews.com/article/7e36c00c5af0436abc 09e051261fff1f.
5. Nancy Coleman, "Why We're Capitalizing Black," *New York Times*, July 5, 2020, https://www.nytimes.com/2020/07/05/insider/capitalized-black.html.
6. Michel Foucault, *Power/Knowledge: Selected Interviews and Other Writings, 1972–1977*, ed. Colin Gordon (New York: Pantheon, 1980).
7. Resmaa Menakem, *My Grandmother's Hands: Racialized Trauma and the Pathway to Mending Our Hearts and Bodies* (Las Vegas: Central Recovery Press, 2017).

I　善良なレイシストとは？

1. Wendell Berry, *The Hidden Wound* (Boston: Houghton Mifflin, 1970), 7.
2. Martin Luther King Jr., *Letter from the Birmingham Jail* (1963) (San Francisco: Harper San Francisco, 1994).［マーティン・ルーサー・キング「バーミングハムの獄中からの手紙」］
3. Thaoai Lu, "Michelle Alexander: More Black Men in Prison Than Were Enslaved in 1850," *Colorlines*, March 30, 2011, https://www.colorlines.com/articles/michelle-alexander-more-black-men-prison-were-enslaved-1850.
4. James Baldwin, response to Paul Weiss, *The Dick Cavett Show*, 1965, https://www.youtube.com/watch?v=a6WlM1dca18 &fbclid=IwAR2C04uF76bHk2P49rOxFqWTNZ_BT-PAZeXbVA6vl5Tdu_-D9_lp7mxRxZI.（動画）
5. Jay Smooth, "How I Learned to Stop Worrying and Love Discussing Race," TEDxHampshireCollege, 2014, https://www.youtube.com/watch?v=MbdxeFcQtaU&feature=emb_title.（動画）
6. Southern Poverty Law Center, "The Year in Hate 2019: White Nationalist Groups Rise for a Second Year in a Row—Up 55% Since 2017," press release, March 18, 2020, https://www.splcenter.org/presscenter/year-hate-2019-white-nationalist-groups-rise-second-year-row-55-2017.
7. Anti-Defamation League, "ADL H.E.A.T. Map," https://www.adl.org/education-and-resources/resource-knowledge-base/adl-heat-map.

【著者紹介】

ロビン・ディアンジェロ（Robin DiAngelo）

批判的言説分析と白人性研究の分野で活躍する研究者、教育者であり作家。ウェストフィールド州立大学、ワシントン大学などで教鞭をとる。25年以上にわたり、人種問題と社会正義に関するコンサルティングとトレーニングを実施。ベストセラーとなった *White Fragility*（邦題『ホワイト・フラジリティ　私たちはなぜレイシズムに向き合えないのか？』）をはじめとする関連分野の著書がある。その活動はイブラム・X・ケンディ、マイケル・エリック・ダイソンなどアメリカの著名な反レイシズム活動家、研究者、作家、ジャーナリストらから高い評価を受けている。

【解説者紹介】

出口真紀子（でぐち・まきこ）

アメリカ・ボストンカレッジ人文科学大学院心理学科博士課程修了。現在、上智大学外国語学部英語学科教授。専門は文化心理学。文化変容のプロセスやマジョリティ・マイノリティの差別の心理について研究。上智大学では「差別の心理学」「立場の心理学：マジョリティの特権を考える」などの科目を担当している。著書に『北米研究入門2』（分担執筆「第六章　白人性と特権の心理学」）、監訳書に『真のダイバーシティをめざして』（共に上智大学出版）、共訳書に『世界を動かす変革の力』（明石書店）がある。https://researchmap.jp/7000004327

【訳者紹介】

甘糟智子（あまかす・ともこ）

報道翻訳を中心に活動。翻訳書にデビッド・クアメン『スピルオーバー』（明石書店）、ポール・コリアー『民主主義がアフリカ経済を殺す』（日経BP社）、ガブリエル・クーン『アナキストサッカーマニュアル』（現代企画室）、共訳書にスティーヴン・ピムペア『民衆が語る貧困大国アメリカ』（明石書店）など。

ナイス・レイシズム　なぜリベラルなあなたが差別するのか？

2022年8月20日　初版第1刷発行

著　者 ―― ロビン・ディアンジェロ
訳　者 ―― 甘糟智子
解説者 ―― 出口真紀子
発行者 ―― 大江道雅
発行所 ―― 株式会社 明石書店
〒101-0021 東京都千代田区外神田6-9-5
電話 03-5818-1171　FAX 03-5818-1174
振替 00100-7-24505
https://www.akashi.co.jp
装　丁 ―― 間村俊一
印刷／製本 ― モリモト印刷株式会社
ISBN 978-4-7503-5422-4
（定価はカバーに表示してあります）